한국여성복음봉사단
50년사

한국여성복음봉사단 분단

 ## 한나분단(동신교회)

김경옥 최인숙 박봉희 오혜주 박소님 오재순 조연순 강복순 이금녀 유봉님 곽정하 임숙자 박은순
정기순 박필대 박숙희 김용숙 유화분 조태욱 송숙자 이옥분 이정자 소일섭 민은숙 권문옥 장보순
김인숙 김철순

 ## 수산나분단(영등포교회)

백인숙 정숙자 이윤숙 마양순 심수자 김예자 서민정 김갑주 김화자 이상욱 유정자 김복수 박삼숙
정청자 이희구 이효구 심가영 심준영 선순희 이정진 이재숙 최화명 김범례 김선희 황순자 최복수
조순희 정숙자 이윤숙 강기옥 윤성숙 채양숙 김금련 최명숙 진정

 브리스가분단(문화교회)

최승희 김녹자 김창숙 이묘자 백옥분 문길녀 정정순 박외득 박오순 박도자 김숙자 이분희 허정수
서봉애 최정애

 루디아분단(연동교회)

박문희 이지연 박선복 이현정 윤윤자 윤현숙 임정순 박행자 나순영 나운경 장숙자 오창애 오수희
이광숙 이금숙 이명진 이신애 박현숙 박미자 장숙자 강경숙 김경희 조수남 최은주 김홍순 황삼남
양정자 김옥배 전부일 김매순 김제실 홍대숙 양행화 황은희

 수산나중창단

김정진 이애찬 김종화 유현옥 채양숙 김민자 김영숙 최명숙 김금련 김선희

 마리아분단(개인)

김명자 김명혜 민혜경 선미정 김신자

본문 정오표

쪽수	줄/위치	오류	정정
화보	역대 단장 제13대, 제14대	제13대 최화명 (2012~2014년) 제14대 최승희 (2014~2016년)	제13대 최화명 (2012~2013년) 제14대 최승희 (2014~2015년)
251	세대를 이어가는 복음 봉사단 가정 1. 어머니와 딸(12가정)	박선복, 심양희 2회 기재	1. 어머니와 딸 (11가정) "박선복, 심양희"
292	제10대	단장: 백영	단장: 백영희
292	제13대	최화명 2012~2014	최화명 2012~2013
292	제14대	최승희 2014~2016	최승희 2014~2015
315	44) 2012년	단　장: 박연희 부단장: 최승희 　　　　최화명 회　계: 김현숙	단　장: 최화명 부단장: 최승희 회　계: 최은주
315	45) 2013년	단　장: 박연희 부단장: 최승희 　　　　최화명 회　계: 김현숙	단　장: 최화명 부단장: 최승희 회　계: 최은주
316	46) 2014년	단장: 최화명	단장: 최승희

한국여성복음봉사단
50년사

동연

초창기

한국여성복음봉사단

초대 단원들

초창기 임원단

초창기 임원단

창단 3주년(1972년)

창단 5주년 기념(1974년 11월 11일)

임원회를 마치고
(양성담 부회장 댁, 1976년)

한국여성복음봉사단 창단 10주년 기념(1979년)

송경신 선교사 귀국 기념(아래 왼쪽에서 세 번째)(1979년)

육군 제3사단 백골부대 방문 기념(박세진 사단장)(1980년)

한국여성복음봉사단이 세운 백골전선교회(1980년)

월례회 마치고(김성억 목사: 베다니집)(1980년)

신길동 베다니집 사무실
(1980-1984년)

송암봉사상을 받은 신의경 이사장
(연동교회)(1984년)

월례회 예배를 인도하는 신의경 이사장(베다니집)(1986년)

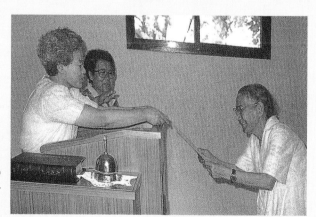

신은혜 단원에게 모범표창
(김민옥 단장)(1985년)

한국여성복음봉사단 창단
18주년 기념(1987년)

1990년대
한국여성복음봉사단

봉사단 임원수련회(김신영기념관) 이지연 단장시대(1998-2000년)

한국여성복음봉사단 창단 29주년 기념예배(연합회관)(1998년)

연지동 한국기독교연합회관 사무실(1992년-현재까지)

2000년대
한국여성복음봉사단

케냐 선교지 영어 성경 전달

케냐 선교지 영어 성경 전달

아세아연합신학대학

아프리카 예배당 건축 현장

케냐 선교지 어린이들

아프리카 케냐 선교지 사진

2010년대
한국여성복음봉사단

베트남 선교지 방문

삽화 한국여성 복음 봉사단 창단 제41회 기념
일시 : 2010년 11월 11일 장소 : 연동교회

창단 제41회 기념(2010년 11월 11일)

제48회 총회 한국여성복음봉사단 2017.1.16

제48회 총회(2017년 1월 16일)

제48회 창단기념 한국 여성 복음 봉사단 2017.11.13

제48회 창단 기념(2017년 11월 13일)

ACTS 방문(2018년 6월 1일)

제50회 창단기념 한국 여성 복음 봉사단 2019. 1. 21

제50회 창단 기념(2019년 1월 21일)

한국여성복음봉사단 제50주년 창단기념 2019.11.11

여성봉사단 창단 50주년 단체

창단 50주년

창단 50주년

축사 이정린 장로

박흥순 선교사 공로패 수여 ●

이윤우 선교사 공로패 수여 ●

두관석 선교사 공로패 수여 ●

박문희, 이지연 이사장 공로패 수여 ●

● 케냐 – 로페롯교회

● 케냐 – 카패셋교회

● 케냐 – 카공구교회

● 케냐 – 로페 두루교회

● 케냐 - 나꼬린야교회

● 케냐 - 급식 장면

● 베트남 - 플레이블룩블루이교회

● 베트남 - 플레이오교회

● 베트남 - 플레이퉁도르교회

● 베트남 - 부닥교회

● 베트남 - 플레이브랭교회

역대 이사장
한국여성복음봉사단

제1대 신의경
(1974~1988년)

제2대 김신영
(1988~2004년)

제3대 이지연
(2005~2014년)

제4대 박문희
(2014~현재)

역대 단장

한국여성복음봉사단

제1대 신의경
(1969~1979년)

제2대 양성담
(1979~1985년)

제3대 김민옥
(1985~1988년)

제4대 전송자
(1988~1994년)

제5대 김수길
(1994~1997년)

제6대 함유순
(1997~1998년)

제7대 이지연
(1998~2001년)

제8대 박문희
(2002~2003년)

제9대 이현정
(2004~2005년)

제10대 백영
(2006~2007년)

제11대 김명자
(2008~2009년)

제12대 박연희
(2010~2011년)

제13대 최화명
(2012~2014년)

제14대 최승희
(2014~2016년)

제15대 김홍순
(2016~2017년)
제16대 김홍순
(2018~현재)

차 례

부록 287

발 간 사

　지난 반세기 동안 만민에게 복음을 전파하라는 주 하나님의 말씀에 순종하며 헤아리기 어려운 하나님 나라의 역사 창조에 함께 하신 아버지 하나님께 영광을 올려 드리며 감사의 눈물을 흘립니다.

　지금부터 50년 전인 1969년 11월 11일 한국여성복음봉사단이 창단된 이래로 어느덧 반백 년의 세월이 흘러 오늘 창립 50주년을 맞이합니다.

　한국여성복음봉사단은 그동안 보고 들은 하나님의 놀라운 기적을 역사책으로 엮어서 후세에 남겨주려는 우리의 마음을 모아 오늘 이 역사서를 내놓습니다.

　우리의 선배님들께서는 빛도 없이 이름도 없이 하나님의 사역을 이루어 나가라고 하셨지만, 선배님들로부터 이어온 선교와 봉사의 정신과 헌신의 모습을 후세에 알려야 한다는 뜨거운 마음을 누르기 어려워 이 역사서를 내놓습니다.

　우리를 불러 사용하셨던 하나님의 부르심을 알리되 우리의 능력도 아니고, 우리의 사역을 자랑하는 것이 아닌 주님의 은혜를 만민에게 고백하기 위함입니다.

　이런 기록이 있습니다. 1974년 7월 15일 뜨거운 여름날 경기도 국수리 국수교회에서 개최한 한국여성복음봉사단 수양회에 32명 단원이 모여 "에스더서를 공부하고 함께 친밀한 영적 자매가 되어 밤새도록 기도하며 하나님을 찬송하고 감사하며 같은 선교 목표를 바라고 마음과 미음을 하나로 단단하게 모았더니 새로운 소망과 새로운 용기가 샘솟듯이 흘러나왔다"라는 기록이 초대 단장 신의경 권사의 비망록에 기록되어 있습니다. 이것이 한국여성복음봉사단이 창단 5년쯤 되었을 때의 모습입니다.

우리는 이러한 선배들의 뜨거운 선교의 열정과 헌신이 우리 주님께서 다시 오실 때까지 계속되기를 소망하고 기도합니다. 여기에 수록된 이야기들은 한국여성복음봉사단을 자랑하는 역사가 아니라 우리 가운데 계셨고 우리를 이끄시고 은혜를 베푸셨던 주님을 자랑하기 위함입니다. 그리고 우리의 자녀들이 우리의 선배들에게 베푸시고 우리에게 베푸셨던 주님의 은혜의 길로 오기를 소망하는 기도의 결실이기도 합니다.

이 역사책이 나오기까지 물심양면으로 헌신하신 우리 봉사단 단원들께 감사의 말씀을 드립니다. 이 책을 집필하여 주신 박종현 교수님께 감사드립니다. 좋은 책을 만들어 주신 동연출판사에게 감사드립니다. 그리고 항상 든든한 동역자요 주안에서 동행하시는 이지연 명예이사장님과 수고를 아끼지 않은 김홍순 단장께도 감사를 표합니다. 주님께 영광을 올려 드립니다.

박 문 희
한국여성복음봉사단 제4대 이사장

인 사 말

　2019년 11월 11일 한국여성복음봉사단 창단 50주년을 기념하여 『한국여성복음봉사단50년사』를 발간하게 되었습니다. 지난 반세기 동안 한국여성복음봉사단은 예수 그리스도의 복음전파와 봉사를 실천하여 왔습니다. 한국의 그리스도교회와 함께한 생생한 발자취를 글로 엮어 내놓게 되었습니다. 참으로 소중하고 뜻깊은 책이 세상에 빛을 보게 되었습니다.

　한국여성복음봉사단은 많은 난관 속에서도 한결 같이 하나님의 복음을 땅끝까지 전파하고 하나님의 영광을 드러내고자 했던 반백 년의 발자취를 담은 책입니다.

　한국여성복음봉사단은 기독교 여성 13인이 주축이 되어 복음 선교의 열정을 소망하여 아시아에 다섯 교회 그리고 검은 대륙 아프리카 케냐에도 다섯 교회를 설립하여 복음을 전하고 있습니다.

　한국여성복음봉사단은 한 세대, 두 세대 그리고 세 세대까지 단원들이 반세기에 걸쳐 헌신하고 봉사한 그 역사적 여정의 기록입니다. 작은 수의 여성들이 모여 단지 말씀을 부여잡고 기도와 헌신으로 이룩한 역사입니다. 지난 50여 년간 한국여성복음봉사단을 섬기신 선배들과 동역자들의 모습이 눈에 밟히는 듯 선합니다. 그 소중한 이야기들이 역사책으로 출간되니 가슴이 벅차오릅니다.

　아울러 복음봉사단이 창립 50주년을 한결 같이 걸어올 수 있었던 것은 단원 여러분들의 간곡한 기도와 봉사의 손길이 있었기 때문에 가능했습니다. 창단 50주년을 계기로 우리 봉사단이 지금까지 변함없는 예수 그리스도의 복음을 더 크게 더 높이 외치게 되기를 소망합니다. 그리고 이 역사를 통해서 봉사단 단원의 자부심과 긍지가 높아짐을 느낍니다. 우리는 이 기회를 통해 지난 50년처럼 복음의 씨앗으로 그리고 알곡으로 영원한 면류관을 향해 달려가기를 소망합니다.

이지연 명예이사장님과 박문희 이사장님은 연로하신 중에도 역사 편찬에 필요한 자료수집을 위해 노고를 아끼지 않으셨습니다. 감사와 경의를 표합니다.

집필하신 박종현 교수님은 한국여성복음봉사단 50년 역사에 한 자 한 자 생명을 불어넣어 주셨습니다. 또한 감사의 말씀을 드립니다.

하나님의 성령께서 한국여성복음봉사단을 늘 인도하여 주실 것을 믿습니다. 우리 한국여성복음봉사단 단원 모두와 창립 50주년역사 발간의 기쁨을 함께 나누고 싶습니다.

지난 50년 동안 한국여성복음봉사단을 섬겨주신 모든 분께 감사의 말씀을 전합니다. 또 봉사단과 동역하여 주신 분들께도 감사드립니다. 오늘 50주년 역사를 발판으로 또 다른 50년을 넘어 100년을 이어가는 한국여성복음봉사단이 될 것을 확신합니다. 이 50주년사가 나오기까지 헌신과 수고를 아끼지 않으신 모든 단원에게 감사의 말씀을 드립니다. 이 책을 출판하여 주신 동연출판사에도 감사드립니다. 모든 것을 이루시고 한국여성복음봉사단과 함께하신 주 하나님께 모든 영광과 감사를 올려 드립니다.

김 홍 순
한국여성복음봉사단 제16대 단장

축 사

한국여성복음봉사단이 50주년을 맞이하게 되었다는 것은 성경에서 말하는 희년(禧年)과 같은 의미를 부여할 수 있습니다. 일곱 번 안식년 후 50년째에는 종들도 해방이 되고, 자기의 기업을 되찾게 되며, 본래의 위치와 역할을 회복하게 되는 것입니다. 이처럼 희년을 맞이하는 한국여성복음봉사단도 창설할 때의 다짐과 다시금 새롭게 시작하는 계기가 될 것입니다.

초대 신의경 이사장님으로부터 시작하여 50년이 흐른 지금은 3대에 걸쳐 선교 정신을 이어받아 한국선교역사에 귀한 발자취를 남겼습니다. 특별히 1974년 현재 ACTS라고 하는 아세아연합신학대학원이 세워질 때부터 단원들의 기도와 물질로 함께해 주셨기 때문에 이 두 기관은 지금껏 떼려야 뗄 수 없는 관계를 유지하고 있습니다. 여러분들의 후원을 받은 외국 학생들은 ACTS에서 좋은 신학교육을 받을 수 있었고 자국으로 돌아간 후 여러 곳으로 흩어져서 본국의 교회 지도자들로서 좋은 영향력을 발휘하며 사역을 잘 감당하고 있습니다. 선교의 귀한 열매들이 아닐 수 없습니다.

앞으로 한국여성복음봉사단은 향후 또 다른 희년이 되는 50주년을 준비하며 새로운 시작을 하게 될 것입니다. 지금까지 열심히 기도하며 물질로 도우며 헌신하셨던 그 초심을 잃지 아니한다면 이전보다 더 멋진 선교의 열매들을 하나님께 올려드릴 수 있을 것입니다.

아직도 세계 많은 지역에서는 우리의 손길을 기다리고 있습니다. 단지 물질적인 것으로 도와주는 데 그치는 것이 아니라 저들의 생명을 구원할 수 있도록 잃어버린 영혼들에게 생명의 복음을 전해 주는 것입니다. 주님께서 맡겨주신 지상대위임령(the Great Commission)을 잘 감당해서 주님께서 다시 오실 때에 "참으로 착하고 충성된 종"이라는 칭찬을 받는 한국여성복음봉사단이 될 수 있기를 소망합니다.

정 홍 호
아세아연합신학대학교 총장

축 사

    1969년도 나라 살림살이가 어려울 때 복음으로 국가를 축복의 땅으로 만들고 민족 복음화를 위해 창단한 한국여성복음봉사단을 50주년 기념 예배로 모이게 하신 하나님께 먼저 감사를 드리며 축하의 말씀을 드리고자 합니다. 아울러 우리 베트남선교협의회와 협력하여 베트남 중부 지역 소수 민족이 거주하는 자라이성과 닥농성에 5동의 예배당을 건축해 주심에 베트남선교협의회 모든 회원과 베트남 5개 교회의 성도들을 대신하여 귀 봉사단 여러분께 심심한 감사의 말씀을 드립니다.

    한국교회의 부흥은 미국 선교단체가 파송한 여성 선교사들이 교육 및 의료선교사역을 통해 민족적 각성과 여성의 사회적 지위 향상, 은둔에서 벗어나도록 선교와 교회 활동에 적극 기여하신 것을 역사적 기록으로 잘 나타내고 있습니다. 특별히 여러분의 선배들께서 한국여성복음봉사단을 창단하고 전국적인 조직과 국내외 선교, 교육, 봉사 활동을 전개함으로써 한국교회가 복음을 받아들인 역사의 일천함에도 불구하고 획기적으로 부흥 발전하는 데 원동력이 되었다 할 수 있습니다. 이 모든 역사적인 성과는 봉사단의 창단을 주도하시고 초대 단장을 역임하신 신의경 권사님과 역대 단장 및 임원 그리고 현재 봉사단의 모든 선한 사업을 감당하시는 단원 여러분의 기도와 봉사, 헌신의 결과임을 믿으며 한없는 존경의 말씀을 드립니다.

    한국여성복음봉사단 50년의 쌓인 경험과 결실을 바탕으로 새로운 비전을 세우시고 하나님의 뜻을 이룰 수 있도록 힘을 모아 열과 성을 다하는 봉사단원 여러분이 되시기를 바랍니다. 이에 발맞추어 2020년 1월에 창립 30주년을 맞이하는 우리 베트남선교협의회도 봉사단원 여러분들의 기도와 후원에 힘입어 베트남 복음화에 최선을 다하겠습니다.

창단 50주년을 맞이한 한국여성복음봉사단의 무한한 발전과 새로운 비전 사역을 시행함에 있어 하나님의 인도하심과 축복하심이 충만하기를 바라며, 다시 한번 그동안 수고하신 역대 이사장님과 단장님, 임원 및 단원 여러분을 기리고, 오늘도 끊임없이 수고하시는 박문희 이사장님과 임원, 단원 여러분께 축하와 격려의 말씀을 드리는 바입니다.

이 정 린

장로, 베트남선교협의회 회장, 전국방부 차관

한국여성복음봉사단 50주년 역사를 정리하여 달라는 이사회의 요청을 받고 돌아본 봉사단의 역사는 아름답기 한없는 믿음의 어머니들의 모습입니다. 성경에는 미리암, 한나, 드보라, 에스더 그리고 엘리사벳과 마리아를 비롯하여 주님의 십자가를 지키고 영광스러운 부활의 아침을 목격한 세 여인의 이야기가 나옵니다. 믿음과 기도의 여인들 이야기입니다. 오늘 우리는 성경에 등장하는 믿음의 여인의 모습을 여기서 보게 됩니다.

한국여성복음봉사단은 근대기독교 여성 선구자인 설립자 신의경 권사님이 외세의 침략 속에 풍전등화 같았던 조국과 민족을 위한 단 하나의 길이 살아 역사하시는 주 하나님께 의지하고 그의 뜻을 실천하는 것임을 깨달아 실천함으로써 시작되었습니다.

그렇게 반세기라는 시간 동안 말씀과 기도와 헌신으로 아프리카와 베트남에 10개의 교회를 설립하고 국내에도 많은 선교 후원 사역을 시행하였습니다. 성경 말씀에 기록된 믿음의 여인들 이야기가 지난 50년 동안 믿음의 여인들을 통해 이 땅에서 재현된 것입니다.

이 아름다운 이야기는 수많은 난관을 딛고 일어서고 돌파하며 이어져 왔습니다. 이 소중한 이야기들이 한국의 여러 교회와 또 세계 여러 곳에서 주 예수의 복음을 전파하기 위하여 헌신하는 사역자들에게 큰 위로와 기쁨이 될 것을 확신합니다.

이 영광스런 이야기를 듣고 읽고 기록하게 된 시기관으로서 맡겨진 역할에 기쁨과 감사의 말씀을 전합니다. 이지연 명예이사장님과 박문희 이사장님 그리고 김홍순 단장님과 모든 편찬위원회 위원들께서 베풀어주신 환대에 감사드립니다.

거룩하신 하나님께서 한국여성복음봉사단의 사역과 기도에 기뻐하시며 영광을 받으실 것을 확신합니다. 그리고 앞으로 다가오는 새로운 50년이 지난 후에도 한국여성복음봉사단의 사역이 더욱 확장되고 더 놀라운 역사가 펼쳐지기를 기도합니다.

박 종 현

연세대학교 교수, 목사

30년사 발간사

　한국여성복음봉사단이 금년에 30년을 맞이하도록 섭리하시고 이끌어 주신 하나님께 그리고 선배와 동료 및 후배 여러분의 수고와 협력에 대해 이 지면을 빌어 감사를 드리며 자축하는 바입니다.

　우리 단원 모두는 창단목적에서 밝힌 대로 '만민에게 복음을, 지상에 천국 건설을' 위해 교회 일도 바쁘고 약한 여성들이지만 힘을 모아, 특히 일본·인도네시아·아프리카 선교를 위해 30년 역사를 수놓았으며 기도와 헌금과 봉사로 최선을 다했던 것입니다.

　그런데 어제 충격적인 신문기사를 읽고 밤잠을 설쳤습니다. 복음봉사단에서 1982년부터 선교사를 파송해 복음을 전파했던 아프리카 케냐에 에이즈가 창궐해 모이 대통령이 '국가재앙'을 선포했다는 것입니다. 20세기의 흑사병으로 불리는 에이즈(후천성면역결핍증)가 인구 3천만 명의 케냐에서 지금까지 76만 명이 죽고 190만 명이 감염돼 있다고 합니다. 우리가 17년째 케냐에 온 정열을 쏟고 있는 이때, 이와 같은 현실을 어찌하면 좋겠습니까? 영혼의 구원뿐만 아니라 육신의 구원을 위해서도 선교정책을 세워야 하겠습니다. 마침 서울대학병원에서 효과적인 치료제를 개발했다는 낭보도 전해지는데 약값이 좀 비싸다 해도 의료선교를 모색했으면 합니다.

　사랑하는 단원 여러분! 주후 2천 년을 보내고 새천년 21세기를 맞이하는 역사적인 시점에서 전국교회 단위로 분단을 확충해 과감한 도약의 시대를 열어야 하겠습니다. 이를 위해 청년단원의 확보와 치밀한 통솔 및 행정과 소신이 있어야 하겠는데 여러분의 협조와 하나님께 간구할 뿐입니다.

이 책자를 거울삼아 좋은 전통을 계속 이어가기 기원하며 집필에 전념해 주신 고춘섭 장로님께 깊은 감사를 드립니다.

김 신 영
한국여성복음봉사단 제2대 이사장

30년사 머리말

"땅끝까지 이르러 내 증인이 되라"는 주님의 지상명령을 일찍부터 실천하신 선배님들 신앙의 열정으로 한국여성 복음봉사단이 창단돼 30여 년에 이르도록 귀한 역군으로 쓰임 받게 하신 하나님께 먼저 감사와 영광을 돌립니다. 또한 우리를 오늘이 있게 이끌어 주신 믿음의 선배님께도 감사를 드립니다.

황무지에서 몇 분이 뜻을 모아 손에 손을 잡고 가정마다 심방하며 복음의 빚진 자로서 책임을 감당하기 위해, 일어서셨던 믿음의 정신을 우리 후손들에게 이어주기 위해 이 귀중한 역사를 출간하게 됐습니다.

한 알의 밀이 땅에 떨어져 썩음으로서 많은 열매가 맺히는 것 같이 우리 선배님들의 믿음의 노고로 인해 오늘 우리는 편안하게 복음의 대열에 설 수 있으며 아프리카 황무지에 우리의 꿈이 심어진 줄 믿습니다.

이 꿈이 하나님 나라가 이 땅에 임하는 그 날까지 우리 모두의 가슴에서 넘쳐흘러 서로서로 격려하며 사랑의 띠로 하나 돼 하나님 앞에서 착하고 충성된 종들로 서기 바랍니다.

원고를 쓰기 위해 수고하신 고춘섭 장로님에게 진심으로 감사를 드립니다. 또 아프리카 선교의 문을 열어 주신 유부웅 목사님과 여러 선교사님의 노고에 감사드립니다.

하나님 자녀로 살기를 결단하신 국내외 단원 여러분에게 선교 1세기를 보내고 새로운 2세기를 맞이하는 시점에서 이 귀중한 선배님들의 발자취를 접하게 됨을 감사하면서 더욱 뜨거운 기도와 헌신의 결단이 있기를 기원합니다.

끝으로 단원 여러분의 건강과 가정에 평안이 있기를 두 손 모아 기도하며 한국여성복음봉사단의 영원한 번영을 하나님께 간구합니다.

이 지 연
한국여성복음봉사단 명예이사장

30년사 축사

　　레위인의 제사장은 그 수가 많을 때는 30세요 적을 때는 25세로 취임했습니다. 나는 한국여성복음봉사단 창단 때부터 오늘까지의 역사를 잘 알고 있습니다. 당시 창단 멤버의 중진들이 벌써 고인이 되셨으나 후계에 잘 계승해 꾸준한 발전과 함께 한국여성복음봉사단이 30년의 연륜을 가졌으니 레위지파의 제사장 취임 연륜이 되었음을 기뻐합니다. 하나님과 사람 사이에서 하나님의 그 크신 사랑을 사람에게 그리고 사람의 전행을 하나님께 아뢰는 제사장의 역할을 이미 잘하신 바이라. 이제부터 30세 제사장 취임 연세를 가지면서 제사장의 역사가 더 알차게 돼 역사하게 될 것을 내다보면서 축하해 마지 아니합니다.

　　한국여성복음봉사단은 한국 여성계의 거성이셨던 분들이 창안한 복음봉사의 기틀입니다. 그래서 창단 때부터 그 기초가 공고하였거니와 연륜이 더할수록 더욱 튼튼히 다져져 법인의 지위로서 꾸준한 봉사로 오늘에 이르기까지 한국 교회사와 복음 역사에 큰 몫을 감당했습니다. 양적으로도 단원이 더욱 증가해 질로나 양으로 성숙하게 됨을 지켜보면서 하나님의 베푸신 은총에 감사하며 성년의 성숙한 복음의 역사가 더 힘차게 진행될 것을 내다봅니다. 창단하신 어른들의 그 신앙을 그대로 본받아 속죄구행의 복음사명을 힘있게 감당하셔서 우리 주님 다시 오실 때에 봉사단으로 말미암은 열매가 모든 단원의 자랑·기쁨·면류관이 되실 것을 기원합니다.

끝으로 제사장의 책임을 연륜이 더할수록 더욱더 잘 감당하시기를 축원
합니다.

방 지 일

영등포교회 원로목사

30년사 격려사

아세아연합신학대학교의 복음봉사를 어머니처럼 돌보아 주신 한국여성복음봉사단 창단 30주년을 진심으로 축하드립니다. 34년 전에 신의경·양성담·김수길 권사님 등 일곱 분의 준비기도회로 시작해 양 전도사의 부군되시는 김양선 목사님을 모시고 눅 8:1-3의 말씀을 따라 한국여성복음봉사단이란 이름 아래 각 성과 촌에 두루 다니면서 하나님의 나라를 반포하시고 복음을 전하신 그분들은 예수님과 그를 따르는 제자들을 '제자들의 소유로 섬김의 일'을 숨어서 다해 온 세상의 가장 아름다운 성도들이라 여겨집니다.

아세아연합신학대학교가 창설된 바로 그해(1974년)로부터 본 대학교로 유학 오는 아시아·아프리카의 학생들을 키워 자국 복음화 역군으로 20여 명이나 파송했고 인도네시아 땅에 31개 교회를 개척하는 등 기타 아세아연합신학대학교가 필요하다면 언제나 솔선 자기들의 소유로 섬기는 일을 하신 것이 금액으로 3억 6천만 원에 이르렀는데 그 거액이 주로 신앙의 어머니들의 모임이라 할 수 있는 이분들의 손으로 이루어졌다는 것은 믿기 어려운 일입니다.

현재로 신의경 권사님의 유업을 이으시는 딸 박문희 권사님과 한결같이 신실함의 본을 보이시는 김신영 권사님 그리고 홀로 남아 계신 창단 멤버 김수길 권사님 등의 영도하에 드보라·루디아·한나·뵈뵈… 등 부르기도 아름다운 이름들의 분단을 국내뿐만 아니라 미국·일본 등에도 세우시고 예수님을 따르는 제자들의 '하나님의 나라 받듦의 복음 전하는 일'과 '자기들의 소유로 섬기는 일'을 해 오시는 350여 명의 20세기의 막달라 마리아·요안나·수산나들을 우리는 우러러보지 않을 수 없습니다.

　앞서가신 신의경·양성담·함유순 단장님의 신실하고 강하시며 온유하신 풍모를 우리는 계속 기리며 그분들의 복음 봉사의 발자취를 주님 앞에서 상급이 있을 그 날까지 힘써 따라갑시다.

한 철 하

아세아연합신학대학 총장, 목사

30년사 저자의 글

한국여성복음봉사단을 지극히 사랑합니다. 그러지 않고는 이 작업을 이루지 못했을 것입니다. 어떤 아픔도 참을 수 있었고 희생과 봉사를 모두 포함하는 사랑의 위력은 그렇게 위대하며 장한 것이었습니다. 혹시나 기형이거나 미숙한 것이 아니기를 바라 더욱 사랑하지 않을 수 없었습니다.

뼈를 깎는 듯한 힘든 작업이었지만 성령께서 함께하심으로 견뎌낼 수 있었고 난관을 극복해낼 수 있었습니다. 얼마나 힘들었으면 이 사역이 중단되지 않도록 건강 주십사고 매일 기도했겠습니까? 하나님께 정중하게 영광과 감사를 드립니다.

역사는 인간사회의 변천 및 발전의 과정을 기록하는 사전적 의미 외에 과거를 통해 미래를 예측하고자 하는 특별한 뜻도 있습니다. 이제 30년의 역사를 토대로 좋은 전통을 계승하고 지향할 바 갈 길을 바로 찾아 복음봉사단의 사명과 목적을 이루는 데 최선을 다하시길 바랍니다.

역사의 서술은 시간·공간·인물·사건·평가라는 다섯 가지 요소로 이루어지는데 사건마다 평가는 거의 하지 않았으며 나머지 네 가지 요소도 자료의 결핍으로 온전히 갖추지 못한 채 서술한 경우가 있었음을 밝힙니다. 이런 점을 감안해 앞으로의 모든 기록물은 위의 네 가지 요소를 고루 갖추어 남기기 바랍니다.

고유명사나 두 단위의 한자어는 띄어쓰기 원칙을 벗어나 읽기 좋게 붙여

쓰기를 시도했고 외국에의 지명은 헌지어 발음대로 했으며 인명에는 직함을 붙여 부드럽게 했습니다.

자료의 미비한 것을 보중하기 위해 김민옥·전송자·김수길 증경단장님과 박문희 부단장님 등 여러 단원의 구술 및 증언이 크게 작용한바, 이 지면을 빌어 감사드립니다.

한국여성복음봉사단의 무궁한 발전과 작고하신 단원의 명복을 빌며 국내외 단원 여러분의 건투를 기원합니다.

1999년 12월 31일 20세기 마지막 밤에

고 춘 섭 장로

제1장

창립기
: 시대적 소명에 부응하는 복음봉사단

1. 개화와 기독교 여성의 지위 향상

미국북장로교회 선교사 호러스 뉴턴 앨런이 1884년 내한한 이래 한국의 개인적, 사회적, 문화적 삶의 형태는 빠르게 바뀌어 왔다. 그중에서도 여성의 삶에는 괄목할 만한 변화가 나타났다. 모든 역사가 그렇듯이 모든 역사와 사회에는 실패와 성공이 있기 마련이다. 조선 사회 역시 이러한 성공과 실패가 있었다.

그중에서도 여성의 삶과 사회적 지위는, 양반이든 중인이든 평민이든, 같은 계층이라도 항상 남성의 아래에 있었다. 개화기가 시작되면서 여성의 지위와 역할을 강조하는 논조들이 나타났다. 그러나 그것이 구체적으로 실천되기에는 많은 시간이 필요하였다.

여성은 계급지배와 성차별의 이중적 굴레 속에 갇혀 있었다. 한국의 전통이 항상 그랬던 것은 아니다. 단군신화는 웅녀라는 여성을 등장시켜서 여성의 존재를 하늘에서 내려온 하늘의 후손인 단군과 대등한 위치에 놓아 준다.

통일신라도 부자 상속의 원칙 속에서도 왕위 계승순서에는 혈통과 신분을 중요하게 여겨서 세 명의 여왕을 즉위하게 하였다. 고려 시대에는 부계사회의 제도 속에서도 여성의 재산상속과 제사권을 보장하였고 이에 따라 데릴사위제도도 존재하였다.

여성의 법적인 지위가 빠르게 낮아진 것은 다름 아닌 조선 사회에 들어와

서였다. 조선에 신유힉 즉 성리학이 국가의 이념으로 자리 잡으면서 한민족의 전통 중 여성의 권리 부분이 빠르게 약화되었다. 재산상속과 제사권을 빼앗겼고 조선은 철저한 남성 우월 사회로 변하였다. 삼종지도(三從之道)와 칠거지악(七去之惡)은 조선이 만들어낸 여성을 향한 사회적 악습의 목록이었다.

개화기에 시작된 여권신장 운동은 동학사상 등을 통해 분출되기도 하였으나 가장 큰 영향은 기독교 선교를 통해서 이루어졌다. 기독교는 여성 선교사들을 대거 파송하여 여학교와 여성을 전도하였고, 초기 한국 기독교에서 전도부인과 교회에서 여성의 역할은 전근대 사회에서는 전혀 볼 수 없었던 여성 역할이 개방적으로 허용된 놀라운 경우였다.

기독교 여성들은 개인의 사회적 진출뿐 아니라 일제의 억압에 대항하여 각종 사회활동을 벌였다. 1907년 국채보상운동에서 시작하여 1919년 애국부인회운동, 1922년 YWCA의 설립, 1924년 민족주의 여성사회단체인 여자동우회 그리고 1927년에는 사회주의 여성단체인 근우회가 조직되기에 이른다. 이렇듯 여성운동은 활발하게 전개되었지만 정작 조선총독부의 제도는 여성호주제 불인정, 재산상속을 인정하지 않는 등 구시대와 달라진 것이 없었다.

1945년 꿈에 그리던 광복이 이루어지고, 1948년 대한민국 정부 수립이 되면서 헌법에 남녀평등이 명시되고 여성의 참정권이 보장되는 등 획기적인 전환이 이루어졌다. 1958년 민법은 상속과 분가를 인정하는 등 근대적 제도화가 이루어지게 된다. 1990년 가족법 제정으로 남성 중심 호주제가 폐지되었고 남녀평등이 더 구체적으로 이루어지게 된다. 기독교계에서도 여성의 장로와 목사 임직이 대부분 교단에서 이루어지면서 일단 평등한 모습을 갖추게 됐다.

2. 복음봉사단 창단의 시대적 배경

1960년대는 한국전쟁의 후유증이 겨우 치유되던 시기였지만 또한 정치적 격변의 시기이기도 했다. 1960년에 4·19 시민혁명이 나고, 1961년 5·16이 일어났다. 군인 출신의 5·16 정부는 군부에 대한 국민의 우려를 불식하기 위하여 경제개발에 온 힘을 기울였다. 1963년 박정희 국가재건최고회의 의장이 대통령에 당선되면서 주도적인 경제성장을 이끌었다. 한국전쟁으로 폐허가 된 국토를 재건하고 산업시설을 건설하여 빠른 속도로 경제성장을 달성하였다.

이와 같은 한국경제의 고도성장 이면에는 빈부격차, 도농격차, 국민경제의 대외 의존도 심화 등과 같은 정책적 문제도 있었으나 더 나아가 급속한 도시화와 산업화로 인한 도시문제·환경문제들도 있었다. 이러한 사회환경의 변화는 한국인들의 마음을 황폐하게 하고 사회적 부적응 상황을 노출하였다. 이러한 문제들을 바라보는 교회와 기독교인들은 사회에 대한 영적인 치유와 사회적 대안을 제시할 필요성을 절감하게 되었다.

1970년에는 경부고속도로가 개통되고 1971년 7월 4일에는 7·4 남북공동성명이 발표되어 남북한의 군사적 긴장이 완화되고 평화통일에 대한 기대감이 높아지기도 하였다. 그러나 그 이후 남북관계가 지지부진해지고 북한에서 김일성 유일 체제가 성립되면서 이에 대응하여 남한에서도 박정희 대통령의 유신헌법이 발효되고 이에 저항하는 학생 종교계 지식인들의 민주화 운동이 강한 반작용으로 나타났다. 정부는 이를 권위적으로 처리하기 위해서 1974년부터 1975년까지 대통령 긴급조치로 대응하였다.

복음봉사단이 탄생한 것은 1969년이었다. 빈곤에서 벗어나려고 온 국민이 애썼고 정치적으로 혼란스러웠던 1960년대를 마감하고 이제 번영과 1960년 내의 결실이 비로소 열리기 시작하려는 1970년대를 바라보는 바로 그때 복음봉사단이 탄생하고 있었다.

3. 복음봉사단 설립자 순원 신의경(蕣園, 1898~1988) 권사

어떤 단체이든 그 단체의 창립에 정신과 혼을 불어넣고 그 정신적 힘이 역사를 헤쳐나가도록 창조적 힘을 부여한 이들이 있기 마련이다. 신의경 권사는 개화기에 출생하여 어려서부터 기독교의 영향을 받고 근대적 의식을 지닌 기독교 여성으로 성장하여 민족운동에 헌신하고 평생을 봉사와 헌신으로 살다간 한국 근대 여성 선각자의 한 사람이다.

신의경 권사는 1898년 3월 23일 서울에서 출생하였다. 그의 집안은 초기 기독교 가정으로 어머니 신 마리아는 장로교인으로 세례를 받고 연동여학교 교감을 지낸 근대 여성 기독교 교육의 선구자였다. 신의경의 모친뿐 아니라 이모인 박 에스더는 유명한 미국감리교회 의료선교사인 로제타 홀의 영향을 받아 미국에서 유학한 후에 한국 최초로 여성 의사가 되어 귀국한 후 한국에서 의료활동을 펼친 근대 한국 기독교 여성의 표상이 된 인물이었다. 또 다른 이모인 김배세 역시 세브란스 의학교에서 교육을 받고 한국 최초의 간호사가 되어 세브란스 병원과 의학교에서 봉직하며 평생을 의료 봉사와 기독교 의료에 헌신한 선구자이기도 하였다.

이러한 근대적 기독교 여성상이 강하게 확립되어 갔던 가족 환경은 신의경에게 큰 영향을 미쳤다. 1907년 정미 조약이 체결되고 구한국 군대가 해산되던 때 어린 신의경은 연동교회 연동여소학교에 입학하였다. 1910년 학교를 졸업한 후 1913년 게일 선교사에게 세례를 받았다. 1915년 정신여학

송암봉사상을 받은 신의경
이사장(연동교회/1984년)

교에 입학하였고, 1918년 연동교회 집사가 됨과 동시에 정신여학교 교사로
부임하였다.

3·1 만세운동이 일어나던 1919년 5월에 신의경은 주위의 동지들을 규합
하여 경성애국부인회를 창립하였다. 이 단체는 여성으로서 정작 애국활동
을 직접 하기 어려우니 임시정부에 독립자금을 모아 후원하는 여성들이 주
축이 된 비밀애국운동단체였다. 신의경은 이 단체의 회장을 맡았다. 그해 9
월에는 전국단체인 대한애국부인회의 서기 및 경기 지부장을 맡아 활동하
다가 그해 11월 28일에 제령 7호와 출판법 위반으로 검속되어 대구형무소
에 수감되었다.

약 2년간의 옥고를 치르고, 1921년 9월 9일에 대구형무소를 출감하였다.
1922년 4월에는 발기인 6명과 더불어 조선기독교여자청년회(YWCA)를 창
립하는 데 참여하였고, 이때 서기를 맡았다. 같은 해 12월에는 발기인 30명
과 함께 경기여자기독교청년회를 창립하였다.

1924년 이화여자전문에 입학하였다. 이화여전에서 수학한 후인 1927년
일본 도호쿠(동북)국제대학에 유학하였다. 4년간의 유학 생활을 마친 신의
경은 1930년에 귀국하여 이화여전의 교수로 초빙되어 교편을 잡았다.

1934년에는 경기경성교회연합전도부인회(현 여전도회서울연합회) 회장에 취임하고, 이듬해인 1935년 여전도회연합대회(현 여전도회전국연합회) 3대 회장에 선임되었다. 1937년에는 장로교회 경기노회 여전도회 5대 회장에 다시 선임되었다. 그 이후 일제의 중국침략과 대미전쟁으로 혼란스러운 일제 말기, 신의경은 모든 공직을 사임하고 은둔에 들어갔다.

1945년 8월 15일, 감격스러운 광복이 되자 신의경은 다시금 사회활동을 재개하였다. 1946년부터 2년간 대한YWCA 총무를 재임하였고, 같은 해 신의경은 남조선과도입법의원 관선의원으로 잠깐 정계에 참여하기도 하였다. 1949년에는 피어선기념성경학원 교무부장으로 4년간 봉직하였고 한국전쟁이 발발한 후에는 피난지 부산 광복교회에서 여전도회와 구국기도반을 조직하여 위기에 처한 나라를 위한 구호 활동에 전념하였다.

1956년에는 정신여자중고등학교 감사와 사사에 취임하여 16년간 모교를 위해 봉사하였다. 1957년에는 기독교계 학교인 서울여자대학교 설립 여전도회 대표와 학교법인 정의학원 이사로 17년간을 봉사하였다.

1958년 동남아여성지도자대회 한국대표, 1961년 한국기독교교회협의회 가정생활위원회 부회장, 1962년 세계기도일 한국위원회 위원장, 1962년 대한예수교장로회총회 협동사업부 전도위원, 1962년 경기도 양주 경동제일교회 경동성경학원을 설립하고 원장과 이사장을 지냈다.

1963년 국가재건최고회의에서 독립 유공 표창을 받았고, 같은 해 여전도회에서도 독립유공 표창을 수여하였다. 1964년부터는 대한예수교장로회총회에서 중앙위원과 전도부 선교위원으로 교단 발전에 기여하였다.

1966년 겟세마네기도회를 조직하여 깊은 신앙을 가진 교계 여성지도자를 규합하였고, 이에서 한 걸음 더 발전하여 1969년 드디어 한국여성복음봉사단을 창립하고 초대 단장으로 취임하였다.

그 후에도 교계와 사회로부터 다수의 표창과 공로상을 받았고 10년간 복음봉사단을 이끈 후 1978년 1월에 한국여성복음봉사단 이사장에 취임하였다. 1988년 1월 8일 신의경 권사는 하늘의 부르심을 받았다. 사후인 1990년에는 국가로부터 건국훈장 애국장을 추서받았다.

신의경 권사의 생애는 한 가정의 아내와 어머니 역할을 훨씬 넘어서 한 지역교회를 섬긴 고귀한 신앙인, 한국 장로교회의 여성 분야의 개척자이며 지도자였고, 한국 기독교 여성운동의 초석을 놓은 이였다. 민족적으로는 애국운동으로 외세의 압제에서 민족을 구원하는 데 앞장선 지도자였으며, 여성교육·기독교 교육·기독교 고등교육 등 한국 여성이 기독교를 통해서 자율적 개인으로 헌신된 신앙인으로, 유능한 사회인으로 그리고 국가를 이끌어가는 기독교 시민으로 양성되는 데 헌신한 교육자의 생애이기도 하였다.

신의경 권사는 한국 초대 기독교의 유산의 산증인이며, 근대적 여성 즉 지식인 신여성의 모범으로 애국민족운동가로서, 교육자로서, 한국 기독교 근대 여성의 뚜렷한 열매의 삶을 살았다.

신의경 권사가 1969년 복음봉사단을 설립하게 된 것은 그녀의 생애를 통해 헌신하고 봉사하던 경륜과 경험을 모아 이제 복음으로 한국과 세계를 섬기는 원숙한 사역의 또 하나의 열매를 이루게 된다.

4. 겟세마네기도회: 복음봉사단의 씨앗

복음봉사단은 1969년에 결성되었다. 그러나 이미 1964년경부터 복음봉사단의 씨앗이 되는 겟세마네기도회가 시작되었다. 신의경 권사는 영등포구 신길동에 소재한 한국 장로교회의 거목 중 한 분인 김양선 목사의 사택에서 기도 모임을 시작하였다.

기도회에는 신의경 권사와 김 목사의 사모 양성담 전도사 그리고 김수길 권사가 모였다. 당시 신의경 권사는 여전도회전국연합회 회장, 김수길 권사는 경기연합회 서기이며, 양성담 전도사는 여전도회전국연합회 실행위원이었다.

같은 대한예수교장로회 소속이며 여전도회를 대표하던 이들은 함께 기도하며 하나님 나라를 만들어 갈 비전을 기도하고 있었다. 이들은 매월 7일에 모여 무려 3년간에 걸쳐서 선교를 위한 헌신과 봉사의 길을 모색하고 기도하였다.

한국복음봉사단의 씨앗. 초기 단원들

이러한 기도가 쌓여 1967년 7월 7일 연동교회 신의경, 영등포교회 양성담, 새문안교회 김수길, 한양교회 김선덕, 영암교회 이영숙, 안동교회 방순실, 시온성교회 한옥자 등 7인이 모여 겟세마네 기도회를 조직하였다.

이 기도회의 설립 취지는 한국과 세계의 복음화를 위하여 초교파적으로 여성들이 일익을 담당하여야 한다는 김양선 목사의 권유와 격려가 큰 작용을 하였다. 이 기도회의 이름도 김양선 목사가 작명한 것이었다.

겟세마네 기도회의 역사적 배경으로, 1965년 한일협정으로 일본과 한국의 문호가 개방되어 일제 강점기부터 선교사를 일본에 파견하였던 한국교회는 일본에 선교사 파견을 서두르게 된다. 특히 재일한인교회를 향한 조총

련의 이념 공작이 눈에 띄기 시작하면서 한국교회가 재일한인교회를 선도
해야 한다는 위기감도 높아졌다.

신의경 권사는 여전도회전국연합회 회장을 1963년부터 1968년까지 맡
았던 터라 선교국을 연합회 안에 설치하고 정성훈·김달훈 두 선교사를 대만
에 파송한 바가 있었다.

1968년 신의경 권사는 연합회 회장에서 물러난 후 겟세마네 기도회 회원
13명을 발기인으로 한국여성복음봉사단을 조직하여 복음 사역의 새로운 전
환점을 모색하였다.

제2장

요람기
: 한국여성복음봉사단,
창단에서 구제와 지원에 이르기까지

1. 한국여성복음봉사단의 창립

1969년 11월 11일 11시 한양교회에서 한국여성복음봉사단이 창립되었다. 지난 2년간 함께 무릎으로 기도하여 온 신의경·김선덕·백기덕·양성담·김수길·장학록·김복실·이명희·홍영숙·함유순·한옥자·진송자·이기련 모두 13명의 열혈 기도자들이 모여 한국여성복음봉사단을 창단하였다.

창립 예배에는 그동안 기도회를 이끌어 주었던 김양선 목사를 비롯한 35명이 참석하였다. 신의경 권사의 사회로 드려진 예배는 양성담 전도사의 기도와 한양교회 최중해 목사 설교, 김양선 목사의 축도로 이루어졌다.

창립총회의 임원진은 단장에 신의경 권사, 서기 양성담 전도사, 회계 김수길 권사가 선임되었다. 한국여성복음봉사단의 정신을 담은 정관도 이때 채택되었다. 평생 감격으로 신앙하였던 예수 그리스도의 복음에 봉사하고 헌신하며 충성한다는 각오가 그 핵심적 신앙 고백이었다.

한국여성복음봉사단이라는 이름은 창립자 신의경 권사가 한평생 살아온 경험과 헌신에서 우러난 것이었다. 근대 기독교 여성의 삶을 살았던 신의경 권사의 생애는 여성이 주체라는 의미를 명시하도록 했다. 그것은 칠십 노구에 남겨진 보석 곧 예수 그리스도의 복음을 위한 봉사의 삶을 살려는 다짐이었다. 그래서 남은 생애를 오직 예수 그리스도의 복음을 위하여 헌신하려는 고귀한 신앙인의 각오와 모습만을 오롯이 담게 된 것이다.

이렇게 하늘에서 가장 낮은 곳으로 낮은 이들에게 오셔서 사랑과 섬김의 모습을 보여주셨던 예수 그리스도 그분과 함께 살아온 평생의 감격이 한국 여성복음봉사단의 창립에 새겨지게 된 것이다.

한국여성복음봉사단은 주로 장로교인들이 주축을 이루었으나 3대 단장이 되었던 김민옥 권사는 3대 상동감리교회에 출석하는 유서 깊은 감리교 신앙인으로 노량진장로교회에 출석하는 동안 한국여성복음봉사단 단원들과 사귐이 인연이 되어 동행하게 되었다.

창립 예배가 진행된 한양교회는 여전도회 총무 김선덕 권사가 출석하던 교회로서 교회와 담임 최중해 목사도 봉사단에 깊은 관심을 가져 기꺼이 교회를 창립예배 장소로 사용하도록 허락하였다.

이때 한국여성복음봉사단의 창단 정신과 존립의 목적을 명확하게 선언하였다.

1) 창단 목적과 단원 선서

(1) 창단 목적

① 본단은 만민에게 복음을 전파하고 천국을 지상에 건설하며

② 하나님의 지혜와 교훈을 만민에게 알게 하며

③ 그들로 하여 참된 평화와 안정한 생활을 누리도록 봉사함을 목적으로 한다.

(2) 단원 선서

① 그리스도의 복음을 땅끝까지 전하고 천국을 지상에 건설하는 일이며

② 하나님의 말씀과 그리스도의 교훈을 만민에게 전하며

③ 그리스도의 참된 평화와 안정한 생을 누리도록 봉사함을 목적으로 한다.

이 창단 목적은 1969년 한국여성복음봉사단의 창립과 함께 그 신앙고백과 소명을 밝힌 것이다. 그것을 공식적으로 한국여성복음봉사단 예배순서에 넣은 것이 1975년 6주년 기념 예배 때에 그리고 후자는 1999년 28회 정기총회 시 보고서에 게재하였다.

한국여성복음봉사단의 창립 정신 예수 그리스도의 복음이 그 중추였다. 그리고 주께서 주신 선교의 정신과 하나님 나라의 완성에 끝까지 순종하려는 깊은 고백이 담겨있다.

(3) 단원 선서
① 우리는 만민 중에서 그리스도의 〈역군〉(일꾼)으로 뽑힘을 감사한다.
② 우리는 그 은혜에(를 감사함으로), 보답해 믿음과 소망과 사랑으로 한데 뭉쳐 만민에게 복음(으로)〈을〉 봉사한다.
③ 우리는 주님의 남기신 사업에 마음과 물질과 시간을 바쳐 〈죽도록〉 충성한다.

이 선서는 1973년 제정되었다. 한국여성복음봉사단 단원들의 의무와 다짐을 명시하여 정기총회 시에 단장에 의해 선언되었다. 1989년부터는 개회 예배 때 선언하는 것으로 바뀌었다.

2) 사단법인의 허가

한국여성복음봉사단은 1974년 8월 9일 문화공보부 장관의 허락으로 11

월 8일 사단법인 등록을 하였다(번호: 111221·0000256). 한국여성복음봉사단 정관은 1974년 10월 2일 제정하여, 1988년 1월 18일 개정, 1994년 1월 17일 개정하여 현재에 이르고 있다. 규칙은 1981년 11월 18일 8개 조항으로 제정하고 두 차례 개정을 거쳐 현재 12개 조항으로 확정했다.

3) 부서의 조직과 활동

한국여성복음봉사단의 조직은 단장, 부단장, 총무, 서기, 회계로 임원을 구성하였다. 부서는 1971년 선교부, 재정부, 교육부, 봉사부 4개 부서로 시작하여 1975년 기획부를, 1976년 섭외부를, 1978년에는 회우부를, 1979년에 음악부를 그리고 1989년 관리부를 신설했다. 이후 부서는 한국여성복음봉사단의 운영에 따라 신설되고 폐지하는 등 운영에 융통성을 기하였다.

2. 기관지 「봉사」와 「회보」

한국여성복음봉사단은 기관지 「봉사」를 1971년 3월 25일 창간하였다. 그 후 5년간 발행하다가 1976년 6월 17호로 종간하였다. 회원들에게 한국여성복음봉사단의 활동 내용, 회의 보고 및 회원의 친목 활동을 알리고 기록하기 위한 것이었다. 그러나 정기총회 보고서가 정기적으로 발간되면서 기관지는 종간하게 되었다.

1979년 2월 7일에 종간된 기관지를 대체하기 위하여 「회보」를 발행하기로 하였다. 6면으로 만든 소식지였다. 편성은 단장 인사말, 월례회 순서, 이달의 말씀(이사장), 보고 항목으로 구성하였다. 이 「회보」 역시 정기회의록이 발행되어 수년 후에 종간하였다.

3. 수양회와 선교수련회

한국여성복음봉사단은 단원들의 신앙 수련과 성품의 함양을 위해서 수양회를 개최하였다. 1973년 8월 6일 한국여성복음봉사단은 그동안 창단에 얽매여 돌아볼 수 없었던 자신들의 품성과 신앙심을 가다듬고 닦기 위해 1973년 8월 6일 처음으로 수양회(修養會)란 이름으로 모임을 했다. 임원 모두와 단원 수명은 정유영 재정부장의 초대로 강화도의 서편 해안에 위치한 외포리에 도착해 3일간 하늘과 바다만 바라보면서 영육을 새로운 것으로 가득 채웠다.

이듬해 7월 15일부터 3일간은 김득순 권사의 초청으로 경기도 양주군 국수수양관에서 월례회를 겸해 수양회를 열었다. 오전에는 에스더서 공부, 오후에는 간증 시간을 가지면서 찬송과 기도로 선교의 목표를 바라보며 단결과 충성을 다짐했다.

이에 관한 「봉사」 제14호의 기사를 옮기면 다음과 같다.

7월 수양회는 창단 후 첫 역사였다. 15일 아침 9시경 전세 버스로 신길동 사무실에서부터 국수수양관 고개 밑까지 높고 낮은 산과 청청한 강물을 돌면서 유쾌하게 달렸다. 12시경 수양관에 도착해 김득순 권사와 그 제씨되는 상심교회 김은일 장로의 환영을 받고 잠시 휴식을 취한 뒤 월례회 회의와 에스더서 공부를 했다. 오후 5시경 10여 단원이 부득이 귀가하게 돼 남은 20여 단원은 변화산 정상의 자연을 사모하며 그 이튿날도 종일 신의경 단장이 가르치는 에스더서 공부에 전념했다. 3일째인 17일에는 당면한 과제인 교회와 가정과 나 자신의 모든 문제를 주 앞에 엎드려 눈물로 기도했다. 정오가 돼 김득순 권사가 손수 제공하는 점심을 나누고 2박 3일 동안 받은 은혜에 감사하며 오후 4시 기차편으로 상경했다.

1980년대에 이르러서는 '수양회'라 하지 않고 '선교수련회'로 이어갔다. 아세아연합신학대학에서 훌륭한 교수를 초빙해 특강을 가짐으로써 이 모임은 장소를 자연에서 도심으로, 자세를 수동에서 능동으로 바꾸게 됐다.

1985년부터 1988년까지 4년간 있었던 선교수련회의 상황을 정리하면 다음과 같다.

회차	연도	장소	강의 주제	강사	인원
1	1985. 6. 17.~20.	베다니집	구약학 · 선교학	정규남 · 전호수	142
2	1986. 9. 12.	〃	예언서 · 수도생활	정규남 · 김종일	150
3	1987. 6. 22~23.	〃	종말론 · 재림론	김종일 · 나귀환	78
4	1988. 6. 20.	〃	제2세기 선교여성	이현석	40

1985년도 선교수련회 때 개근자 26명에게 수료증을 수여하고 1988년도에는 헌금 129만 원을 보훈병원에 전달하는 특별함이 있었다. 1996년 9월 16일에는 특별히 청년단원을 위한 영성세미나, 1997년 9월 22일에는 신일교회에서 선교수련회를 개최했는데 두 해 모두 유부웅 선교사가 강사로 초빙됐다.

단원 선교수련회(연동
교회 강화수양관/
1998년)

4. 부흥사경회와 심령부흥회

한국여성복음봉사단 역시 기독교인들의 집합체라서 영적 부흥사경회가
필요했다.

1976년 11월 11일부터 12일까지 한양교회당에서 창단 7주년을 기념하
는 부흥회를 개최했다. 첫날 오전에 창단 기념 예배를 드리고, 뒤이어 세 차
례 부흥집회를 가졌다. 강사는 방지일 목사가 초빙되었는데 말씀의 제목은
"예배의 의의"(레 1-6)였다.

창단 8주년을 맞이하는 1977년 11월 10일에는 부흥사경회를 열어 단원
모두 큰 은혜를 받았다. 강사는 김용순 목사, 주제는 말세론이었다. 이듬해
11월 11일 창단 9주년을 기해서 11월 10일부터 11일까지 2일간 한양교회
당에서 부흥사경회를 개최했다. 강사는 황의곤 목사(초원교회), 주제는 ①
나를 따르라(마 4:18:22), ② 성전에서의 생활(레 :1:1-9), ③ 은혜받는 자의
생활(행 2:37—42), ④ 그리스도인의 증인(행 1:8)이었다.

부흥사경회는 성령의 감동으로 신앙을 일깨우고 낙심자를 회개시키기 위한 부흥회와 평신도 교육 프로그램인 집단 성경공부를 위한 사경회를 묶은 것이었는데 1979년도에는 부흥회(강사: 황장옥 목사), 1980년도에는 사경회(강사: 임택진 목사)로 해서 창단 기념에서 벗어나 전자는 6월 26일, 후자는 5월 19~20일 실시했다. 그리고 1981년 3월 19일에는 사경회, 1982년 4월 20일에는 사경회 및 선교 세미나, 1983년 5월 21일에는 춘계부흥회로 여러 가지 명칭으로 불렸다. 1984년도 춘계부흥회는 베다니집에서 백운선 선교부장의 기도에 이어 유부웅 선교사의 설교(선교의 사명)로 오전과 오후에 개최됐는데 49명이 참석했다.

그 후 6·25를 기념하는 심령부흥회란 이름으로 개최한 두 해의 것을 발췌하면 다음과 같다.

연도	명칭	강사	설교 제목	인원
1989. 6. 19.	심령부흥회	고기홍 목사	성공적 광야생활	53
1991. 6. 18.	〃	강교자 교수	참 그리스도인	48

5. 단원 확충과 분단

한국여성복음봉사단은 단원의 결집체로서 그 인원과 열의에 따라 목적사업이 좌우될 수 있다. 첫 창단 1년 안에 1백여 명의 단원을 확보하였다. 그들은 기독교신앙 경험이 적은 초심자가 상당수였다. 정관 제5조에 「단원은 신앙이 돈독하고 봉사의 정신이 열렬한 기독교 신자로 한다」는 사실에서 벗어난다는 사실을 인지한 후부터 단원을 모집하는데 주의를 기울이게 되었다.

1973년 9월 월례회에서 평생 단원 제도를 확립하고 1차로 25명을 모집

하기로 했다. 평생 단원은 문자 그대로 평생토록 선교에 마음과 물질을 바치
는 단원들이다. 이들은 일시금 10만 원으로 시작해 필요한 사업에 수시로
헌금하고 열심히 기도하는 임무를 지녔다.

복음봉사단의 단원 확충의 최선책은 분단조직으로 볼 수 있다. 분단은 지
역 단위나 교회 단위, 작게는 가족 단위까지 이루어져 있었다. 1970년도에
최초로 미국에서 샌프란시스코 분단이 탄생했다. 이어서 1971년에 로스앤
젤레스의 살로메 분단, 1972년에 한양교회의 요안나 분단과 서울여자대학
의 드보라 분단이 계속하여 조직되었다.

1972년 4월 25일 국내에 제1 분단에서 제7 분단까지 7개 분단을 조직하
기로 하고 제1, 2 분단장에 양성담 부단장, 제3 분단장에 김선덕 부단장, 제4
분단장에 신의경 단장, 제5 분단장에 김민옥 총무, 제6, 7 분단장에 김수길
총무를 임명했다. 그리고 단원의 모집 책임자에 김수길 총무, 분단의 감독
책임자로 김민옥 총무를 겸임시켰다.

그 후 국내에서는 20여 개의 분단, 국외에서는 일본과 미국에서 4개의 분
단이 조직됐는데 역대 단장 및 임원들의 끈질긴 방문과 설득으로 이루어진
것이었다. 1983년도의 경우 신임단원의 수효는 63명에 이르고 어린이 단원
(이은희, 서희정)까지 생겨났다. 창단 15주년인 1984년도의 평생 단원은
150명, 일반 단원은 3백 명에 이르렀다.

국내외 분단의 조직 경위와 1980년대와 1990년대 단원 및 회비 내역은
다음과 같다.

1) 샌프란시스코 분단

1970년 2월 20일 미국 샌프란시스코 서니베일에 있는 윤영자 단원 댁에

서 임영빈 목사를 모시고 안양순, 전옥희, 이희자, 진연혁, 윤영자 단원이 최초의 샌프란시스코(상항) 분단을 조직했다. 이듬해인 1971년 3월 25일 안양순 분단장이 잠시 귀국하는 기회를 이용해 복음봉사단 사무실에서 샌프란시스코 분단 창립 축하예배를 드렸다. 같은 해 9월 22일 안양순 분단장의 자택(산호세)에서 일곱 번째 모임을 하고 총무 겸 서기에 윤영자, 회계에 손영자 단원을 선출했다.

2) 살로메 분단

1971년 10월 17일 신의경 단장과 양성담 총무 그리고 한옥자 봉사부장이 미국 로스앤젤레스로 이주하게 된 박신옥 단원의 가족을 초대해 환송 예배(히 13:20-21)를 드렸다. 이 자리에서 신의경 단장은 금반지를 빼서 손가락에 끼워주며 재미동포들을 동원해서 로스앤젤레스 분단을 조직할 것을 당부하고 그를 분단장으로 임명했다. 그래서 이 날짜를 살로메 분단의 조직일로 잡는 것이다.

1974년 10월 21일 임원회는 살로메 분단이 국가의 인정을 받고자 하는데 필요한 경비(1천 달러)를 송금하기로 했다.

3) 요안나 분단

요안나 분단은 1972년 7월 정유영 재정부장 자택에서 6명의 임원과 한양교회 단원들을 그의 별장(강화도)에 초대해 6박 7일간 휴양하는 가운데 조직한 분단이다. 1978년 2월 15일 정유영 재정부장 자택에 한양교회 단원 14명이 모여 재조직했는데 신의경 단장은 성경(사 58:10)과 말씀을 전한 뒤 서기에 한영희 단원, 분단장에 차정신 단원을 선임했다. 이 자리에서 기념으로 건축기금 1만 원을 헌금했다.

4) 드보라 분단

1972년 9월 30일 함유순 회계 집에서 서울여자대학교 소속(학장 고황경) 단원이 모여 드보라 분단을 조직하고 분단장에 심영현 교수, 부분단장에 이석빈 단원을 임명했다. 그 후 고황경 명예 학장과 정구영 학장이 평생 단원이 돼 적극적인 후원으로 단원은 40여 명에서 70여 명으로 육박해 나갔다. 1997년 윤경은 총장이 부임해 분단장으로 드보라 분단을 이끌며 1999년도의 경우, 교수, 조교 및 직원 117명 모두를 분단원이 되게 했다.

5) 한나 분단

한나 분단은 1973년 3월 동신교회와 새문안교회 단원들이 조직한 분단(분단장 윤정희)이었는데 1982년 11월 13일 새문안교회 단원들이 에스더 분단을 조직해 분립했다.

6) 에스더 분단

1974년 7월 17일 김수길 총무와 한옥자 선교부장이 기차 편으로 춘천에 가서 에스더 분단을 조직하고 백옥숙 단원을 분단장으로 임명했다. 최초의 단원 12명은 매월 모임을 갖고 성경공부를 하며 1975년 9월의 경우, 월례회를 마치고 전방 화학산부대에 과일 2상자를 위문품으로 전달하는 등 군부대

선교 활동이 빈번했다. 1977년 백옥숙 분단장이 서울로 이사하게 되자 에스더 분단은 한때 침체했다. 에스더 분단은 1990년 로이스 분단과 병합했다.

7) 일본 분단

일본 분단은 1974년 9월 복음봉사단 시찰단이 일본을 방문해 도쿄교회, 닛본교회, 나고야교회, 오사카교회, 니시나리교회, 교토교회, 시라노교회 등에 적을 둔 교포들을 찬조 단원(21명), 평생 단원(13명)으로 입단시킨 것에서 비롯됐다. 1988년 오사카교회를 위시해 8개 교회에서 40여 명 단원으로부터 보내온 동년도 회비는 108만 2,620원인데 이때 일본 분단의 단원들은 거의 평생 단원이었다.

8) 루디아 분단

루디아 분단은 1978년 1월 4일 함유순 회계 댁에서 신의경 단장 등 연동교회 단원 10명이 모여 조직한 분단이다. 이날 그들은 찬송 32장을 부르고 함유순 회계의 기도, 신의경 단장의 성경봉독(왕하 4:1-7)과 봉사단에 관한 목적을 설명한 뒤 모두 해외 선교에 앞장서기로 다짐했다. 초대 분단장은 함유순 권사, 회계는 심근순 단원이었다.

9) 마리아 분단

1978년 양성담 부단장의 가족 13명이 조직한 분단으로 1978년도 연회비는 2만 2,500원이었다.

10) 마르다 분단

마르다 분단은 1978년 백운선 기획부장의 가족 8명이 조직한 분단으로 분단장은 계속해서 백운선 권사였고 동년도 연회비는 2만 1,000원이었다.

11) 수산나 분단

수산나 분단은 1979년 2월 9일 신길동 사무실에서 영등포교회 단원 19명이 모여 조직한 분단(분단장 권도실)이다. 이날 양성담 단장의 사회로 찬송 396장을 부르고 송혜전 총무의 기도에 이어 신의경 이사장의「포도원의 일꾼」(눅 8:1-3)이란 설교가 있었다.

12) 뵈뵈 분단

1979년 9월 여전도회전국연합회 경기연합회 실행위원들이 조직한 분단으로 최초의 분단장은 김순옥 단원이었다.

13) 에스더 · 로이스 분단

로이스 분단은 1982년 11월 13일 한나 분단에서 새문안교회 단원들이 분립해 조직한 분단이다. 그 후 춘천을 본거지로 한 에스더 분단의 단원들이 서울로 대부분 이주하여 1990년 두 분단이 이름을 합치고 하나가 됐다.

14) 나오미 분단

1974년 7월 31일 김수길 부단장은 워싱턴의 신귀순 단원댁에 들러 유니게 분단을 조직했다. 최초의 분단장은 정백희 권사이고 단원은 5명이었다. 나오미 분단은 1984년 8월 4일 미국 워싱턴의 벨츠빌한인교회 단원 5명이 이성란 단원댁에 모여 조직한 분단(분단장 이성란)이다. 이 자리에는 미국을 순방 중인 김수길 부단장이 참석해 말씀(선교의 사명, 요 8:29)을 전하고 격려했다. 나오미 분단은 먼저 조직된 유니게 분단을 통합하였다.

15) 피어선 분단

피어선 분단은 1988년 2월 21일 피어선고등성경학원에 속한 단원들이 조직한 분단으로 최초의 분단장은 안정옥 단원이었다. 월 10만 원의 회비를 책정하고 3월부터 납부했는데 동년도 결산액은 83만 9,000원이었다.

피어선(皮漁善)은 미국 장로교 목사 아서 피어슨(A. T. Pierson)의 한국명으로 1913년 그가 남긴 유산으로 피어선기념성서학원을 세웠다. 신의경 권사는 일본 유학 후에 피어선성서학원에서 교수한 바가 있었다.

한편 분단 소속이 없는 단원 18명을 1994년에 일반 단원으로 분류했으나 1999년에 8명으로 축소됐다. 그 밖에 조직된 뒤 오래 존속하지 못하고 사라진 분단과 근래에 생긴 분단(청년·브리스가)은 다음과 같다.

연도	분단	소속	분단장
1979	다락방 분단	두레마을 부부교사	송혜전
1979	김화제일교회	철원 김화제일교회	강순월
1979	사라 분단	서소문교회	한순경

1981	미시아나 분단	일본 미시아나교회	이영순
1996	청년 분단	한국여성복음봉사단	송윤희 외 분단원 11명
1998	브리스가 분단	문화교회	허복순 외 분단원 10명

16) 종신토록 봉사하는 평생 단원

한국여성복음봉사단의 단원은 일시적인 일반 단원과 장기적인 평생 단원으로 구분했다.

1973년 9월 월례회에서 평생 단원 제도를 확립하고 1차로 25명을 모집하기로 했다. 회비는 일시금 10만 원이었다. 제일 선착은 한옥자 선교부장이었고 25명은 얼마 안 있어 채워졌다. 이 소식은 미국 샌프란시스코에도 알려져 분단장(안양순)과 서기(윤영자)가 회비를 송금해왔고 해외단원 가운데 가장 많은 평생 단원을 확보했다. 같은 해 12월 10일 대관원(음식점)에서 평생 단원 자축회가 있었다. 20여 평생 단원들은 종신토록 복음봉사단 사업에 진력할 것을 다짐했다. 1976년 1월 19일 통계에 의하면 평생 단원은 국내 28명, 일본 9명, 미국 7명으로서 그 명단은 다음과 같다.

(1) 국내

김금련 김명자 김민옥 김선덕 김수길 김순식 김순정 김순화 김신영 라병춘 박문희 박선복 박순실 박신화 백운선 방덕수 백영희 서효애 선의경 양성담 전순덕 조상경 전승자 정유영 차정신 한옥자 함유순 홍영숙

(2) 일본

경혜중 김선 김현경 노진악 문영순 박수규 박정자 예술분 이창환

(3) 미국

　김신재 손영자 안양순 윤영자 이선득 이애경 한명순

　1973년 9월 20일 월례회 때 이들에게 평생 단원 임명패를 수여했다. 미국 분단은 샌프란시스코 분단을 말하는 것으로 이때의 단장은 한명순이었다.

　1978년 12월 7일에는 서울여자대학의 고황경 학장이 평생회비를 납부해 평생 단원들은 크게 고무됐다.

　1985년 6월 어느 날, 미국으로 이민 갔던 권도실 평생 단원이 일시 귀국해 머무르는 동안 금반지 2돈을 헌납했다. 비록 8만 5000원으로 비록 액수는 크지 않았지만 그 뜻을 기리기 위해 임원회에서는 영구보존하기로 했다.

　평생 단원 자체가 표창감이어서 매년 정기총회 때마다 표창을 했는데 3개년의 경우, 1986년 1월 20일(제17회) 5명, 1988년 1월 18일(제19회) 9명 그리고 1992년 1월 21일(제23회) 역시 9명이었다. 신원혜 평생 단원은 표창장을 무려 다섯 번이나 받았다. 1973년부터 1993년까지의 국내외 평생 단원 명단(국내 133명, 국외 54명)을 연도별이 아닌 전체를 묶어 가나다 순으로 부록에 수록했다.

6. 재미교포 2세 교육을 위한 에덴학교

　샌프란시스코 분단은 단원들의 협력과 정성으로 1974년 10월 에덴학교를 설립해 재미교포 2세 교육에 이바지했다. 에덴동산의 이름을 딴 에덴학교는 학생들에게 한국어와 성경과 찬송을 가르치며 조국애와 신앙심을 마음에 심어 주었다.

샌프란시스코 분단의 안양순 분단장의 헌신봉사로 그가 다니는 제일침
례교회 교육관 2층의 교실을 빌려 처음에 30여 명을 상대로 토요일에만 문
을 열어 토요학교란 별칭을 가지고 있었다.

에덴학교를 운영해 나가는데 제일 큰 고충은 기독교 정신을 가진 헌신적
인 교사를 구하는 일이었다. 안양순 분단장이 교장으로서 직접 한국어를 가
르쳤고 말론(Malone)이라는 미국인이 자원봉사를 해서 크게 도움을 받았
다. 말론은 한인교회 주일학교를 24년간 지도한 사람으로 성경을 담당했다.
학생들에게는 한글의 기초를 가르쳤다. 최종적으로 한글성경을 접하게 해
야 하기 때문에 한글과 영어를 할 줄 아는, 거기다가 기독교인이어야 하는
교사를 구하기란 여간 어려운 일이 아니었다.

학부모들은 승용차 편으로 자녀들을 학교에 오전 9시 30분까지 정확히
등교시키는데 기여하였고 과자와 음료수를 제공해 학부모회장(하문자 씨)
이 간식 때마다 이를 나누어 주고 모금 운동에 앞장서고는 했다. 이렇게 학
생과 선생 그리고 학부모가 하나가 돼 노력한 결과 1학년 학생들의 경우,
3개월 만에 한글로 된 책을 읽고 쓸 수 있게 됐다.

1975년 4월 9일 서울의 임원과 단원 23명은 많게는 100달러를, 적게는
5달러를 모아 1,000달러를 만들어 후원금으로 송금하고 같은해 7월 7일 샌
프란시스코 분단과 산하 에덴학교 시찰을 위해 박문희 단원이 김포공항을
출발했다. 그는 학부모까지 전도하는 에덴학교의 헌신적인 교육사업을 돌
아보고 관계자에게 심심한 감사의 뜻을 표했다. 서울 본부에서는 동년 9월
교과서 30권을, 10월에는 학생들의 선물을 우송하고 12월 성탄절에 에덴학
교를 위해 헌금하여 2만 원이 들어왔다.

1976년 1월 19일 에덴학교 인가비용 1,000달러를 모금했으며 4월 1일 설
립인가 그리고 4월 7일 정관 및 헌장을 인준했다. 샌프란시스코 분단은 일치

단결해 에덴학교 운영에 충성을 다하였다. 당시의 보고서는 이렇게 기록하고
있다.

학생들은 성적도 양호하며 학부모들도 가끔 외부의 초청을 받아 배운 실력을
발휘해 청중을 즐겁게 했다. 재미 아시아 동포들에게 신앙과 민족정신을 심
어주는 것은 우리 봉사단 사업 중 가장 보람 있는 사업이요 하나님이 기뻐하
시는 일이었다(1976년).

에덴학교는 학생 50여 명, 분단에서는 모든 경비를 담당하며 운영하는 등 어
린이들에게 모국정신과 말을 가르쳐 알찬 국민을 양성하는데 큰 열매를 거두
고 있다(1977년).

1978년 2월 25일 샌프란시스코 분단은 모든 단원이 에덴학교 운영이사
가 되기로 결의하고 열성을 다했으나, 1980년 2월 26일 가르칠 교사가 없어
제일침례교회에 넘겨 운영하도록 하고 샌프란시스코 분단은 교육 6년 만에
사업을 이관하였다.

7. 역대 창단 기념 예배

한국여성복음봉사단은 1969년 11월 11일 창단 이후 1주년을 제외하고
는 해마다 11월 11일에 창단 기념 예배를 드렸다. 그리고 설립목적과 의지
를 다지며 갖가지 뜻있는 행사로써 이날을 기렸다.
1971년 11월 11일 오전 11시 한양교회당에서 내빈으로 김의환 목사를

비롯해 이영희, 홍선이, 김광훈 목사 및 권흥경 장로와 68명의 단원이 참석한 가운데 제2주년 기념 예배를 드렸다. 신의경 단장의 사회로 주악, 찬송(203장), 기도(김선덕 부회장), 성경봉독(요 4:34-36, 김민옥 회계)이 있은 다음 신의경 단장의 다음과 같은 요지의 개회사가 있었다.

> 본 단은 창설 당시 작은 물방울 13개로 시작해 짧은 2년간에 한 줄기의 시냇물이 합쳐 일본 교포사회에 흐르게 됨을 감사한다. 60만 재일교포들의 생명수가 될 것을 믿는 동시에 하나님의 뜻을 기릴 것을 기도한다.

뒤이어 김의환 목사의「눈을 들어 밭을 보라」는 설교와 백정희 집사의 특송 그리고 양성담 총무의 창단 경위 및 사업보고로 끝냈다. 11월 11일이 주일인 경우, 그 전후 토, 월요일에 그리고『오전 11시』는 변함없이 오늘까지 이어지고 있다.

1972년 11월 11일 제3주년은 역시 한양교회당에서 김계영, 이기혁 목사 등 내빈과 단원 80여 명이 참석한 가운데 신의경 단장의 사회로 김계영 목사의 설교(성령이 충만하심, 행 2:1-4)와 김광훈 목사의 축사, 박지원 집사의 특송(주 하나님) 그리고 양성담 부단장의 사업보고가 있었다.

제5주년이 되는 1974년 11월 11일에는 다시 한양교회당으로 가서 80여 명의 단원이 기념 예배를 정중히 드렸다. 동년 11월 8일 사단법인 인가를 받았다.

제6주년이 되는 1975년 11월 11일에는 한양교회당에서 이의호 목사(예장 전도부 총무)와 서금찬 목사가 참석하여 조촐하게 보냈다.

제7주년에는 11월 11일부터 12일까지 2일간 기념 예배와 부흥사경회를 한철하 목사의 축사와 방지일 목사의 설교로 은혜롭게 거행하고 8주년에도

한국여성복음봉사단 창단 기념 예배

한국여성복음봉사단
창단 3주년 기념
(1972년)

한국여성복음봉사단
창단 5주년 기념
(1974년)

한국여성복음봉사단
창단 10주년 기념
(1979년)

한국여성복음봉사단 창단 기념 예배

한국여성복음봉사단
창단 19주년 기념
(1987. 11. 11.)

한국여성복음봉사단
창단 29주년 기념 예배
(연합회관/1998년)

한국여성복음봉사단
창단 29주년 기념
(1998년)

11월 10일부터 11일까지 황의곤 목사(초원교회)를 초빙해 부흥회와 기념 예배를 드렸다.

1979년은 10주년이 되는 해였다. 11월 12일 (월) 오전 11시 한양교회당에서 120여 명이 모여 김세진 목사의 설교(아시아 선교의 사명)로 기념 예배를 드리고 고복실 외 14명의 공로 단원과 김민옥 외 9명의 10년 근속 단원에게 표창장을 수여한 뒤 즉석에서 5백 달러를 헌금했다. 임원들은 예배를 마친 뒤 방지일 목사와 함께 안양으로 김양선 목사의 묘소에 가서 추모예배를 드렸다.

1980년대의 창단 기념 예배의 설교 및 특별사항을 개조식으로 발췌하면 다음과 같다.

연도	회차	장소	설교자	제목	기타
1980	11	한양교회	이종윤	중공선교의 필요성	10년 근속자 8명 표창
1981	12	한양교회	한철하	선교의 원리	64명 참석 양성담 기념사
1982	13	한양교회	송치현	선교의 사명	80명 참석 성가대 찬양
1983	14	베다니집	이종윤	너는 행복자로다	10년 근속자 3명 표창
1984	15	〃	김성억	기록없는 상금	즉석헌금 11만 5천 기독교방송 헌금
1985	16	〃	김성억	복음의 봉사자	10년 이상근속자 7명 표창
1986	17	〃	김기홍	은혜 위의 은혜	즉석헌금 7만5천 선교비
1987	18	〃	김성억	여성의 전도봉사	ACTS 파파이네-시리아고 목사 동석
1988	19	〃	방지일	연단 후에야	창단원 근속단원 26명 표창

8. 사무실과 건물

1) 양성담 부단장 사택 2층에 사무실 입주

1973년 7월 한강 남안에 위치한 대림동과 함께 구릉지대인 영등포구 신길동 95-9번지에 한국여성복음봉사단 사무실을 차렸다. 적산가옥(목조건물) 20평 정도의 이 사무실은 양성담 부단장댁 2층 방으로 생소한 곳은 아니었다. 창단 이전 그 건물에서 모여 겟세마네기도회를 해서 창단의 발상지가 됐고 창단 이후에도 4년 동안 신세를 지다가 정식으로 무상대여 받아 사무실 명칭을 붙이게 된 것이다. 집회 장소는 임원회의 경우 돌아가며 임원댁에서 그리고 월례회와 총회는 한양교회당에서 단골로 가졌다.

동년 7월 7일 임원회는 사무실에서 8인의 임원이 모여 기도와 회의를 했는데 모두 감사한 마음을 가누지 못했다. 백영희 부회계는 새 사무실에 괘종시계와 거울을, 이보다 앞서 동년 3월 22일 김민옥 총무와 정유영 재정부장 그리고 이애경 사업부장 외 7인은 사무실 비품 준비금으로 1만 1500원을 모아 헌금했다.

2) 교포학생 수용시설 베다니집

재일교포를 위해 정식으로 2명의 선교사를 파송하고 국내 선교 역시 어느 정도 자리를 잡아갈 뿐만 아니라, 사단법인 허가를 필한 다음 해인 1975년도에 복음봉사단은 사무실 겸 재일교포학생 및 선교사 안식의 숙소를 짓기 시작했다.

동년 이사회는 신길동 95-95번지 대지 91평을 1,387만 7,500원에 매입하고 12월 12일 등기수속을 마쳤다. 이 자리는 양성담 부단장댁 남쪽에 위치한 주택가였다. 1977년에 이르러 기지조합을 건축조합으로 바꾸고 건축에 착수했다. 평생 단원 82명은 또다시 건축헌금을 했고 임원들과 국내외 단원들이 총망라해 건축비 600여만 원을 적립해 나갔다. 기금관리를 위해 1978년 12월 7일 송혜전 단원을 상임총무로 임명했다. 1980년 8월 16일 함유순 재정부장댁에서 건축위원회를 열어 다음과 같이 위원회 구성과 계획안을 발표했다.

  (1) 위원회
      위원장: 양성담
      부위원장: 함유순
      위원: 김민옥 김수길 김신영 신의경 안정옥 정유영 최하명

  (2) 계획안
      ① 건물의 구조는 재일교포 유학생들의 숙소에 적합하도록 설계한다.
      ② 감독을 두되 직영으로 건축한다.
      ③ 건축비를 조속히 마련하기 위해 적극 독려한다.
      ④ 감독은 최홍석과 자문역할을 할 유지를 둔다.
      ⑤ 건축위원들이 날마다 순번으로 감독한다.
      ⑥ 재정관리는 함유순 재정부장과 송혜전 상임총무, 건축비 조달은 신의경 이사장이 각각 담당한다.

  1980년 9월 2일 오전 11시 드디어 기공예배를 드렸다. 창단 11년, 계획 5년만에 김수길 부단장의 사회로 신의경 이사장이 말씀(시 127:1-2)과 경과

보고를 했다. 상량예배는 2개월 후인 11월 2일 역시 김수길 부단장의 사회로 신의경 이사장이 말씀(고전 3:11-15)을 전했다. 건물의 명칭은 동년 10월 26일 임원회에서 봉사의 집이란 의미로 베다니집이라 명명했다.

1980년 12월 17일 오전 11시 단원 45인이 모여 준공 예배를 드렸다. 양성담 단장의 사회로 찬송과 기도(한옥자 부단장)에 이어 신의경 이사장이 '하나님이 주신 선물'이란 제목으로 말씀을 전했다. 그리고 함유순 건축부 위원과 최홍석 감독에게 감사패와 부상을 수여했다. 이날 축하품과 감사헌금을 낸 단원은 다음과 같다.

> 김순식 김영희 김한숙 서성택 송리복 양순화 이지연
> 이학선 임충실 장성도 최명옥 기타(아세아연합신학원)

단원 125명이 출연한 건축헌금 총 3,838만 원으로 준공한 베다니집은 대지 91평 위에 지하 28평, 1층 32평, 2층 28평으로 붉은벽돌에 연자색 기와지붕, 동네에서 제일 예쁘고 아담한 양옥이었다.

그로부터 3개월이 지난 동년 6월 22일 월례회에서 회관 건축안이 대두됐다. 그러나 재력이 따르지 못해 실현을 보지 못하다가 1985년도에 공간문제를 타결하기 위해 베다니집을 증축하게 됐다. 1층을 7평 증축해 집회실로 2층은 선교사 안식처로 하고 동년 5월 증축 준공예배를 드렸다. 이를 기념하기 위해서 단원들은 앞다투어 기물을 헌납하였다. 피아노, 에어컨, 냉장고, 사무기기, 주방기구 등 30여 종 220여 가지가 쇄도했는데 신축준공 때보다 많았다.

그 후 사무실 겸 해외 선교사의 숙소로 이용된 베다니집은 국내에 집회장소와 수양관이 흔치 않던 때 교회 및 기독교 기관에서 이용하는 특별한 장소

신길동 베다니집 사무실
(1980~1994)

로 알려졌다. 동년 9월 9일 월례회서 마련한 사용금 규정을 보면 다음과 같다.

1층 사용료(2시간)	2만 원
1, 2층 사용료(2시간)	3만 원
가스 사용 및 인건비	1만 원

베다니집 근처 신길동 95-71번지의 대지 71평도 매입해 총 대지는 162 평에 이르렀다.

3) 한국여성복음봉사단 회관과 한국기독교연합회관

베다니집을 준공한 뒤 6개월만인 1981년 6월 22일 월례회에서 복음봉사 단의 회관을 건축하기로 결의했다. '지난 10여 년 동안 복음선포에 주력한 고로 회관을 건립할 여념이 없었다'는 것과 '사업의 정착과 확장을 위해 자체 적인 장소가 시급히 필요하다'는 것이 동기였다. 그래서 동년 7월 7일 임원 들이 솔선해 3년 적금을 시작하고 국내외 단원들에게 협조를 요청했다.

1981년 8월 7일 임원회에서 선임된 건축실행위원 명단은 다음과 같다.

위원장	양성담
위　원	김민옥 김신영 김수길 김옥인 박문희 백영희 백운선 신의경 이지연 전송자 정유영 한옥자 함유순

제1회 건축실행위원회가 열린 이날 뜻밖의 결의가 있었다. 다름 아닌 베다니집을 매각해 회관을 짓기로 한 것이었다. 1982년도에 베다니집이 매각되는대로 회관을 건축하기로 하고 건축기금 모금과 베다니집 처분에 총력을 기울였다. 동년도 모금총액은 1190여만 원이었다. 한편 장소를 물색하기 위해 건축위원들은 신길동, 홍제동과 아가페선교회까지 방문하는 등 분주하게 활동했다.

1984년 7월 7일 임원회에서는 종로구 연지동에 한국기독교연합회관이 건축된다는 사실을 접하고 신청하기로 했다. 마침 이 건물의 건축위원으로 신의경 이사장이 관계하고 있었다. 그런데 1986년도 어느 날의 이사회에서 '새 건물을 위해 5년 동안 저축한 금액을 건물보다 더 시급한 선교사업에 사용하기로 합의'하고 아세아연합신학대학에 건축헌금(봉사단 기도처소)으로 2,000만원을 지출했다.

그럼에도 불구하고 건축헌금은 계속돼 1986년 3,000만 원에 이르렀을 때인 1989년 11월 13일 한국기독교연합회관 지분 1백평을 구입하는 계약을 체결했다. 계약금은 320만 원, 출연금은 3억 1679만 7,998원이었다.

한국기독교연합회관은 1982년 3월 18일 종로구 연지동 136-56번지의 대지를 미국북장로회 선교부로부터 출연받아 1989년 9월 8일 기공 예배를 드리고 1992년 10월 23일 준공 예배를 드리면서 입주하기 시작했다. 기독교연합회관의 소유주는 대한예수교장로회총회와 한국여성복음봉사단 외 47기관이다.

연지동 한국기독교연합회관
사무실(1992~현재)

한국여성복음봉사단은 5억 원에 내놓은 베다니집이 요지부동이므로 1992년 7월 7일 출연금 결산을 위해 우복순, 박문희 단원의 집을 담보로 연동신용협동조합에서 5,500만 원을 대출받고 김신영 이사장 1,200만 원, 전송자 단장 1,000만 원 그외 단원들의 정성스러운 헌금을 합해 12월 4일 잔금을 완납했다. 입주는 10월 7일 1013호(14, 35평)로 한 뒤 이듬해인 1993년 1월 1일 1313호(26, 81평)로 옮겼다. 그 후 또다시 여러 가지 불편을 느껴 1994년 11월 3일 1113호(17, 26평)로 이전해 오늘에 이르고 있다. 이로써 복음봉사단의 기본자산은 대지 14.1평 건물 1백 평으로 매입가 3억 원을 위시해 예금액 3억 원이 있어 연합회관 지분을 더 갖기로 결의한 바 있었다.

한편 출연한 건물지분(100평)의 임대료를 연간 2,000여만 원씩 착실히 받아 전액 선교헌금으로 쓰고 있어 재정은 탄탄한 상태이다. 이를 위해 밑거름이 된 신의경 이사장과 함유순 단장 외 수많은 단원의 노고는 기억되어야 하며 모든 영광을 하나님께 드린 업적으로 길이 기억될 것이다.

베다니집은 1994년 10월 24일 3억 9,000만 원을 받고 충일감리교회(유석영)에 양도했다.

9. 단원 표시물 단표(團標) 제정

1975년 1월 한국여성복음봉사단을 상징하는 표시물 브로치(Brooch)가 만들어졌다. 가로 2.7센티, 세로 2.2센티의 타원형에 양각(陽刻)된 '한국여성복음', '봉사단' 글자가 둘러 있고 그 중앙의 청, 적색 태극무늬 바탕 위에 지구의 경위선(經緯線)과 십자가가 새겨져 있는 황동 재질로 만들어진 것이다. 한국여성복음봉사단이 지구상 어디나 복음을 전하기에 부족함이 없는 의미가 충분히 담겨있는 이 브로치는 김민옥 단장의 남편 최덕휴 화백이 도안한 것으로 평생 단원은 금색, 일반 단원은 은색으로 구분했다.

동년 2월 17일 월례회 때 200개 중에서 122개가 분배되고(개당 500원) 3월 7일 추가로 200개를 더 만들어 단원 모두의 가슴에 달았다. 이 브로치의 그림 단표(團標)는 1987년 제8회 정기총회 보고서 표지에 복음봉사단 마크(Mark)로 나타나기 시작했다. 도안자인 최덕휴 화백은 애국지사이며 광복회 회원으로서 경희대학교 사범대학장을 역임한 우리나라의 중진 화가였다.

10. 구제와 지원

1) 구제(救濟)

1971년 1월부터 시립행복원의 윤락여성들을 위한 봉사비를 매월 5,000원씩 보조했다.

1973년 11월 17일 창단 4주년을 맞이해 단원들이 가져온 덧버선 및 내복 등 의류 1백여 점과 헌금으로 만든 시루떡을 가지고 신의경 단장 외 9명의 임원이 원주 상애양로원(원생 70명)에 가서 위로하고 나누어 주었다.

1976년 1월부터 12월까지 김수길 총무는 중환자 상태인 단원들의 각 가정과 병원으로 찾아다니며 위문했다. 방문한 단원과 회수는 이예영 단원 6회, 고려실 단원 5회, 박신화 단원 3회, 장일진 단원 2회, 공선례 단원 1회였다.

1977년 7월 14일 신의경 단장 외 임원 3인이 시흥2동의 수재현장과 수재민을 돌아본 뒤 7월 18일 월례회에서 수재 의연금 7만 원을 모아 전달했다.

1982년 11월 21일 김장철을 앞두고 새우젓을 장만해 어려운 처지에 있는 단체에 보냈다. 재건대에 13통, 은혜원에 12통, 보이스타운소년원에 10통, 그 밖에 6통이었다.

1983년 12월 24일 성탄헌금을 부녀보호소(소장 김영희 권사)에 그리고 1987년 8월 7일 기독교방송국에 수재 의연금 50만 원을 전달했다.

1988년부터 두레농원(원장 한웅수 목사)에 월 10만 원을 보조하고 동년 성탄헌금 23만 원을 대구의 오네시모 선교회에 연탄비(1,000장)로 보냈다.

1989년 6월 25일 전쟁 유공자 '위로 축하의 밤'에 김신영 이사장이 TV 1대를 기증했다.

1990년도에 지출된 사회 사업비의 경우, 수재 의연금, 사랑의 쌀, 상이용사회 등에 합계 105만 9,200원을 지출했다.

2) 지원(支援)

1970년 8월 기독교 학교인 숭실대학 전도대에 전도비 9만 원, 1971년 10월 7일 새문안교회 전도부가 주최하는 전국성경암송대회에 5,000원을 지원했다. 그리고 동년 10월 18일에는 초교파적으로 개척교회에 건축비를 1만 원씩 지원했는데 그 대상은 봉천감리교회, 불암장로교회, 원당 군인교회, 평

택장로교회, 교내리교회, 홍신장로교회, 포천 지현교회, 영월 장화교회, 논산감리교회, 무안 지남교회, 광주 공업단지교회였다.

1972년 9월 6일 양말 나누기 사업을 위해 총회 복음화운동본부에 5만 원을 전달했다. 1972년 10월 16일 월례회에서 기독공보사에 선교비(월 2,000원)를 보내기로 결의하고 1973년 12월 17일 마포삼열선교사기념관에 건축비(10만 원)를 헌금했다.

1975년 4월 21일 경동성서학원 대표이사로 함유순 회계가 피선됨에 따라 그곳에 약간의 교육비를 지원하다가 1979년도부터 장학금(5만 원)을 지급하기 시작했다. 경동성경학원은 1961년 1월 신의경 단장이 경기도 양주군 중하리에 세운 농촌 지도자교육 기관이다.

1977년 방글라데시 선교단, 1982년 독립기념관, 1986년 평화의 댐과 '86복음화여성분과위원회에 각각 성금을 전달하고 1988년 8월 5일부터 10일까지 파라과이 전도단 12명을 베다니집에서 숙식하게 했다. 그리고 동년 9월 19일 월례회에서 88올림픽을 위한 세계복음화여성분과위원회에 100만 원(김신영 이사장 헌금)을 헌납하기로 했다.

1991년 6월 18일 심령부흥회 헌금 11만 원으로 대한상이군인회에 짤수기 3대, 1997년 6.25 상기 기념헌금을 대한적십자가 주관하는 북한 쌀보내기본부에 보냈다.

(1) 서울여자대학

1970년 9월부터 서울여자대학에 장학금을 지급했다. 대상은 영문과 3학년 학생회장이었다. 그 후 매년 한 명의 학생에게 장학금과 학원 선교비로 10만 원을 후원하였다. 1976년 1월에는 강당 건축비 50만 원을 헌금하였고 1976년 5월 12일에 감사장이 왔다. 동년부터 학교 도서관에 도서비로 연

15만 원을 보내기 시작하여 1986년에는 130만 원을 지출했다.

서울여자대학에는 복음봉사단의 드보라 분단이 있어 학장을 위시해 교수와 교직원 모두 단원일 뿐만 아니라 신의경 단장이 서울여자대학의 설립 이사이기도 해 두 기관은 불가분의 관계였다.

1970년대에는 10만 원에서 15만 원, 1980년대에는 30만 원, 1990년대에 이르러 장학규정과 장학기금을 확보하고 한 학생의 등록금을 전액으로 부담했다.

서울여자대학은 1956년 2월 16일 전필순, 한경직, 김양선, 안광국 목사 외에 5인의 기성위원에 의해 설립하기로 하고 이듬해 제42회 총회에서 이사진을 구성했다. 이사는 총회대표로 전필순, 안광국 목사 외 2인, 여전도회 대표로 신의경, 김필례 권사 외 2인, 선교사 대표로 전마태, 권도희 선교사 외 2인이었다.

1958년 전필순 목사를 이사장으로, 고황경 박사를 학장으로 해 동년 7월 재단법인 정의학원의 인가를 받아 도봉구 공릉동 산 228-32에 3만 5천여 평의 부지를 마련하여 900여 평의 본관과 생활관을 각각 건축했다. 1960년 12월 문교부로부터 서울여자대학 교명으로 설립인가를 받아서 사회학과, 가정학과, 농촌학과를 두고 1961년 4월 15일에 드디어 개교했다.

(2) 군 선교와 군 복음화

한국여성복음봉사단은 국외선교 외에 국내 60만의 군인들에게도 깊은 관심을 가지고 문서선교, 군인교회 건축, 군목 선교비 지원 등으로 군 선교와 복음화에 한몫을 담당했다. 비록 이념의 상충으로 동족을 상대하는 일선 장병일지라도 그 노고를 위로하고 그들에게 복음을 전하기 위해 전후방을 가리지 않고 위문을 갔거나, 사단법인 군복음화후원회 등 군 선교기관을 통해 매년 상당한 실적을 쌓았다.

1972년 4월부터 1973년 3월까지 군 선교비로 10만 9,500원이 지출됐는데 이는 전체 국내 선교비 15만 9,000원 중의 일부로 파격적인 할당이었다. 동년 11월 11일 창단 3주년 기념 예배를 마치고 1973년도부터 '전군 신자화 운동'을 펴기로 결의했다. 1974년도와 1975년도 예산서상 국내선교 항목 역시 모두 군인 선교비로서 월 1만 원씩 연 12만 원을 책정했다. 1975년 7월 21일 월례회에서 공군 제3593부대에 군목용 오토바이 1대(34만 원)를 기증하는 헌금순서가 있었다. 모인 금액은 20만 5,000원, 임원들이 34만 원을 채워 전달하였다.

① 「다락방」, 「새가정」 문서선교
1973년도부터 관계기관을 통해, 혹은 직간접적으로 「다락방」을 문서 선교지로 활용해 좋은 반응을 보였다. 「다락방」은 매일 기도서의 책자로서 1939년 감리교 본부에서 발행하기 시작했는데 1953년 안신영 목사가 「다락방」사를 설립해 발행됐고 1960년부터 격월간, 1975년부터 한영 대조판이 나오기 시작했다. 1974년 3월부터 이듬해 4월까지 1년간 일선장병에게 보급된 「다락방」은 3천 부에 달했다. 이를 위해 월 1만 원, 합계 12만 원이 지출됐다.

1976년 5월 7일 00부대 인사장교 박영철 중위는 다음과 같은 서신을 보내왔다.

…「다락방」 책자로써 젊은 군인들에게 하나님의 말씀을 전해 주신데 대해 진심으로 감사를 드립니다. 군대생활에서 영이 점점 메말라 가는 젊은이들에게 「다락방」의 성구와 메시지는 구원의 영양소가 되고 있습니다. 기쁜 소식 복음을 만민에게 전하는 복음봉사단의 아름다운 사업이 더욱 더 축복받을

것을 확신합니다.

「다락방」은 그 후 군대 복음화를 목표로 매년 15만 원, 어느 해는 27만 원어치를 공급했다. 그리고 주월 한국군에 매월 「새가정」 20부씩을 보냈는데 1979년도에 이르러 성경과 함께 「새가정」을 본격적으로 보급했다.

동년도 지출된 군선교비는 성경과 「새가정」 구입비로 26만 원, 육군 제3사단 수색대의 오르간 구입비로 15만 원, 금화교회 지원금 30만 원, 합계 71만 원에 이르렀다. 1988년 12월 21일 「새가정」 70부와 「신앙세계」 70부를 최전방 장병들에게 성탄절 선물로 보냈다.

② 제3사단 백골전선교회당 건축

한국여성 복음봉사단은 군선교의 일환으로 강원도 철원군 최전방에 위치한 육군 제3사단 백골부대(3120부대)에 백골전선교회당을 신축하고 성전의 기물 일체를 헌납하는 역사적 사업을 달성했다.

그 발단은 1979년 4월 23일 복음봉사단 임원과 경기연합회 분단 단원들이 백골부대 근처 김화읍 와수리에 있는 김화제일교회(담임 한응수 목사)에 찾아가 부흥회를 개최하고 김화제일교회 분단을 조직한 데서 비롯됐다. 이 일을 위해 한응수 목사의 역할이 컸었는데 그는 복음봉사단의 마른일과 궂은일을 가리지 않고 도와준 협력자요 후에 감사가 되기도 하였다.

1979년 9월 27일 양성담 단장 외에 임원과 사라 분단, 수산나 분단의 단원 등 25명이 백골부대를 방문했다. 박세직 사단장을 비롯해 장교와 사병 그리고 한응수 목사가 임석한 예배에서 신의경 이사장이 설교를 했다. 이 자리에서 양성담 단장에게 감사패가 수여됐고 함유순 재정부장은 그 부군(송선영 장로)을 기념하여 오르간 1대, 요안나 분단에서는 카세트 10개, 김순화 단원

군 선교와 군 복음화

육군 제3사단 백골부태 방문
기념(박세직 사단장/1980년)

한국여성복음봉사단이 세운
백골전선교회(1980년)

이 도서비 10만 원을 그리고 복음봉사단에서 실과비 10만 원을 전달하였다.

이날 박세직 사단장과 양성담 단장 사이에는 백골전선교회당의 건축에 관한 담화가 있었다. 1980년 1월 10일 임원회에서 백골전선교회당을 건축하기로 결의하고 3월 7일부터 건축헌금을 모으기 시작했다. 1980년 5월 10일 기공 예배에는 양성담 단장을 비롯해 임원들(김수길, 육영애, 정유영, 함유순)이 떡 두 가마를 해서 가지고 갔다. 그리고는 6월 19일 전송자 서기와 경기연합회 임원 25명이 방문하여 건축현장에서 예배를 드린 뒤 군인들에게

내복 700벌과 타올 510매를 전달하고 전년도 12월 20일에 준공한 「승리의
십자탑」에 올라가 또다시 함께 예배를 드렸다.

1980년 11월 25일 드디어 헌당의 날이 왔다. 오전 8시 백운선 선교부장
댁 버스로 신의경 이사장과 양성담 단장 그리고 임원들(김민옥, 김수길, 송혜
전, 정유영)이 헌당예배에 참석해서 신의경 이사장이 축사를 했다.

대지 4백 평 위에 철근 콘크리트 55평의 교회당을 헌당하기까지 복음봉
사단에서는 건축비 총 1,423만 5,000원과 그리고 제단상 및 피아노 등 20여
종의 기물비 등을 포함하여 총 304만 원이 투입되었다. 이는 무명단원의 헌
금(600만 원)을 비롯해 단원 및 분단의 정성 어린 헌금으로 이룩한 것이었
다. 백골전선교회당 건축비 및 기물 헌납자는 다음과 같다.

건축비	무명씨, 루디아 분단, 마리아 분단, 마르다 분단, 요안나 분단, 다락방 분단, 한나 분단, 백영희, 송혜전, 배악분, 김복심 외 4명
기 물	마르다 분단 : 피아노, 제단상, 앰프 시설 등
	마리아 분단 : 강대상, 성찬상 등
	수산나 분단 : 성경, 탁상종 등
	뵈뵈 분단 : 응접세트
	요안나 분단 : 싱크대, 기타

③ 1980년대와 1990년대

1980년대에는 군선교에 다소 소홀했다. 1981년 5월 24일 수도경비사령
부 영내교회에 임원들이 가서 예배를 드리고 그 후 그들을 위해 새벽기도를
실시했다. 그런데 1981년과 1984년도 두 해는 군선교비 지출이 전혀 없었
고 1982년에 22만 원, 1983년에 27만 원을 어렵게 지출하다가 1985년부터
1988년까지 보훈병원의 지원으로 대치했다.

(3) 국립 보훈병원

1983년 12월 8일 임원회는 강동구 둔촌동에 위치한 국립 보훈병원에 성탄헌금 일부를 보내기로 하면서 인연을 맺었다. 복음봉사단이 후원하는 보훈병원의 사역은 다음과 같다.

① 집회
— 정기집회: 대예배 및 기타예배 189회 18만 978명
— 특별집회: 병동 구역예배 및 정신병동 예배 97회 4,960명
— 새벽기도회: 인도 매일 6시

② 전도
— 개인 전도: 3,250회 3,250명
— 단체 전도: 94회 4,270명
— 문서 전도: 종교서적, 전도지 등 16종 2,500권

③ 봉사
— 개인 봉사: 2,850회 2,850명
— 단체 봉사: 93회 4,350명
— 생일 축하: 매월 1회(12회) 247명

④ 특별활동
— 병실상담: 신앙, 결혼, 가정문제
— 성경공부: 통신강좌 수료 75명/매일 성경공부(성서 유니온)

⑤ 세례
— 세례: 127명
— 학습: 185명
— 성찬: 7회
— 결신자: 475명

한국여성복음봉사단은 1988년부터 출소자를 위한 선교사업에 치중하게 되어 12만 9,000원을 지원한 뒤 보훈병원의 지원을 일시 중단했다가 1996년도에 이르러 6·25 기념 헌금을 보훈병원에 다시 보내기 시작했다.

제3장

성장기
: 세계 선교의 초석을 놓다

1. 일본의 60만 교포선교

한국여성복음봉사단은 일본에 거주하는 60만 교포에게 복음을 전파하기 위해 재일대한기독교회 총회와 긴밀한 관계를 유지하며 선교사를 파송했다. 총회 사무실을 도쿄(東京) 신주쿠(新宿) 일본기독교회관에 두고 있는 재일대한기독교회 총회는 장로교회의 조직, 혹은 연합교회의 성격을 지니고 있다.

1945년 10월 23일 한인교회 대표들이 오사카교회에 모여 재일조선 기독교재건발기위원회를 조직하고 동년 11월 15일 교토에서 21개 교회 대표 45명이 연합총회를 발족한 데서 비롯됐다. 그 후 지속적인 발전을 이루어 1949년 오사카(大阪)와 고베(神戸)를 중심한 관서지방회, 1951년에 관동,서남지방회를 설치하고 동년 교단지〈기독신보〉도 창간했다. 그 후 한국 내의 각 교단과 유대를 돈독히 하는 한편 일본기독교회연합회(JNCC)에도 가입하여 중요한 회원 교단으로 활동했다. 1968년 재일대한기독교회 소속 이인하 목사가 일본기독교회연합회 총무서리로 취임하였다.

재일대한기독교회 총회의 총회장을 다섯 차례나 역임한 오윤태 목사와 전영복, 김덕성, 김득삼, 이인하, 김원치 목사 등 역대 총회장과 최경식 목사, 유석준 장로, 정영희 선교사 등이 복음봉사단과 깊은 관계를 유지하고 협조했으며 교토교회의 홍동근, 양형춘 목사와 경혜중 선교사의 성원과 협력도 컸다.

복음봉사단의 첫 선교사업이 재일교포로 향하게 된 깃은 세 가지 이유 때문이었다. 첫째 멀고도 가까운 이웃 일본에 산재한 60만 교포의 구원, 둘째 북송하는 재일교포를 통한 간접 북한의 선교 등. 67년도 통계에 의하면 재일교포의 교회 수는 36개소 세례교인 1천 766명, 학습교인 229명, 구도자 571명, 부녀회원 649명, 청년회원 2백여 명, 주일학교 학생 1천여 명, 교역자(선교사 포함) 44명이었다.

1971년 2월 27일 복음봉사단 임원(9인)들은 재일대한기독교회 총회장 김덕성 목사를 만나 일본에 대한 상세한 선교상황을 듣는 한편, 이날부터 1주일간 신의경 단장이 직접 도쿄, 교토, 오사카 등지의 시찰에 나섰다. 이에 관한 그의 일지에 "조련계는 사귀어 대화할 수 있음, 재일교포는 구원자, 협력자를 기다림"이라 기록해 놓았다.

동년 3월 18일 임원회는 교토교회에 경혜중(京惠中) 선교사를 파송하기로 결의했다. 봉급 월 4만 원, 여비와 비품비 10만 원으로 책정하고 4월 7일 한양교회에서 선교사 파송에 관한 특별기도회를 가졌다. 1971년 5월 3일 임원들은 YMCA에서 재일대한기독교회 총회 증경총회장 오윤태 목사 및 총회장 김덕성 목사, 그밖에 정인수, 홍영기 목사와 만나 선교사 파송에 대해 협의했다. 그들은 일본에서 공부하고 있는 송경신 신학생을 추천해 주어 심층 검토한 끝에 합의했다.

이때 복음봉사단에는 단원들의 「기적적인 헌금」이 답지했다. 1971년 11월 7일 임원들은 새로 취임한 재일대한기독교회 총회 총회장 김득삼 목사와 총무 이인하 목사, 전도부장 정인수 목사를 만나 「60만 교포를 구원할 교회」를 세우기로 하고 그들이 추천한 전영복 목사를 두 번째 선교사로 결정했다. 복음봉사단은 그 후 그들 3인의 명의로 된 초청장과 협약서를 접수했다.

1971년 11월 11일 월례회에서 재일교포 선교비를 월 3백 달러로 결정했다. 복음봉사단의 살림 규모를 보면, 동년 1월부터 72년 3월까지 총수입은 438만 9,081원, 총지출은 433만 5,676원이었다.

1) 송경신 선교사

송경신(朱敬信) 선교사는 재일대한기독교회 총회(회장 김덕성 목사)의 추천으로 한국여성복음봉사단이 일본(해외)에 파송한 첫 번째 선교사였다. 그는 도쿄 아오야마학원(靑山學院) 신학부 학생으로 재일대한교총회의 중직을 맡고 있는 장래가 촉망되는 인물이었다.

1971년 8월 23일 오전 11시 30분 단원 50여 명이 참석한 한양교회에서 송경신 선교사 파송 예배를 드렸다. 송경신 선교사는 1972년 1월부터 다치카와전도소 전도사로 그리고 동년 4월부터 도쿄교회 중고등부 담당교사로 시무하기 시작했다. 한편 같은 해 3월 아오야마학원을 졸업하고 동 대학원에 진학해 학업도 계속했다. 1973년 간토지방(關東地方 도쿄) 전도사 시취에 합격했고, 동년 4월 16일 재일대한기독교총회에 의해 도쿄교회 중고등부 담당자로 정식으로 임명됐다. 이때 다치카와 전도소 임무는 1주간 3일씩으로 조정됐고 1974년도 선교비는 연 2,800달러(200달러×14개월)로 이듬해부터는 월 50달러 인상된 금액이었다.

1975년 8월 15일 복음봉사단은 송경신 선교사를 도쿄교회 청소년뿐만 아니라, 간토지방 청년들을 위해서도 전도하도록 논의했다. 송경신 선교사는 박사과정을 밟으면서 도쿄교회 및 전도소의 사역과 지방 전도로 4중 역할을 수행하는 가운데 간토지방의 전도는 1976년 1월부터 전개했다. 그러나 그의 중심사역은 어디까지나 도쿄교회와 전도소였다. 1978년 1월 오윤태 목사는 "늘어난 재일교포 신자 수가 10년간 2백 명으로 추산되는데 그중

송경신 선교사 귀국기념
(아래 왼쪽에서 세 번째/
1979년)

42명이 도쿄교회 청년과 다치카와 전도소에서 세례를 받은 교인"이라 했다.

1977년 8월 6일 복음봉사단은 실제 임기 3년을 마친 그의 임무를 연장하느냐를 놓고 오윤태 목사에게 자문을 구하는 등 고민하기 시작했다. 동년 9월 7일 임원회에서는 도쿄교회 중고등부 학생들이 도쿄교회 중진과 청년이 되는 희망적 현상에 대해 매우 감사히 생각하는 반면, 다치카와 전도소의 부진한 선교결과에 대해 불만이 적지 않았다. 결국 동년 10월 6일 송경신 선교사의 임기를 연말까지 한정하기로 하고 잔여 기간의 봉급과 상여금 및 퇴직금 총 150만 원을 지불하기로 결의했다. 그러나 동년 12월 12일 임원회에서는 1978년 1월부터 지속으로 다치카와전도소에 매월 5만 원(100달러)을 보내기로 했다.

(1) 도쿄교회 중고등부

송경신 선교사는 1972년 4월부터 도쿄 신주쿠(東京 新宿區 君宮町 22)에 위치한 도쿄교회의 주일학교 중고등부 지도교사로 일했다. 학생은 처음 5명이었는데 모국에서 온 학생 5명과 교포 2세 2명이 늘어 두 달 만에 12명에 이르렀다. 주일예배 직전에 마태복음 성경공부로 시작했고 한 달에 두 번씩

이중창을 부르기로 했으나 모국 학생들은 일본어를, 교포 2세는 한국어를 몰라 애로가 많았다. 학생들을 위해 복음봉사단 임원들이 찬송가 27권, 연동교회 송선영 장로가 성경 15권을 보내왔다. 전도는 다치카와 지방의 여덟 가정을 심방해서 전도서를 나누어 주는 것으로 시작됐다.

1977년도 7월 3일 도쿄교회는 송경신 선교사의 노력으로 중고등부 학생 1백여 명이 배출돼 7년 만에 청년부가 부활한 것을 높이 치하하고 감사장을 복음봉사단에 보내왔다. 1978년 7월 18일 월례회에서 도쿄교회 건축비 51만 2,000원을 오윤태 목사에게 직접 전달했다. 1980년 2월 13일에는 세종호텔에서 최경식 목사에게 오윤태 목사의 원로목사 추대 축의금을 위탁 전달했다.

2) 전영복 선교사

1972년부터 1976년까지 5년여간 비록 짧은 기간이었지만 한국여성복음봉사단의 선교사로서 재일교포 선교에 노구를 이끌고 온 몸과 정성을 바쳐 사명을 다한 전영복 목사. 그는 일본인으로서 33년간 일본의 부당한 한국 지배와 억압을 참회하고 속죄하는 뜻에서 특히 60만 한국인 재일교포의 구령사업을 위해 헌신하고 봉사했다. 그는 재일대한기독교총회 총회장에서 물러난 뒤에도 전도국 간사로서「10개년 전도 계획안」(1968~1978)을 달성하기 위해 총책임을 지고 전국을 순회하며 활동했다. 1974년도 3,382명의 신도와 43개 교회를, 1978년도에 7천 명 신도와 70개 교회로 배가를 목표해 치밀한 선교정책과 방법을 세워 각 교회에 전도대를 조직하고 매년 2회 이상의 전도 집회를 개최하는 등 솔선하여 전도 강연에 앞장섰다.

1971년 임원회에서 일본에 있는 전영복 목사를 복음봉사단의 선교사로 결정하고 이듬해 1월부터 선교비를 지급하기로 결의했다. 그가 일본 선교사

로서 적임자인 것은 그가 언어와 현지 적응 및 파악 등 선교사로서 겪어야
하는 어려운 조건들을 잘 해결할 수 있을 것이기 때문이었다. 이로써 복음봉
사단은 창단 3개월 만에 송경신 전도사에 이 기본조건을 모두 갖추고 있을
뿐만 아니라, 선교 열의가 뜨겁고 경륜이 남다른 전영복 목사를 일본에 선교
사로 파송하게 됐다.

　1972년 4월 27일 그는 33년 만에 내한해서 29일 양성담 부단장댁에서
김안홍 목사와 임원 12인이 참석한 환영예배에서 복음봉사단의 환영과 위
로를 받으며 기뻐했다. 그러나 체류 중인 5월 1일 고혈압으로 백병원에 입
원해 복음봉사단 단원들의 간호를 받은 뒤 5월 16일 귀국해 한동안 정양을
취하기도 했다. 1973년도 재일대한기독교회 총회 전도국의 '60만 구령' 사
업계획은 다음과 같다.

　(1) 개척 척도
　　— 시코쿠 전도(北陸, 山陰, 九州, 奧羽, 沖繩)
　　— 전도소 설치(姬路, 金澤, 新居浜)
　　— 교회당 건축(剛山, 品川, 大版, 九集, 三宮, 立川, 川西, 新居浜, 沖繩,
　　　金澤)

　(2) 방문 전도
　　— 각 교회에 전도단을 조직해 조직적으로 방문전도

　(3) 대중 전도
　　— 각 교회별로 춘추에 전도집회 개최
　　— 각 지방별로 춘추에 연합 전도집회 개최

― 지방별(4지방) 선교대회 개최

― 십자전도단 조직: 설교자, 지도자, 전도단, 음악대 등이 전도지에 가
  서 대대적 전도집회 개최

(4) 학교 전도

일본에 있는 우리 민족학원 전도: 교수연수회, 학생성경반 운영

(5) 문서 전도

― 신문-전도지 발간

― 각 교회의 축호전도 지원

3) 박묘희 선교사

1972년 복음봉사단 부서 가운데 봉사부를 맡았던 박묘희(朴妙熙) 부장
이 이듬해 5월 24일 대한예수교장로회(통합)의 파송으로 일본 오사카교회
전도사로 갔다. 그녀는 오사카교회에서 시무한 뒤 재일대한기독교회 총회
의 파송으로 1976년 5월 24일 오사카교회에서 히라오카교회로 부임했다.
지금까지 시종일관 목사로부터 사찰의 역할까지 담당하며 23년을 단독목회
해 오고 있는 미자립의 약한 교회이다.

복음봉사단에서는 1976년 7월 14일 재일대한기독교회 총회의 홍영기
목사 편에 성경과 찬송 각 5권씩 10권을 보내고 1978년 1월부터 1년간 월
5만원을 히라오카교회 선교비로 보냈으며 1989년 7월 17일 교회당 수리비
로 200만 원을 송금했다.

한국여성복음봉사단 소속 선교사 명단

일본: 송경신	일본: 전영복 선교사	일본: 박정자 선교사
일본: 오윤태 선교사	아프리카: 주진국 선교사	아프리카: 유부웅 선교사
인도네시아: 한숭인 목사	감사: 한용수 목사	감사: 남궁옥 장로

박정자 전도사는 장로회신학대학을 졸업하고 한양교회와 남대문교회 전
도사를 역임했다. 1970년 여교역자회를 창립하고 초대회장으로 2년간 기초
를 닦았다. 1999년 11월 30일 필자와의 전화에서 박정자 선교사는 다음과

같이 회고했다.

한국여성복음봉사단의 역대 단장님을 비롯해 임원들이 선교교회를 시찰하러 오셔서 설교도 하고 위로해 주신 것을 잊지 않고 있습니다. 특히 1976년 10월 9일부터 26일까지 신의경 단장님과 김민옥 교육부장님이 일본을 시찰하실 때 저희 집에서 4일간 머무는 동안 방문기념으로 교회에 선물로 사주신 가스난로는 지금까지 잘 관리해 사용하고 있습니다. 감사드립니다.

그 난로에는 '한국여성복음봉사단 기증'이란 표시물이 붙여져 있는데 박묘희 선교사는 정년 2년을 연장하여 2000년 5월 히라오카교회를 은퇴하게 된다.

4) 재일대한기독교총회 초청으로 시찰단 방일

1974년도에 재일대한기독교회 총회(총회장 오윤태 목사)의 초청으로 또다시 한국여성복음봉사단 시찰단이 선교지 일본을 방문했다.

9월 7일 임원회에서는 양성담 부단장과 김수길 총무, 정유영 재정부장, 김신영 교육부장 4인을 선정하여 숙박비와 교통비 등을 지불하기로 결의하고 오윤태, 이인하, 최경식, 전영복 목사와 송경신, 박묘희 선교사에게 선물할 인삼을 준비했다.

— 10월 2일: 오후 7시, 갑작스러운 병환으로 김신영 교육부장을 남겨둔 채 3인의 시찰단은 하네다 공항에 도착했다. 시찰단은 총회장 오윤태 목사와 총무 최경식 목사 외 여러 교포인사의 환영을 받았다.

— 10월 3일: 오후 2시, 시찰단은 교토에서 개최된 제일대한기독교 여전도회전국연합총회에 참석했다. 이 자리에서 김수길 총무가 한 국여성복음봉사단의 사업내용을 보고하였다.

— 10월 6일: 오전 10시, 김수길 총무와 정유영 재정부장이 도쿄교회 의 고등부 예배에 참석했다.

— 10월 13일: 양성담 부단장과 정유영 재정부장은 오사카교회에서 주일예배를 보고 복음봉사단 사업을 소개하는 시간을 가졌다. 한편 김수길 총무는 김원치 목사가 시무하는 니시나리교회(西成敎會)를 방문해 여러 단원을 영입했다. 저녁에 교토교회 예배에 참석해 양성 담 부단장이 설교하고 송경신 선교사와 김수길 총무, 정유정 재정부 장이 찬양했다.

— 10월 14~15일: 송경신, 경혜중 선교사와 시찰단은 교토 근교 구사 쓰(草津)에 위치한 노진악 권사의 별장에 초대를 받아 이틀간 5회의 기도회를 하며 간증하고 서로 격려했다.

그 평생 단원과 찬조단원은 도쿄교회, 닛본교회, 나고야교회, 오사카교 회, 니시나리교회, 교토교회, 시라노교회에 적을 둔 교포들이었다. 그밖에 도 복음봉사단 임원들은 개인 자격 혹은 대표 자격으로 수시로 일본 선교지 를 방문해 선교에 필요한 정보와 애로를 입수하고 단원을 모집하는데 힘을 기울였다. 공식 방문단의 명단은 다음과 같다.

1972	김수길 양성담 정유영
1976	김민옥 신의경
1978	김신영 한옥자 함유순
1981	김신영 신의경 양성담 함유순
1988	김수길 김신영 박문희 백영희

2. 재일교포학생 선교

1) 재일교포학생선교회

한국여성복음봉사단은 재일교포 구령사업의 일환으로 모국을 방문하는 재일교포학생을 상대해 전도하기로 하고 1971년 5월 29일 재일교포학생 선교회를 조직했다.

이보다 앞서 동년 4월 24일 용산구 후암동에 위치한 평광교회에서 재일 교포학생 40여 명이 모여 배기환 목사의 인도로 예배를 드린 뒤에 좌담회가 있었는데 이 자리에 신의경 단장과 양성담, 김수길 두 총무가 참석해 전도사 업에 관한 의견을 교환했다. 일주일 후인 5월 17일 5월 월례회로 모여 재일 교포학생 전도사업을 위해 특별헌금을 했는데 80여만 원 1년 선교비를 모았 다. 이때 결의된 재일교포학생 전도사업 취지문은 다음과 같다.

재일교포학생 7백여 명은 배달민족의 자손이나 조국에 와서는 외국인이나 다름없다. 그들은 고향을 떠나 아는 이 없는 곳에서 언어는 불통이요 생활환 경과 사고방식이 전연 맞지 않으며 더욱 이국에서 나고 자라 복음을 알지 못 하고 배움생활에 허다한 어려움과 괴로움이 있으므로 우리들의 선교사업은

이 교포학생으로부터 시작하기로 한다.

선교회 임원은 회장 김광훈, 부회장 신의경, 서기 전송자, 회계 김민옥, 사업은 전도, 교육, 친교로 하되 반드시 교포학생 교회를 세우기로 했다. 그리고 교포학생들 지도는 배기환 목사로 하고 장소는 평광교회, 집회는 매주 토요일로 했다.

2) 재일교포학생 학사관 건립

복음봉사단은 1976년도에 재일교포 선교의 일환으로 조국을 찾아오는 교포 유학생들을 위한 학사관(學士館) 건립을 추진하기 시작했다. 동년 2월 7일 임원과 단원들이 학사관 기지 한 평씩 담당해 20개월 동안 분납하기로 하는 한편, 임원회는 동년 2월 28일 고문 오윤태 목사와 이에 관한 회담을 하고 3월 8일 재일대한기독교회 총회에 건축후원에 관한 청원서를 발송하기로 했다. 이 소식을 들은 샌프란시스코 분단에서는 건축비로 김한숙 평생 단원이 10만 원, 에덴학교 안양순 교장이 15만 원을 보내왔다.

1976년 9월 14일 일시 귀국한 재일대한기독교회 총회 김원치 총회장을 비롯해 이인하 증경총회장 및 홍영기 교육국장과 고문 오윤태 목사 등을 정유영 단원댁으로 초청해 신의경 단장 등 임원 10여 명이 학사관 건립계획을 진술하고 그 후원과 지도에 관한 회담을 하였다. 이에 따라 10월 재일대한기독교회 총회는 학사관 건립을 총회 70주년 기념사업의 하나로 결정했는데, 도쿄의 노진악 평생 단원이 100만 원을 헌납하는 등 1,000여만 원이 답지했다.

임원들과 단원들이 기지 한 평씩 담당해 20개월 동안 분납하기로 한 기금은 동년 12월까지 27명분 110만 원이었다. 학사관 건립에 대해 「봉사」

제17호는 다음과 같이 기술했다.

> 앞으로 학사관이 속히 이룩되는 날 복음이 우리의 작은 손들을 통해 아시아
> 의 캄캄한 여러 민족에게 하나님의 구원이 전달돼 우리의 교육과 사회적 봉
> 사가 많은 결실을 맺을 것으로 확신한다.

3. 타이완 고산족 선교

타이완 고산족은 원래 네덜란드 장로교회의 선교를 받았던 이들로 일본 식민지 시대에 신앙을 빼앗겼었다. 이 지역에 봉사단은 선교를 재개하였다. 1971년 9월 7일 임원회에서는 타이완(臺灣)의 산지족에게 전도하기로 만장일치 가결했다. 이 자리에는 타이완 교포의 어머니라고 불리는 정성원(鄭聖源) 선교사가 참석해 자세한 현지 상황을 설명해서 그와 같은 결의를 도출해냈다.

1971년 9월 20일 단원 48명이 참석한 한양교회에서 있었던 월례회 때 결의한 타이완 선교사업 기록을 옮기면 다음과 같다.

> 타이완 원주민은 산악지대에서 무학과 빈곤과 천대를 받는 족속이다. 그들
> 은 각기 다른 6종 이상의 언어를 가진 부족이며 그들 사이에 융합이 불가능하
> 고 타이완 사회에서 소외돼 정신 및 육체적으로 가련한 생활을 한다. 그곳의
> 우리 교포는 아직도 자립할 형편에 있지 못하므로 이웃을 외면할 수 없는 사
> 정을 감안해 힘 미치는 데까지 도와주기로 했다.

타이완의 주민은 98% 한족과 2% 고산족으로 구성돼 있는데 산 지 소수 민족인 가오사족(高砂族)은 주로 말레이족 및 폴리네시아족이다. 신앙의 자유가 있는 나라로서 신도수는 도교, 불교, 천주교, 그리스도교 순이다.

1971년 9월 27일 임원희는 동년 11월 창립총회 때 타이완 산지족 전도를 위해 내년도 예산에 선교비를 책정해 넣기로 하고 임원회 때마다 기도했다. 동년 12월 8일 선교비를 우선 6개월분(월 50달러)을 산정해 지급하였고 12월 10일 정성원 선교사는 선교지를 향해 김포공항을 떠났다. 환송에는 신의경 단장과 양성담, 김수길 두 총무 그리고 정유영 재정부장이 나갔다. 1972년 4월 29일 정성원 선교사는 다음과 같은 서신을 보내왔다.

전도사업 하시는 단장님과 총무님, 또한 여러 단원님들 안녕하십니까? 금년 제가 고웅교회에 가서 10여 일 있으면서 산지교인들도 만나고 이곳 선교사 박성래 목사님 내외분이 주동이 돼서 열심히 사회사업과 산지 전도사업을 하는 모습을 보고 주님께 감사를 드렸습니다. 앞으로 더욱 기도하시는 중에 계속 후원해 주심을 빕니다.

동년 5월 정성원 선교사에게 제2차 선교비 300달러(6개월 분)를 보냈는데 7월 13일 제3자인 박성래 목사로부터 "매월 선교비 100달러씩 보내 달라"는 서신을 받았다. 그러나 복음봉사단은 재일교포 선교에 전력을 집중하기로 하고 1년간 정성원 선교사를 통해 타이완 고산족 선교를 수행한 것으로 마감했다.

4. 아세아복음화위원회

1979년 1월 31일 조직된 아세아복음화위원회는 회칙 제1조에 "아세아연합신학원에서 교육을 받는 주의 일꾼을 통해 아세아 복음화 사업을 추진함"을 목적으로 하고 있다. 그밖에 아세아복음장학회와 아프리카선교위원회가 있어 선교의 삼두마차를 이루었는데 두 위원회는 직제를 세계선교협의회 산하에 두었다.

1979년 12월 초에 인도네시아 현지의 교회 대표 안바리(Anwari) 총무는 1980년 1월부터 50개 교회를 개척했으면 하는 요청서를 아세아복음화위원회에 보내왔다. 이에 따라 아세아복음화위원회는 서둘러 인도네시아를 비롯해 필리핀, 태국 세 나라의 교회 개척 원칙을 확정했다. 그 골자는 "세 나라 교회로 하여 자기 나라를 복음화할 목적으로 교회 개척사업을 적극적으로 전개해 향후 3년 이내로 인도네시아에 100개 교회, 필리핀에 25개 교회, 태국에 30개 교회를 개척한다"라는 것이었다. 1개 교회당 개척비는 월 60달러(한화 4만 원)로서 교회를 개척할 뜻을 가지고 2개 교회 이상 개척하고자 하는 교회 대표는 아세아복음화위원회의 위원이 되며 세계선명회는 세 나라 교회의 개척비를 1개 교회당 월 40달러를 담당해 현지교회가 부담하는 월 20달러를 합쳐 총 120달러 예산으로 개척한다는 것이 방법이었다. 그 후 필리핀은 50개 교회로 증가하고 파키스탄이 16개 교회를 목표로 하여 새로 대두됐다.

1980년 6월 3일 제6회 아세아복음화위원회가 아세아연합신학원 강당에서 필리핀선명회 소코켄(D. Sokoken) 총무 등 31명의 교계 지도자들이 모인 가운데 개최됐다. 이 자리에 직접 참석한 안바리 총무는 동년 1월 인도네시아에 18개 교회가 개척을 시작해 집회를 하고 있으며 7월부터 18개 교회, 9월까시 75개 교회를 개척한다는 방안을 제시했다. 이 자리에 복음봉사단에서는 신의경 이사장, 양성담 단장, 함유순 재정부장, 전송자 서기, 송혜전 단원이 참석했다.

동년 10월 15일 통계에 의하면 인도네시아 58개 교회가 개척돼 9개월 만에 목표인 100개 교회의 절반을 넘었다. 이것이 귀감이 돼 태국이나 필리핀도 그와 같은 방법과 열의로 최선을 다하기로 했는데 이때 태국은 30개 교회, 필리핀은 25개 교회를 목표했다.

1981년 7월 1일 자 복음봉사단의 임원 중 세 명의 세 기관 직분은 다음과 같다.

세계선교협의회	회계	함유순
아세아복음화위원회	부위원장	양성담
아프리카선교위원회	부위원장	신의경
	회계	함유순

5. 아시아 인도네시아 선교 — 한승인 선교사

한국여성복음봉사단이 인도네시아와 처음으로 공식적인 인연을 맺은 것은 1978년 7월 17일 월례회에 그 나라 로카난라 목사를 초청해 "떨기나무 불꽃 가운데 하나님이 나타나심"(출 3:1-4)이란 제목의 설교를 들은 것에서였다. 그리고 이듬해인 1979년 한 해는 온통 인도네시아의 선교에 관한 회의참석과 논의 및 결의 그리고 인도네시아교회개척협의회 대표자 회의를 개최하는 일로 분주했다. 1979년 5월 7일 임원회는 인도네시아에 아세아복음화위원회가 목표한 100개 교회 가운데 두 교회를 개척하기로 하고 동 위원회를 통해 7월부터 그해 말까지 매월 6만 원을 보냈다. 아세아복음화위원회의 부회장은 양성담 단장으로 그는 남아시아 지역 책임자였다.

이보다 앞서 동년 10월 2일 아세아연합신학대학 조찬기도회에 신의경 이사장, 양성담 단장, 김수길 부단장이 참석해 인도네시아선명회 총무 안와리(M. S. Anwari) 목사의 선교지 보고를 듣고 동년 11월 11일 제12회 창단 기념 예배에서 한숭인 선교사에게 승용차를 보내는 헌금을 했다. 이 헌금(47만원)은 1982년 9월 2일 국제선교회장 김세진 목사를 통해 한숭인 선교사에게 전달됐는데 동년 2월 20일 한숭인 선교사가 아세아복음화위원회에 보낸 서신 가운데 승용차에 관한 부분을 발췌하면 다음과 같다.

복음봉사단은 선교지의 동반자이자 발이 되는 승용차를 통해 한숭인 선교사와 실질적인 관계를 맺게 됐다. 그래서 아세아복음화위원회를 통로로 하지만, 복음봉사단의 파송 선교사란 개념적인 인물로 부상해 동년 12월 성탄 선물(50만 원)을 보내는 직접적인 데까지 이르렀다.

아시아 인도네시아 선교 ─ 한숭인 선교사

이리안 자야 맘브라모
선교지의 주민들
(1997년)

티모르에서의 지도자
훈련(1985년)

남부 수마트라 정글 속의
꾸부족 주민들(1986년)

이리안 자야 늪지대 어린이들
(1997)

1) 인도네시아 교회 개척과 지원

한국여성복음봉사단은 1981년에 인도네시아에 다섯 교회의 개척 선교
비를 담당한 뒤에도 계속 월 300달러를 아세아복음화위원회를 통해 한숭인
선교사에게 보내고 1986년 8월 14일 임원회에서 "이사회가 그동안 계획한

여러 사업을 한데 모아 아시아 선교에 주력하기로 한다"고 결의까지 했다.

그는 5월 18일 월례회에 다시 와서 말씀("주님의 분부", 마 28:16-20)과 개척교회 보고 및 슬라이드를 상영했다. 이 자리에서 단원들은 선교 활동에 필요한 비디오 1대를 기증하기로 하고 245만 4,000원(한나 분단 80만 원 포함)을 모아 전달했다. 한승인 선교사는 1년만인 1988년 안식년으로 귀국해 7월 16일 월례회에서 "세계선교는 어느 방향으로"라는 제목으로 말씀을 선포한 뒤 자카르타에 선교센터 건립에 관한 설명을 했다. 단원 모두는 건축기금으로 150만 원을 헌금하고 차츰 무르익어 가는 인도네시아 선교에 기쁨을 나누었다.

1989년 3월 7일 송혜전 선교부장 자택에서 기도회를 마친 임원들은 한승인 선교사의 다각적인 선교 활동과 현지 사정에도 불구하고 10여 년간 이끌어 오던 인도네시아 선교를 계속하느냐 중단하느냐는 갈등에 빠졌다. 그러던 중 1989년 4월 21일부터 5월 1일까지 인도네시아를 위시해 동남아시아를 시찰하게 된 김수길 부단장에게 현지답사를 의뢰하고 그 가부를 결정짓기로 했다. 김수길 부단장은 서울노회여전도회연합회 재단 이사장으로 성가대 30명을 이끌고 홍콩, 싱가폴, 태국, 인도네시아를 순방했는데 한승인 선교사의 선교정책과 선교실태를 직접 확인하고는 인도네시아 선교를 계속하기로 건의했다.

1992년 12월 통계에 의하면 복음봉사단이 개척한 교회는 △ 북부지역 뜨감비교회(스마트라 목사) 등 5개 처, △ 남부지역 세이비난교회(보르네오 목사) 등 5개 처, △ 중부지역 원오리교회(원오비리 목사) 등 3개 처, △ 남부지역 식간쟈우교회 등 5개 처, △ 남동지역 자바비티폭교회 등 2개 처로 모두 20개 교회였다.

2) 인도네시아선교센터 건립

1993년 5월 월례회에서 자카르타에 신축 중인 선교센터 건축기금으로 2만 달러를 가결했다. 선교에 관한 정확한 정보제공을 위시해 선교사의 친교와 훈련 그리고 선교사 가족의 기숙사와 한인센터로 쓰이게 될 이 건물은 동년 1월 19일에 기공 예배를 5월 12일 상량예배를 드렸다.

선교비를 마련하느라 메주를 쑤고 새우젓을 사다가 팔아서 한 푼 두 푼 모아 보냈고 건축비 2만 달러는 김신영 이사장, 전송자 단장, 박병숙 단원이 각각 200만 원 그리고 최하 2만 원에 이르기까지 77명의 단원이 하나님께 받은 그 은혜에 대한 감사의 표시로 자기희생의 상징으로 정성을 모아 하나님께 바친 헌금이었다. 선교센터는 1994년 5월 8일에 완공되어 봉헌예배를 드렸다.

3) 인도네시아 선교의 대단원

1981년부터 1998년까지 17년간 한숭인 선교사를 통해 복음봉사단이 개척한 교회는 앞서 서술한 1992년도 20개 교회 외에 26개 교회인데 그 교회 및 담당 전도사와 연도별 선교비는 다음과 같다.

한국여성복음봉사단의 인도네시아 개척 교회와 담당 전도사

(연도는 자립년도, 괄호 안은 전도사.)

1985년도 (5교회)	① 또르깜바교회(딸리니 할라와) ② 쎄이삐닝교회(필립 하니) ③ 오노긴 리교회(빠이 노) ④ 쎄 긴짜우교회(쑤하르띠 오) ⑤ 따 뾱교회(임마누엘 쑤까르띠)
1988년도 (10교회)	⑥ 꼼다따네아교회(아돌프 강까킬리) ⑦ 뽈리 뽈리아교회(로베르끄 싼두) ⑧ 농안다트교회(쏘르야) ⑨ 쑤카푸라교회(하르잔토)

	⑩ 케두랑교회(요하르만) ⑪ 멤빠야크 마라우교회(니꼴리우스 빠울러스) ⑫ 씽구안뿌교회(죠나단 까부) ⑬ 안빼난교회(스티므 스와르 란) ⑭ 빵땅가야교회(마꿈방) ⑮ 께빤얀교회(시무엘 술레인)
1993년도 (5교회)	⑯ 밈보 아셈바구스교회(아드릴리아) ⑰ 빠바스교회(수빠르지) ⑱ 스라젠코타교회(와하우디) ⑲ 세잔궁교회(마르따나 훈따베) ⑳ 뻬 르실교회 (무사또똑)
1995년도 (6교회)	㉑ 볼테르조교회(파울러스 수르얀또) ㉒ 끌로위끄교회(마리얀 쵸) ㉓ 돌로뽀교회(디딕무르와디) ㉔ 쎄마누교회(마르썰람) ㉕ 켄쩽교회(하디 와르또요) ㉖ 페파탄 잠봉교회(스테파누스 수다르토)

연도별 선교비

(단위: 만 원)

년도	선교비	년도	선교비	년도	선교비
1980	180	1987	615	1994	720
1981	240	1988	700	1995	720
1982	258	1989	687	1996	720
1983	288	1990	800	1997	360
1984	288	1991	750	1998	360
1985	327	1992	600		
1986	360	1993	600		

6. 아세아연합신학대학교와 함께

1) 아세아연합신학대학교와의 인연

선교 동역자인 아세아연합신학대학교와 한국여성복음봉사단이 인연을 맺은 것은 기록상 1976년부터이다. 4월 19일 오후 5시 신학대학교에 복음봉사단 임원들이 초대돼 교수 및 각국의 학생과 예배를 드리고 회식을 나눔으로써 시작됐다. 그리고 9월 30일 선교의 밤에 8명의 임원이 다시 초대돼 신의경 단장, 양성담 부단장, 김수길 총무 등이 동교 장학위원으로 피선됐으며 동년 11월부터 학원 선교비 월 10만 원을 지급했다. 이를 계기로 이듬해부터 아시아 선교의 문을 여는 뜻에서 학생 1명에게 월 5만 원, 그다음 해에는 4명(20만 원)에게 장학금을 지급했다. 1977년 4월부터 10월까지 월례회를 대학교에서 가서 드리고 12월 6일 제1회 학위 수여식에 참석해 신의경 단장이 격려사를 했다. 이때 한철하 박사 영식에게 장학금(월 5만 원)을 전달했다. 이렇게 관계는 깊어져 그 이후 입학식과 졸업식 등 주요행사에 임원들은 거른 적 없이 참석했다.

1979년 5월 7일 새 교사를 짓는데 건축비 50만 원과 시설비 33만6,000원을 헌납했다. 또 양평 캠퍼스를 건축할 때인 1982년에 복음봉사단의 기도처소(일명: 다락방 기도원) 명목으로 300만 원, 1986년 대지 매입 때도 2,000만 원을 각각 헌금하는 친밀한 관계 속에 모든 것을 함께 하며 하나님의 사업을 이루어 나갔다.

2) 아세아연합신학대학교와 한철하 목사

서울 서대문구 충정로와 경기도 양평군 옥천면에 소재하고 있는 아세아연합신학대학교는 초교파 신학 교육기관으로 1968년 싱가포르 아시아태평양전도대회에서 아시아 전역을 대상으로 하는 신학대학원 설립을 결의하면서 시작하였다. 최초의 명칭은 아세아연합신학원이었다.

1973년 제1회 이사회에서 이사장에 한경직 목사, 원장에 마삼락 선교사를 선임하고 명칭을 아세아연합신학원(ACTS)이라 확정했다. 1981년 학교법인 아세아연합신학대학원과 아세아연합신학대학의 설립인가를 받음과 동시에 제2대 원장에 한철하 목사가 취임했다.

이듬해 8월 양평에 교지 1만 6,000여 평과 연건평 700여 평의 교사로 새 캠퍼스를 조성하고 한철하 원장이 초대학장에 겸직했다. 학교법인 안에 대학원과 신학대학원 그리고 선교대학원을 두고 있는 동 대학교의 교육이념은 '신본주의, 복음주의, 아세아복음화' 세 가지이며, 재단법인 아세아 연합신학연구원 안에 한국여성복음봉사단의 임원들이 중책을 맡은 아세아복음화 위원회와 아세아복음화 장학회 그리고 아프리카선교위원회가 있다.

한국여성복음봉사단은 아세아연합신학대와 같은 목적과 노선으로 해외와 국내 선교의 동반자가 돼 협력하면서 연합해 나가고 있다.

3) 학생의 초대와 어머니의 손길

한국여성복음봉사단은 아세아연합신학대학교 학생들을 어머니 마음으로 극진히 사랑했다. 예수 그리스도의 제자가 되기 위해 각국에서 모여온 그들에게 격려와 위로가 복음봉사단 단원들의 임무인 줄 알고 이 일에도 온갖 정성을 바쳤다.

1978년 2월 20일 월례회에 학생 4명(인도 2, 싱가폴 2)을 초대했다. 동년 9월 5일 오전 10시 도봉구 수유동 소재 백영희 단원댁에 학생들을 또 초대했다. 학생은 인도의 로날드 아디카리, 비제마르크 싱, 엘니사게 루간, 다니엘 서부한, 인도네시아의 디모데 로카날드, 디모데 초수아, 파키스탄의 에스더 아나야트, 홍콩의 로슈최 외 5명이었다. 1부 순서 예배에서 김수길 총무의 사회로 찬송(8장), 기도(한옥자 선교부장), 성경봉독(시편 23편)에 이어 신의경 이사장의 설교와 환영사로 그들의 눈동자를 빛나게 했다. 임원들은 학생들에게 선물을 증정하고 루디아 분단과 여러 임원이 만든 오찬을 대접했다.

1980년 8월 22일 13명의 임원은 도봉구 수유동 소재 신일중고등학교 생활관에 학생 12명(인도 3, 인도네시아 3, 파키스탄 2, 미국 1, 아프리카 1, 일본 1, 한국 1)을 초대해 점심을 대접한 뒤 소감과 간증으로 한껏 희기를 북돋게 했다.

1981년 12월 21일에는 오전 10시 학교 강당에서 월례회 및 성탄 축하예배가 있었다. 단원 63명이 참석해 월례회를 마치고 학생 및 교수 전원과 함께 드린 예배는 양성담 단장의 사회로 신의경 이사장의 기도와 한철하 목사 및 이종윤 박사의 설교, 박치원(이계은 단원 남편) 교수의 특송 그리고 학생 성가대의 합창으로 모두 기쁨에 넘쳤고 영광을 하나님께 드리기에 부족함이 없었다.

한편 열대지방에서 온 외국인 학생들에게 추위가 시작되는 성탄절이면 성탄절 선물로 매년 동복 내복을 비롯해 이불까지 일일이 전하는 따뜻한 손길을 폈다. 1980년대 7개년의 것을 발췌하면 다음과 같다.

년도	성탄절 물품
1981	동복 하의 24벌(임원) 내복 24벌(박문희) 양말 120켤레(백영희)
1982	동복 상하 23벌(김수길, 송혜전)
1983	동복 상하 30벌(로이스 분단)
1984	내복 상하 26벌(김명진, 김수길, 노옹복, 송혜전)
1985	스웨터 21벌(백영희) 내복 22벌(강혜옥, 송혜전)
1986	솜이불 22채(복음봉사단 창단 기념)
1987	티셔츠 24벌(이지연) 잠바 24벌(복음봉사단)

(1) '땅끝까지 증인'에게 장학금 지급

한국여성복음봉사단은 아세아연합신학대학교의 아시아 복음화 사업에 동참하는 일환으로 '땅끝까지 증인'이 될 학생들에게 1976년부터 장학금을 지급했다. 사실상 그들을 교육하여 자기 나라 복음화의 기수로 활동하게 한다는 것은 어느 방법보다도 효과적이고 경제적이며 선교전략이었다.

1976년 3월 8일 임원회는 인도(印度 : India)를 새로운 선교지로 작정하고 아세아연합신학원에 재학 중인 인도 유학생 비제마르크 싱(Singh)에게 장학금을 지급하기로 했다. 이를 위해 회비(단비) 외에 500원 이상을 추가로 헌납하는 단원 100명을 모집하고 그 업무를 김종순 단원에게 위임했다. 동년 4월부터 지급한 장학금은 월 5만 원이었다. 이듬해에도 역시 인도 학생 다니엘 서부한에게 같은 액수의 장학금을 지급했다. 그는 1978년 12월 말 학업을 마치고 희망 선교지인 네팔(Nepal)을 향해 떠났다. 복음봉사단은 인도 북부의 힌두교 나라 네팔선교를 위해 그 이듬해 1월부터 9월까지 월 100달러를 송금했다. 김신영 섭외부장이 2년간 선교비를 부담했는데 그는 1985년에 필리핀의 한 개척교회 선교비를 담당하기도 했다.

일본을 제1의 선교지로 해 이미 선교사를 파송한 복음봉사단의 또 다른 이러한 조치는 아시아 대륙을 향해 본격적인 선교의 문을 열기 위한 조용한 움직임이었다.

1978년 1월 11일 제29회 정기총회에서 인도와 파키스탄 선교를 위해 선교사 양성을 목표한다는 취지 아래 계속 장학금을 지출하기로 했다.

1983년 4월 4일 아세아연합신학대학에서 연구 중이던 아프리카의 반 다 목사가 귀국할 때 그 부부의 한복을 복음봉사단에서 한 벌, 김신영 섭외부장이 1벌, 도합 2벌을 선물하기도 했다.

1995년도 대학원생은 21개국 48명으로 복음봉사단은 그중 2명에게 장학금을 지급했다. 필리핀의 사라 로야스는 목회학 석사과정의 여학생으로 동년 3월 졸업하고 나이지리아의 안나는 선교학 석사과정의 여학생으로 학교 근처에서 가족(남편, 자녀)과 지취를 했다.

이 기금은 연간 책정하는 일반회계의 선교비 항목으로 지출되는 것으로 1978년부터 월 20만 원씩 연간 240만 원을 정기적으로 지급하기 시작했으나 연도마다 액수는 일정치 않았다.

1978년부터 1999년까지 아세아연합신학대학교에 지급한 선교비는 총액 1억 2,971만 원이었다.

7. 주진국 선교사

1982년 3월 9일 아프리카선교위원회의 부회장인 신의경 단장과 부회계인 함유순 재정부장은 동 위원회에 참석해 아프리카 현지 현황과 그곳에 주진국 목사를 선교사로 파송한다는 계획을 청취하고 논의했다. 그 후 신의경 단장과 함유순 재정부장은 동 위원회의 직분상, 복음봉사단은 아프리카 선교에 대한 열망으로 주진국 목사의 파송계획에 강한 의지를 보였다.

1982년 10월 9일 복음봉사단 이사회는 주진국 목사를 아프리카에 선교사로 파송하는 결의를 했다. 그러나 파송은 직접적인 것이 아니고 아프리카 선교위원회의 몫으로 복음봉사단은 선교사 지명권만 가지고 일정액 선교비를 위원회에 납부하게 하는 방식이었다. 월 납부액은 500달러였다.

한국기독교장로회 소속인 주진국(朱眞國) 선교사는 1986년 1월 엘도레토에 아프리카교회선교대학을 설립하고 1993년 5월 나이로비에 아프리카교회선교부를 세워 그의 선교는 '선교사 양성'에서 '선교사 파송'으로 이어지는 남다른 것이었다.

2000년도의 사업계획은 ① 50개 교회 개척, ② 나이로비신학대학 건축,

③ 카카매가 병원 건축, ④ 투르카나사막 어린이 급식 등이다.

8. 아프리카 선교 — 유부웅 선교사

1980년 9월 3일 세계선교협의회 산하에 아프리카선교위원회가 아프리카의 코불라 목사의 요청으로 조직된 이후 복음봉사단은 아프리카 선교를 희망하고 선교비 월 200달러, 특별비 120만 원을 납입하기 위해 기금을 모으기 시작했다. 1981년 1월 19일 복음봉사단 제12회 총회에서 아프리카 선교는 재확인됐다. 동년 9월 10일 집계에 의하면 아프리카 선교 희망기관은 복음봉사단을 위시해 강남제일교회 외 6개 교회였다.

1983년 9월 14일 아세아연합신학대학 조찬기도회에서 한철하 목사는 아프리카 선교사로 유부웅 목사를 소개했다. 동년 11월 21일 복음봉사단 이사회는 그에게 월 200달러를 지원하기로 하고 예산심의를 착수하도록 했다. 동년 12월 14일 아프리카선교위원회에서 유 목사를 파송하기로 하고 선교비는 일곱 기관에서 월 200달러씩 부담하기로 했다.

1984년 2월 15일 복음봉사단 베다니집에서 유부웅 선교사 파송 예배를 거행했다. 양성담 단장의 사회로 신의경 이사장의 기도와 서울여신도연합회 성가대의 찬양에 이어 강신정 목사가 설교했다. 그리고 박태진 목사의 선교 협약과 박종렬 목사의 환영사, 한철하 목사의 격려사, 기장 총회장의 축사, 끝으로 송지헌 목사의 축도가 있고 나서 김수길 부단장이 예물을 증정했다. 예배를 마치고 있은 환송연회는 오후 8시까지 화기애애하게 진행됐다.

1984년 11월 23일 제2신에는 "전기, 수도, 전화가 없는 적도의 오지에서 자동차가 없이는 한 발짝도 움직일 수 없다"라는 형편과 선교는 교회설립보다 원주민 선교와 지도자 육성 그리고 목회자 양성 및 신학생 교육 등이 시급하다고 보고했다.

이 서신을 아프리카선교위원회로부터 통해 받은 복음봉사단은 크게 감동을 받고 1984년 7월부터의 선교비를 월 500달러로 인상하고 자동차 구입비의 모금으로 마음과 물질을 모았다. 그래서 1차 680만 원, 2차 100만 원, 3차 30만 원, 총 810만 원과 파송기념으로 타자기 20만 원짜리 1대의 대금을 함께 전달하였다. 자동차는 영국에서 구입하여 이듬해 2월 20일 현지에 도착했다.

유부웅 선교사가 검은 대륙 아프리카 케냐에 도착한 것은 1985년 7월 23일이었다. 7월 31일 아프리카 선교현장의 답사를 끝낸 유부웅 선교사는 8월 1일 영국으로 가서 버밍엄 셀리오크선교대학과 동 대학원 박사과정에 입학해 1년간 어학훈련 및 선교 연구와 아프리카 선교를 위한 훈련과정을 이수했다. 동반한 사모도 버밍엄 웨스트힐대학에서 교회교육 과정을 졸업했다.

아프리카 선교 – 유부웅 선교사

키수무교회 유치원
원아들(1997년)

키수무교회 유치원
교실을 찾은 함유순
단장(1997년)

1) 아프리카 선교 보고

1986년 9월 3일부터 11월 5일까지는 유부웅 선교사의 제1차 귀국 기간
이었다. 복음봉사단은 귀국환영에 이어 9월 5일 조찬기도회를 귀국보고회
로 하고 새신랑을 맞이하는 듯 기쁨과 흥분에 쌓였다. 9월 13일에는 신의경
이사장의 초청으로 성안농장에서 환영회를 베풀었고 9월 22일 월례회 때는
선교보고회로 모였다. 선교보고회는 김민옥 단장의 사회로 신의경 이사장
의 기도, 사회자의 성경봉독(롬 8:31-39), 이선수 음악부장의 특송, 유부웅
선교사의 말씀("광야의 인생"), 함유순 재정부장의 헌금기도로 이어졌다. 이
날 헌금액은 백영희 관리부장의 100만 원을 합쳐 187만 7,000원이었다. 체
류하는 동안 단원들은 접대하기에 동분서주했고 박병숙 단원(100만 원) 외
13명이 활동비, 엽금랑 단원(20만 원) 외 19명이 승용차, 서성택 단원(30만
원) 외 10명이 냉장고 김신영 섭외부장(100만 원)은 영문 타자기와 촌지, 송
혜전 선교부장은 양복, 김옥윤 단원은 구두, 모두 앞다투어 정성을 다했다.

영국에서 초등학교를 마친 두 자녀(수미, 형곤)는 코기세 사택에서 200km 떨어진 기숙학교에서 공부 중이었는데 복음봉사단은 동년 4월 21일 그들에게도 손길을 뻗쳐 활동비란 명목으로 학비 300달러를 보낸 바 있었다.

제2차 귀국 때인 1989년에도 선교용 교재비 150만 원, 성찬 집기비 1,000달러(신의경 이사장 2주기 기념), 사모 치료비 100만 원을 전달하기도 했다. 이 귀국 기간 3개월간은 베다니집에서 머물렀다.

(1) 단독선교와 개척교회 건축

1996년 1월 8일 복음봉사단 임원회는 아프리카 선교를 단독 수행하기로 결의했다. 즉 지금까지 아세아연합신학대학교의 세계선교위원회를 통해 선교하던 것을 직접 시행한다는 것이었다. 이와 같은 뜻은 신의경 이사장의 오랜 소망이었다.

그러다가 1995년 2월 20일 이사회에서 그 뜻을 실현하기 위해 "해외선교를 단독사업으로 추진하되 아세아 연합신학대학교와 협력선교를 병행하며 단독선교를 위한 재정은 회관 임대료를 전액 투입한다"는 원칙을 세운 뒤 1년 만에 이루게 된 것이다. 그동안 경험이 축적돼 직접선교가 가능해졌고 간접선교가 또 다른 기관을 통하느라 힘이 없었는데 적기에 내린 과감한 결단이었다.

이 정책에 따라 유부웅 선교사를 협동 선교사로 추대하고(1997. 4. 7) 선교비와 영수증을 케냐교회협의회 총회와 직접 주고받는 체제로 바뀌었다.

이날 이사회는 임원회의 결의를 전폭적으로 환영하면서 한 걸음 더 나아가 한국기독교연합회관의 임대수익 전액을 아프리카 선교기금으로만 사용하기로 결의했다. 그리고 △1개 개척교회 건립(2만 5,000달러), △식수를 위한 1개의 우물 시추(5,000달러), △현지 지도자 양성을 위한 장학금 지급(연

1,000달러) 등 박진감 넘치는 구체적 실천사항을 발표했다.

(2) 아프리카 케냐 선교지 탐방

그동안 참 먼 곳에 선교사를 파송해 놓고 선교보고서와 선교보고만 읽고
들었었는데 실제로 현지에 가서 답사할 수 있는 좋은 기회가 허락됐다.

1995년 4월 6일 임원회에서는 김수길 단장의 "우리는 무엇을 심고 있는
가"라는 반성의 말씀을 들은 뒤 아프리카 케냐의 선교지 답사를 추진하기로
했다. 한국여성복음봉사단은 이때까지 10여 년간 유부웅 선교사에게 선교
비 외 각종 활동비를 보냈었다.

케냐 선교지 답사 보고서

단장	김성억 목사		부단장	김신영 이사장
총무	박문희 서기		회 계	이지연 부단장
방문객	외빈	김성억 (고문) 김성찬(박문희 서기 남편)		
	단원	김신영 함유순 이지연 박문희 심근순 백영희 박병숙 전이경		
	비단원	강호영 배계환 김옥배 이복순 박옥순 정여숙 황성숙 이효순		
일정	1995년 12월 8일 ~ 12월 21일(14일)			

월일	내용
12월 8일	드디어 아프리카 선교지 방문단 18명은 KE 617편 항공기로 김포공항을 출발했다. 단장 김성억 목사, 부단장 김신영 이사장, 총무 박문희 서기, 회계 이지연 부단장으로 역할을 분담했다. (비단원 8명은 선교지 답사를 계기로 봉사단에 가입함.)
12월 9일	오전 7시. 목적지인 케냐의 수도 나이로비에 도착했다. 일행은 마중 나온 유부웅 선교사 내외와 반갑게 상면하고 성 바울연합신학대학의 선교센타로 가서 감사예배를 드린 뒤 사모(정경숙)가 준비한 미역국과 김치로 아침식사를 했다. 여장은 켄트호텔에 풀었고 휴식을 취한 뒤 민속촌과 국립박물관을 돌아보았다. 이날 저녁 김신영 이사장은 현지 기독교 지도자 10여 명을 초청해 만찬을 베풀고 현지 선교상황을 들었다. 그동안 키수무신학교와 성 바울연합신학대학을 통해 1,000여 명의 제자를 배출, 이들이 케냐

월일	내용
	각지에 흩어져 3만여 명에게 전도를 한다는 대목에서 일행은 감사와 찬사를 연발했다. 성 바울연합신학대학은 신학생 2백 명이 재학 중이고 선교개발원에서 평신도 훈련, 기술학교에서 목공,타이프 등 기술교육을 시킨다고 했다. 유부웅 선교사는 그밖에도 미혼모,고아,난민들을 위해 발걸음이 닿지 않은 곳이 없음을 토로했다. 일행은 평신도훈련센터에 2회에 걸쳐 725달러를 헌금했다.
12월 10일	오전 9시, 평신도훈련센터에서 유부웅 선교사의 설교와 함유순 부단장의 기도로 주일예배를 드렸다.
12월 11일	일행은 빅토리아호수가에 위치한 키수무신학교를 방문해 감사예배를 드렸다. 그리고는 그곳에 "방문 기념교회"를 세우기로 합의하고 단원 16명이 앞다투어 1만 7,630달러를 헌금하고, 그중 5,758달러를 착수금으로 전달했다. 키수무신학교는 신학생 40명, 유치원 원아 100명 그리고 미혼모직업훈련원과 기술학교를 운영했다. 오후에 성 스데반교회를 방문했다. 성공회 교회인데 유부웅 선교사의 제자인 비숍 아이비에로 목사가 시무했다. 그는 서울 아세아연합신학대학에서 공부한 뒤 옛날 노예들의 창고 자리에 3,500여 명 수용의 교회당을 건축하고 있었다. 기공식 때 모이 대통령이 참석해 격려사를 했다고 한다. 이곳에도 100달러를 헌금했다. 오후 7시. 일행은 숙소인 빅토리아 호수가의 썬센트호텔에서 비숍 목사 내외와 노회장을 초대해 만찬을 베풀었다.
12월 12일 ~ 12월 20일	12일 아침 일찍 케냐의 북단 600km에 위치한 로드와를 향해 투르카나 사막을 7시간 달렸다. 황야와 사막뿐인 수단과 에티오피아 국경의 이곳 투르카나 지역에는 50만 명의 국적 없는 유목민들이 살고 있었다. 유부웅 선교사는 1990년부터 이 지역에 선교를 시작해 100km마다 교회를 세워 세 교회가 건축 중이었다. 네 번째 교회는 후일 한국여성복음봉사단이 세우게 된다. 교회당 건축비는 100평당 2만 5,000달러, 우물 하나 파는데 5,000달러 그리고 신학생 1년 학비는 1,000달러가 소요된다고 했다. 일행 중에 백영희 권사가 선뜻 두 신학생의 장학금 2,000달러를 내놓았다. 투르카나 사막에 건축 중인 세 교회 가운데 첫 번째 간 곳은 카이눅교회(필립 전도사: 신암선교교회)였다. 1990년부터 시작된 교회당 건축은 80% 진척되고 있었다. 예배 때 김성억 단장이 하늘나라 보좌를 흔들 정도의 기도를 했다. 일행은 150달러를 헌금하고 볼펜과 수건을 나누어 주었다. 그리고 김신영 이사장이 지도자들에게 드레스 셔츠를, 백영희 권사가 벽시계를 선물했다. 의류는 처음에 2,500벌을 준비했었는데 김포공항에서 중량초과로 1,000벌

월일	내용
	만 가져와 유부웅 선교사에게 주어 성탄절 때 분배하기로 했다.
	두 번째 방문교회는 콜레모록교회의(제임스 전도사: 공릉선교교회) 교회당 건축공정은 절반 정도였다. 일행은 이곳에 150달러의 헌금과 추장 및 지도자들에 수건을 선물했다.
	세 번째 방문 교회는 로드와교회(사무엘 전도사: 영신선교교회)로 교회당 건축공정은 역시 절반이었다. 예배를 드린 후 볼펜과 수건을 나누어 주고 이곳에도 150달러를 헌금했다. 이어서 로키차고아원을 방문해 볼펜과 비단원이 모금한 헌금 100달러를 전달했다.
	유부웅 선교사의 제자인 삼손 아코루 목사가 세 교회의 담당 전도사와 협력해 교회마다 건축과 함께 부흥일로에 있었다. 삼손 아코루 목사는 추장의 들이자 아프리카장로회 신학교 2학년생이었다.
	세 교회를 돌아본 일행은 힘은 들었어도 보람과 감사가 넘쳤고 짐은 가벼워 날아갈 듯했다. 그런데 그들 원주민과 방문단의 너무도 다른 격세지감을 오래도록 지울 수 없었다. 그들은 맨발이었다. 옷은 단벌로써 손님이 오면 걸치는 남루하기 짝이 없는 것이었다. 식사는 하루에 옥수수가루로 만든 빵 한 끼였다. 이들을 위해 옥수수가루(200달러)를 준비해 갔으나 턱없이 모자랐다. 집은 소똥으로 발라 만든 한 칸짜리 원형인데 가재도구는 없고 돌 세 개 위에 냄비 하나가 취사도구 전부였다. 물도 흔치 않았다. 밀려서 샘물을 길어다 먹으니 목욕과 세탁은 비가 오는 날에나 한다고 했다. 이들은 의료혜택을 받지 못해 평균수명은 40, 50세, 병들면 죽을 수밖에 없는 형편이었다. 문명과는 동떨어진 생활 그러나 그들의 얼굴에는 웃음이 깃들고 순박해 보였다. "싼태싼아 예수 묘요이 !"(감사 감사 예수 찬양)하며 그들은 낯선 동양인을 반가워했다.
	마지막으로 찾아간 곳은 로페로트교회당 건축현장이었다. 이 교회는 복음봉사단이 아프리카 선교지에 세우는 첫 번째 교회로서 공정은 당시 40%였다.
	이곳 사막의 마지막 저녁에 감사예배를 드리고 유부웅 선교사에게 말라리아 예방약,지사제,구충제,피부질환 약값 300달러를 전달하였다.
12월 21일	오전 8시 30분 김포공항에 안착, 13박 14일의 일정을 무사히 마쳤다. 단원들이 교통비,숙박비,선물 등으로 각자 부담한 경비는 280만 원, 그밖에 곳곳에서의 헌금 1,550달러와 용돈을 봉헌했다. 공식적으로 준비해 갔던 물품은 의류 1,000벌, 볼펜 1,000개, 수건 300매 등이었다.

9. 아프리카 선교지 교회 건축

1) 로페로트교회 건축

케냐의 서북쪽 우간다와 수단, 에티오피아, 소말리아 국경 가까이에 있는 투르카나 사막, 키수무에서 2,000km가 되는 이곳에 150만 명 이상의 원시 부족 유목민들이 살고 있었다. 이 지역 출신인 키수무신학교 졸업생들의 간절한 요구가 발단이 되어 유부웅 선교사는 1989년부터 1,000km마다 지명을 붙여 교회를 세웠는데 첫째 동네에 신암교회가 지은 카이눅교회당, 둘째 동네에 영신교회가 지은 로드와교회당, 셋째 동네에 공릉교회가 지은 콜레모록교회당, 넷째 동네에 지은 것이 바로 한국여성복음봉사단의 로페로트 교회당이었다.

건축비는 2만 5,000달러로 책정하고 1995년 3월 18일 1만 달러, 6월 19일 9,000달러, 10월 7일 6,000달러를 송금했다. 건평은 1,000명 이상을 수용할 수 있는 500평 정도의 단층 건축이었다. 1989년 8월부터 착공해 벽을 쌓기 위한 기초공사가 실시됐는데 굴착기가 아닌 삽으로 파는(2미터) 원시적인 공법이었다. 공사감독은 키수무신학교의 펄 오키뇨 교장으로 그는 복음봉사단 장학금으로 공부한 사람인데 1984년 키수무신학교를 지은 경험으로 건축에는 전문지식을 가지고 있었다. 인부는 기술학교 목공,미장공 학생을 비롯해 교인과 주민 대다수였다. 유일한 건축자재인 시멘트는 1,600km가 떨어진 나이로비에서 가져오느라, 또 사막이라 운송이 수월치 않았다. 그 대신 사막에 모래가 깔려 있어 힘을 덜 수 있었다.

자재는 있어도 물이 없어 비가 올 때를 기다리느라 공사는 지지부진하였다. 시멘트 블록을 찍어 1년 만에 벽이 지붕 위치에 도달할 때쯤인 동년 12월

13일 복음봉사단 선교지 방문단이 도착해 건축현장을 돌아보았다. 시멘트 블록 벽을 사방 6미터 높이로 쌓은 뒤 그 위에 ∧자형 지붕을 씌우는데 그 소재는 특별히 제작된 태양과 자외선을 차단하는 특수한 것으로 빛깔은 그린색, 회색 외벽으로 사막 위에 오아시스처럼 돋보였다.

내부면적의 5분의 1에 한 계단 높이의 강단은 개신교식으로 꾸몄고 교회 의자는 5인용 장의자였다.

1996년 12월 완공돼 1,500여 명의 신자들이 모여 예배를 드리기 시작했다. 목회자가 부족하므로 로페로트 부족 출신이자 추장의 들인 사이먼(B. C. Simon)에게 장학금을 주어 신학교(Ravine Bible School)에 입학시키고 이 지역 노회의 당회장인 삼손 아코루 목사가 필립, 시몬, 제임스, 사무엘 네 전도사와 순회하며 예배를 인도했다.

1997년 12월 말 유부웅 선교사가 복음봉사단에 보내온 서신 가운데 이에 관한 내용은 다음과 같다.

하나님의 기적의 역사에 현지주민과 함께 한없이 기뻐하며 영광 과 찬양을 하나님께 드렸습니다. 루카나사막에 세운 로페로트교회 당 건축은 완성단계에 이르렀으며 내년 1월 복음봉사단 방문 때 헌당예배를 가질 예정입니다. 광야에 세워진 이 교회는 이 지역에 유일한 양옥집이어서 더욱 돋보이며 이미 1,000여 명의 주민들이 드나들고 있습니다. 예배뿐만 아니라 주민들의 만남의 장소로서, 때로는 집회 장소로 사용되는 등 다목적으로 혜택을 주고 있습니다.

한편 복음봉사단은 로페로트교회에 유치원과 초등학교가 꼭 있어야 한다는 요청을 접하고 이를 수락했다. 그래서 1997년 5월 7일 임원회는 건축비 4,000달러를 송금해 두 건물은 동시에 착공됐다. 인구 50만 명을 헤아리는 이 로페로트에 15세 미만의 어린이는 30여만 명이었다.

이사회는 그 전년도 1월 29일에 "투르카나 선교 및 발전을 위한 문맹퇴치에 집중적으로 헌금"하기로 하고 ① 로페로트교회 유치원 운영, ② 초등학교 교사 신축, ③ 식수를 위한 우물 파기, ④ 화장실 설치 등을 구체사항으로 하는 1997년도 예산안을 만장일치로 가결한 바 있었다.

유치원과 초등학교 건축은 주민들의 큰 호응과 협조를 받으며 순조롭게 진행됐다. 시멘트 블록 7,000장을 찍어내는데 7년 만에 단비까지 내려 순식간에 완성했다. 모두가 기적적인 일뿐이었다. 목수는 기술학교 출신인 코코이(Kokoi)로서 견적을 잘못 내서 애를 먹이기도 했으나 그의 공로는 지대했다.

유치원은 교회 건물을 사용하고 있는데 보조원을 포함해 교사 9명, 원아 400여 명을 수용하는 시설이고 초등학교 건물은 교실 4동, 교무실 1동으로 교사 14명이 학생 150명에게 성경과 글씨를 가르쳤다. 1998년 12월 동시에 완공된 유치원은 로페로트교회의 부설기관, 초등학교는 그 이름을 카라파트 초등학교(Ka-lapatc Primary)라 붙였다.

1997년 7월 3일 카라파트 초등학교 토마스(K. Thomas) 교장은 다음과 같은 서신을 보내왔다.

사랑하는 한국여성복음봉사단 여러분께. 우리 학교를 향한 여러분의 도움에 감사드립니다. 살아계신 하나님께서 여러분을 통해 4개의 교사를 지을 수 있게 해 주신 것은 하나님으로부터 온 귀한 선물입니다. 전능하신 하나님께서 여러분들이 하나님의 사람들을 돕는데 필요한 힘과 믿음을 공급해 주시기 바랍니다.

교회를 통해 영(靈)의 양식이 주어지고 유치원이나 초등학교를 통해 지(知)의 양식이 주어져도 그들에게 시급한 것은 몸(體)의 양식이었다. 그래서 복음봉사단은 유치원과 초등학교 어린이들에게 점심을 제공하기로 하고 또다시 급식비를 지원했다. 교사의 봉급과 교재비 등을 합해 월정액은 350달러였다.

추가공사로 교회 구내에 우물을 파기로 하고 임원회는 공사비 5,000달러를 송금했다(1996. 7. 8.). 그런데 수맥을 찾기가 쉽지 않았다. 다행히 제2차 세계대전 때 영국군이 주둔하면서 파놓았던 우물 흔적을 찾아 적은 양이지만 물을 얻게 됐다. 지하로부터 용수(用水)를 퍼내는 우물은 사막의 경우 빗물이 사력(砂礫)의 틈새기에 축적돼야 하는데 우기가 4월과 11월 전후지만 수년 동안 빗물 한 방울 안 내리는 때도 있었다.

김신영 이사장은 우물의 지붕 설치에 50만 원을 헌금했다(1996. 10. 21.). 그리고 아프리카에 최초의 화장실을 설치했다. 우물과 화장실 공사는 동시에 이루어졌는데 이에 관한 1997년 12월 유부웅 선교사의 보고는 다음과 같다.

후속 사업으로 하나님의 기적 가운데 우물을 파서 원주민과 가축들에게 처음으로 식수를 공급하게 됐으며, 또한 처음으로 화장실을 세워서 문화인의 모습을 보여주고 있습니다. 계속 사업으로 이 교회에 부속 유치원을 개원해 현재 300여 명의 어린이가 예수를 영접하며 말씀과 찬양을 배우고 있습니다. 청년복음봉사단이 보내준 플라스틱 컵으로 급식을 하고 있지만 거의 영양실조인 이 어린이들에게 옥수수죽만으로는 부족해 앞으로 좀 더 영양분 있는 간식이 필요하다고 생각합니다.

2) 키수무교회 건축

한국여성복음봉사단은 키수무신학교 구내에 두 번째의 키수무교회당을 세웠다. 이것은 1995년 12월 9일 20일 선교지 방문단이 현장에서 5,750달러를 거둬 방문 기념교회를 건축하도록 제의한 데서 비롯됐다.

1996년 1월 기공해서 동년 12월 완공한 키수무교회당은 단층으로 400명을 수용할 수 있는 300평 규모였다. 동년 7월 22일 월례회에서 송금하기로 한 추가 건축비는 1만 7,630달러였다.

건축자재와 공정은 로페로트교회당을 지을 때와 동일하였다. 모래가 문제였다. 빅토리아 호숫가의 개펄에서 모래를 빨아내야 하기에 시간과 힘이 무척 들었으나 다행히 소금기는 없었다. 1996년 8월 1일 보고서에 의하면 "키수무신학교의 교회당은 기초공사를 끝내고 벽 쌓기가 시작됐는데 밤잠을 줄이면서 더위와 모기떼 속에서 건축에 힘쓰는 학생과 원주민들의 모습은 정말 초대교회 바로 그것이었으며 눈물겨웠다"고 보고했다. 아치형 대들보 6개의 벽 사이사이에 설치한 6개의 유리가 없는 창틀은 공기소통과 그 모양이 십상이었다. 내부는 성공회 양식으로 구약시대 지성소처럼 꾸몄다. 교인석에는 40개의 장의자를 놓았는데 이것은 입당 10개월 후인 1997년 10월 7일 임원회에서 헌금한 6,400달러로 들여놓은 것이다. 헌금자는 김신영 이사장(100만 원), 백영희 부단장(100만 원), 이지연 부단장(200만 원)이었다. 그러나 노인들은 의자보다도 바닥에 앉기를 원해 빅토리아 호숫가에서 파피루스(Papyrus) 줄기를 베어다가 엮어 앞자리에 깔아 주었다.

유부웅 선교사는 키수무교회당을 완공한 뒤, "그 옛날 리빙스턴이 선교하던 빅토리아 호숫가에 그림처럼 아름다운 예배당을 지어 입당했다. 교회는 신학교 강당과 지역복음화센터로도 사용될 것이다"라고 알려왔다.

예배는 언어와 부족에 따라 3부제로 했다. 1부는 스와힐리어 예배, 2부는 영어 예배, 3부는 루오어 예배로 하고 저녁예배는 부흥회 형식인데 다소 소란한 분위기였다. 1999년 집계에 의하면 교인 수는 2,000여 명이었다.

명칭은 ① "키수무교회" 외에 ② "1984-1996 유부웅 목사 선교 기념교회"와 ③ "한국여성복음봉사단 방문 기념교회"라는 별칭을 갖고 있는데, 실제로 붙여진 동판 표지물에는 다음과 같이 영문으로 새겨져 있다.

"Kisumu Bible College Chapel Dedicated Korean Evengelical Woman Association 1997. 12."

한편 키수무교회당 입당과 함께 키수무신학교에 있던 유치원을 이전해 왔다. 유치원은 1990년 9월 1일 신학교 식당에 개설해 불편이 이만저만이 아니었는데 그 후 월요일부터 금요일까지 교회당을 마음껏 쓸 수 있었다. 복음봉사단은 교사 2명의 봉급(월 50달러)과 원아들의 간식비(월 200달러) 그리고 교재비 등을 지원했다. 원아는 3세로부터 7세까지 나이로, 그들에게 유치원복까지 제공했다.

3) 카피스교회 건축

한국여성복음봉사단은 투르카나 사막의 로키차 지역에 세 번째 카피스교회당을 세우기로 하고 건축 중에 있다.

1997년 2월 7일 세 번째 교회당의 대지 매입에 관한 이사회를 하는 자리에 노인성 선교부 차장이 특별헌금을 하겠다는 뜻을 전했다. 그는 정성껏 모은 600만 원을 내놓았다. 그래서 로페로트에서 100km 떨어진 또 다른 부족이 사는 로키차란 곳에 1997년 12월 대지 6,000평을 매입했다. 이곳은 1995년 1월 5일 성서 번역자 이사야가 지역선교센터를 개설한 연고지이기도 했다.

아프리카선교개발연구원장이자 한국여성복음봉사단 협동 선교사가 된 유부웅 선교사의 이에 관한 보고는 다음과 같다.

로카챠 지역에 한국여성복음봉사단의 교회를 세우려고 결정하신 뜻을 따라 교회부지 6,000평을 구입했으며 이곳에도 아름다운 교회가 건축될 것으로 믿고 기도하고 있습니다. 그리고 보내주신 장학금으로 신학교에서 공부하고 있는 믿음이 좋고 건강한 추장의 아들 싸이몬은 감사한 마음으로 열심히 공부하고 있습니다.

1998년 1월 기공 예배를 드리고 400평짜리 교회당을 짓기 시작했다. 건축 공법과 자재는 키수무교회당과 같은데 물이 없어서 비가 내리기를 기다려야 하기 때문에 공사 일정은 예측할 수 없었다. 같은 해 3월 7일 임원회는 6월 말까지 건축비 1만 달러를 요청받아 어렵지 않게 만들어 보낸 뒤 7월 11일 "시멘트 블록 만들기가 잘 진행 중"이라는 보고를 접수했다.

1999년 7월 5일 대지 대금을 냈던 노인성 선교부 차장이 또다시 건축비를 헌금했다. 그가 카피스교회당을 위해 헌금한 액수는 총 2,100만 원이었다.

복음봉사단이 세운 세 교회의 헌당을 위해 카피스교회당이 준공되는 2000년 8월 방문단이 선교지 케냐를 찾을 것으로 예정하고 있다. 다음은 다시 키수무신학교를 기점으로 100km 위치인 엘도레트를 시작으로 계속 교회당이 세워질 것이라 한다.

한편 복음봉사단은 선교사 양성을 위한 장학제도의 확대방안으로 장학기금을 별도계정하고 키수무신학교에서 15분 거리에 있는 성 바울연합신학대학에 교재비를 지원하고 있는데 1996년 5월 7일 임원회에서 김신영 이사장이 50만 원, 월례회에서 100만 원, 1998년 10월 월례회에서 180만 원을 모아 보내기도 했다.

1984년 아프리카 선교를 시작한 한국여성복음봉사단은 복음에 빚진 자의 사명으로 눈물과 기도로 아프리카 선교를 계속해 오고 있습니다.
케냐의 오지 빅토리아호수 근처의 키수무신학교에 기념교회를 건축해 입당했으며 투르카나 사막에 로페로트교회를 완공하기도 했습니다.
그리고 현지 주민들의 간절한 소원에 따라 초등학교를 건축해 500명의 학생들이 처음으로 문자교육을 받고 있습니다. 한편 이 지역에 우물을 파서 원주민과 가축들에게 식수를 공급하고 화장실을 세워 보건교육도 담당하고 있습니다. 로페로트교회 유치원에 는 현재 3백여 명의 어린이들이 교육을 받으면서 복음에 접하고 있습니다.
1999년에는 사막 마을에 복음봉사단의 로키차, 카피스교회를 건축하기 위한 시멘트 벽돌 3,000장도 이미 준비됐습니다. 금년 1월에 기공예배를 드릴 것입니다. 이 지역 목회를 맡고 있는 삼손 아코루 목사로부터 새해 문안 인사와 함께 감사의 편지가 왔습니다. 복음봉사단이 건축한 로페로트교회 신학생 사이몬은 주말마다 고향교회를 방문하고 열심히 목회를 하고 있습니다. 장학금과 목회비를 도와주신 데 대해 깊이 감사하고 있습니다.
삼손 아코루 목사는 2000년도에 본부 교회에서 70km 떨어진 로코리에 다시 교회를 건축할 계획서를 보내왔습니다. 하나님의 복음은 이 시간도 아프리카 킬리만자로산에서 빅토리아호수를 거쳐 투르카나 사막에 이르기까지 쉬지 않고 역사하고 계십니다. 2000년도에 투르카나 사막에 세워질 미혼모기술훈련원과 진료소 사역이 완성될 수 있도록 간절히 기도하고 있습니다. 1999년에도 복음봉사단의 선교사역에 새로운 능력이 나타나도록 기도하겠습니다.

10. 창단 30주년 기념 예배

한국여성복음봉사단 창단 30주년 기념 예배가 1999년 11월 11일 오전 11시 연동교회 소예배실에서 거행됐다.

예배의 순서는 백영희 부단장의 사회로 찬송(460장), 김민옥 증경단장의 기도, 수산나성가대의 찬양, 강동수 목사의 성경봉독(전 3:11-15)과 설교 ("인생을 아름답게") 그리고 이지연 단장의 기념사와 단원선서(일동), 경과보 고(서기), 찬송(268장), 주기도의 순서로 경건하게 드렸다. 참석자는 59명이 었다.

강동수 목사는 설교에서 "귀하고 값진 인생을 아름답게 살기 바라며 하나님께서 허락하신 삶을 아름답고 즐겁고 보람되게 살 때 비로소 삶의 진정한 의미를 발견할 수 있고 후회 없는 인생을 살 수 있을 것이다"라고 설교했다. 이지연 단장의 기념사는 다음과 같다.

예수님을 사랑하고 섬기며 복음의 빚진 자로서의 사명을 감당하고 주님의 지상명령인 사마리아와 땅끝까지 복음을 전하기 위해 모인 한국여성복음봉 사단의 창단을 맞이해서 기념 예배를 드리게 됨을 감사합니다.

그동안 하나님의 크신 축복과 은혜로 귀한 열매를 맺을 수 있도록 지켜 주심을 감사드립니다. 또 우리들에게 이 귀한 사역에 동참할 수 있도록 기회를 주심도 감사합니다.

여러분의 뜨거운 기도와 정성 어린 헌금으로 먼 이웃인 아프리카사막에 교회와 유치원, 초등학교가 세워져 창조주 하나님과 세상의 학문을 함께 배우도록 허락해 주시고, 또 로키차의 카피스교회당도 아름답게 마무리지어 하나님께 봉헌될 수 있기를 간구합니다.

늘 변함없는 기도와 최선을 다한 헌금으로 도와주시는 국내외 분 단원 여러 분께 진심으로 감사드리며 하나님의 은총과 평강 이 항상 함께하시기를 기도하면서 인사 말씀을 드립니다.

예배를 마치고 월례회를 가진 뒤 참석자 모두에게 임원들이 준비한 기념품(장 보자기)을 나누어 주고 이현정 회계가 제공한 점심을 함께 했다.

11. 『한국여성복음봉사단 30년사』 발간 결의

1998년 5월 6일 임원회에서 『한국여성복음봉사단 30년사』를 발간하기로 결의했다. 집필자는 연동교회 고춘섭 장로로 결정했다. 1998년 12월 2일 이지연 단장과 필자는 『한국여성복음봉사단 30년사』 편찬에 관한 약정서에 서명했다. 그 내용은 창단 30주년 기념 예배까지 모두 수록하기로 하고 ① 규격: 신국판, ② 쪽수: 204쪽(화보 24, 본문 180), ③ 원고: 700매(200자 원고지), ④ 발간: 1999년 12월 25일로 합의했다. 그리고 복음봉사단은 월례회록, 정기총회 보고서, 행사 순서지, 간행물, 일지, 서류 및 사진을 제공하고 관계자의 증언 알선에 협력하기로 했다.

그 후 필자는 자료수집과 자료 분석을 거쳐 집필에 들어갔다. 자료 가운데 '정기총회 보고서'와 신의경 이사장의 '비망록'(1971~1982) 2권은 주요자료로서 그것을 골간으로 역사를 재현해나갔다. 다행히 창단위원 가운데 김수길 권사와 김민옥 장로의 증언이 크게 보탬이 됐고 박문희 권사 등 여러 임원의 협조로 기록이 없는 부분 얼마를 메꿀 수 있었으며 시종 격려와 위로를 받았다.

특별한 것은 집필 관점으로 하나님께서 한국여성복음봉사단을 30년 동안 어떻게 섭리하시고 무엇으로 영광을 받으셨는가에 초점을 두고 그 은혜의 역사를 객관적이고 생동적으로 그리고 재미있게 구성하고 서술하는 데 최선을 다했다.

1999년 12월 4일 원고지 807매를 탈고해 제출했다. 이보다 앞서 1986년 12월 28일 『한국여성복음봉사단 약사』가 출간됐다. 김민옥 단장의 수고와 임원들의 노력으로 만들어졌는데 원고 작성은 주로 신의경 이사장이 담당했다. 국판(15×21cm) 크기에 쪽수는 65쪽으로 구성은 연월일 순서에 따른 개조식으로 주로 정기총회 보고서를 참고로 했으며 100부를 발행했는데, 인쇄비를 신의경 이사장이 10만 원, 김민옥 단장이 5만 원을 부담했다.

제4장

확충기

: 아프리카와 아시아 선교로 나아가다

1. 아프리카 케냐 선교

1) 로페로트교회

한국여성복음봉사단(이하 복음봉사단)이 케냐의 투르카나 사막에 150만 명 이상의 원시부족 유목민을 대상으로 첫 번째 세운 교회가 로페로트교회이다.

1995년 8월 건축비 2만 5,000달러를 들여 300명 이상의 교인을 수용할 수 있는 200평 규모의 교회를 착공하고 12월 8일부터 21일까지 김신영 이사장과 함유순 단장 외 16명의 단원(비단원 포함)이 처음으로 선교지 케냐를 방문해 건축현장을 둘러보았다. 그리고 1년 4개월 만인 1996년 12월 완공해 어른과 아이 500여 명 인파가 모여 예배를 드리기 시작했다.

삼손 아코루 목사를 시작으로 지금까지 세 전도사가 목회한 전도사 명단은 다음과 같다.

제1대	삼손 아 코 루(58년생)	1997~1999
제2대	비시 시 이 먼(75년생)	1999~2001
제3대	필립 에 신 네(76년생)	2001~2002
제4대	요셉 에키투이(78년생)	2002~현재

복음봉사단은 삼손 아코루 목사와 그 장남과 그리고 세 전도사에게 학비와 목회비를 연간 평균 100만 원씩을 보조했다. 비시 사이먼 전도사는 추장의 아들로 지금 카소로이교회에서 시무하며 필립 에신네 전도사는 신암교회에서 설립한 카이눅교회로 전임해갔다.

1997년 1월 15일 복음봉사단은 로페로트교회 부설 유치원과 초등학교 교사건축을 수락했다. 그리고 5월 7일 건축비 4,000달러를 송금해 두 건물을 동시에 착공한 뒤 7개월만인 12월 완공했다. 교사 건축비는 총 2만 5,000달러가 투입됐다. 초등학교의 경우 교실 4동, 교무실 1동이고 교사 14명, 학생 150명으로 그 이름을 카라파트 초등학교(Kalapatc Primary)라 붙였다. 유치원은 300명을 수용하는 큰 집단체제로 급식비와 교사들 봉급까지 담당했다.

1996년 7월 식수 공급을 위해 교회 구내에 우물을 파고 초등학교에 화장실을 설치했다. 화장실의 경우 땅을 파고 그 위에 두 개의 나무토막을 걸쳐 놓은 비록 수세식은 아닐지라도 아프리카 사막에 최초의 화장실이다.

로페로트교회의 특징은 초대교회답게 열심이고 믿음이 충만했다. 그리고 상부상조하고 사랑하며 서로 돕는다. 대신 정부의 손길이 미치지 못하는 열악한 곳이어서 영양실조의 사람들과 각종 질병으로 신음하는 환자들이 많다. 특별히 벙어리와 절름발이와 소경 등 특수한 장애인이 있어서 어느 교회보다 기도가 끊이지 않고 뜨거웠다.

복음봉사단은 2000년도에 유부웅 선교사를 통해 세인트폴대학교 신학생 교과서 대금으로 400권 가격으로 320만 원을 전달했다.

로페로트교회는 현재 초등학교 학생 600명, 주일학교 학생 200명, 유치원 원생 200명, 이 모든 어린이는 하나같이 사막의 이곳저곳에 흩어져 살고 있는데 어느 어린이는 100리 밖에서 온다. 그래서 학교나 교회에서 먹고 자고 하는 어린이가 늘어 가장 시급한 것이 기숙사이다.

초등학교에는 교장과 7명의 교사가 있는데, 의무 교육을 실시하지 못하고 있으나 정부에서 교사들의 봉급은 보내오고 있다. 교과과정은 국어(스와힐리어), 영어, 산수, 자연, 음악, 미술, 체육 등이다. 유치원은 영어와 부족어를 비롯해 노래와 율동을 가르친다. 놀이기구는 전혀 없고 유부웅 선교사가 케냐에 갈 때마다 축구공, 배구공, 탬버린, 줄넘기, 북, 챙챙이 등을 가져가는 것이 전부이다. 그 밖에 때에 따라 종이접기 크레용, 볼펜, 연필 등을 가져가는 특별한 경우도 있다. 교육용어는 공용어인 영어, 스와힐리어, 부족어인데 유부웅 선교사는 대학에서 영어로 강의했다.

2000년부터 2004년까지 복음봉사단에서 로페로트 유치원과 로페로트 초등학교에 보조한 지원 액수는 연간 3,600달러씩, 합계 7,200달러(평균 840만 원)로 5년간 총액은 3만 6,000달러(약 4,200만 원)이었다.

로페로트 지역은 특별히 교회와 초등학교 및 유치원을 중심으로 활발한 공동체가 이루어져 있다. 그동안은 온 가족이 떠돌아다니며 가축을 사육하는 유목 생활이었는데 지금은 그중에서 부녀와 아이들이 교회와 교육기관으로 몰려들어 정착하는 거주 생활 형태로 바뀌어 가고 있다.

2005년 3월 21일 복음봉사단 월례회 앞으로 초등학교 교장(후레드 E.)과 전도사(요셉 에키투이) 그리고 유치원 교사(에우니스) 세 사람이 보내온 서신 내용은 다음과 같다.

> 한국여성복음봉사단 귀하
>
> 투르카나 로페로트 초등학교와 유치원을 대표해서 복음봉사단 여러분께 따뜻한 문안과 인사를 드립니다. 새해를 맞이해 여러분께 축복된 한

해가 되기를 바랍니다.

우리는 오늘 유부웅 목사께서 다시 방문해 주셔서 대단히 기쁘게 생각합니다. 목사님은 초등학교 학생들의 급식을 위해 옥수수를 가지고 오셨으며 전도사님과 유치원 선생님의 급여를 주셨습니다. 또한 탬버린, 공, 연필 그리고 말라리아 예방약을 주셨습니다. 우리에게 이렇게 귀한 선물을 주신 데 대해 감사드립니다.

앞으로 언젠가 뵈옵게 되기를 기대하며 하나님의 축복이 가득하시기를 기도합니다.

2005년 1월 19일

로페로트초등학교 교장 프레드 에키페라

로페로트교회 전도사 으세 에키투이

로페로트유치원 교사 에우니스

2) 키수무교회

한국여성복음봉사단이 케냐에 두 번째로 세운 교회가 키수무교회이다. 케냐의 서부지역 중심지에 위치한 키수무(Kisumu)는 나이로비보다 더 더운 곳이지만 습기가 별로 없어서 한국의 여름과는 다르다. 1995년 12월 8일부터 21일까지 13박 14일 김신영 이사장과 함유순 단장 등 18명의 선교지 방문단이 빅토리아 호숫가에 위치한 키수무신학교를 방문해 감사예배를 드리고 그곳에 '한국여성복음봉사단 방문 기념교회'를 설립하기로 합의한 데서 키수무교회가 비롯됐다. 방문단 거의 전원이 앞을 다투어 건축비를 털어낸 총액수는 1만 7,633달러였다.

키수무신학교는 성공회 계통의 교육기관으로 신학생 40명, 유치원생 10

0명이 재적해 있었고 미혼모직업훈련원과 기술학교를 병설 운영하고 있었다. 1996년 1월 1일 기공해서 동년 12월 완공한 키수무교회당은 400명을 수용할 수 있는 300평 규모였다. 유부웅 선교사는 키수무교회당이 준공된 뒤 "그 옛날 리빙스턴이 선교하던 빅토리아 호숫가에 그림처럼 아름다운 예배당을 지어 입당했으며 교회당은 신학교 강당과 지역복음화센터로 사용될 것이다"라고 알려왔다. 키수무교회당 입당과 함께 키수무신학교에 있던 유치원을 새 교회당으로 이전해 왔다. 3세로부터 7세까지의 어린이를 보육하는 유치원은 1990년 9월 1일 신학교 식당에 개설해 불편했었는데 교회당을 짓고는 월요일부터 금요일까지 교육공간을 마음껏 사용할 수 있게 됐다. 복음봉사단은 교사 2명의 봉급(월 100달러)과 원아들의 간식비(월 200달러) 그리고 교재비 등을 지원했으나 그 후 성공회에서 모든 경비를 부담해 복음봉사단에서는 교역자 양성에만 치중했다.

2000년부터 2004년까지 키수무교회 전도사인 폴 오티에노에게 센인트폴대학교 학비를 매년 3,000달러씩 연간 총 1,800달러를 지급했다. 2004년 7월 세인트폴대학교 신학부를 졸업한 그는 지금 키수무신학교의 후신인 키수무선교대학교 교무 및 교수로 있으면서 키수무교회 담임목사로 시무하고 있다. 키수무교회는 주중에 키수무선교대학교 강당 및 예배당으로, 주일에는 지역사회의 예배당으로 사용되고 있다.

3) 카피스교회

로페로트교회에서 1km 떨어진 투르카나 사막의 북부 중심지 로키차 지역에 자리 잡은 카피스는 그 명칭이 시장(市場)이란 뜻으로 물자와 사람이 모여드는 요충지이다. 한 주일에 한 차례씩 열리는 이곳에서 물물교환이 이

카피스교회 헌당식

루어지고 가축 시장이 형성되는데 주요 가축은 염소, 당나귀, 소, 낙타 등이다.

1997년 2월 노인성 선교부 차장이 2차에 걸쳐 2,100만 원을 헌금해 선교 최적지인 이 지역에 동년 12월 대지 6,000평을 매입하고 복음봉사단의 세 번째로 가장 큰 카피스교회당을 세울 수 있었다. 그 이듬해 1월 400평 규모로 기공 예배를 드리고 순조롭게 건축 일정이 진행됐는데 1미터 정도의 기초를 파서 철근과 돌과 시멘트를 넣어 다진 뒤 시멘트 블록을 쌓고 A자형 서까래 위에 코팅한 함석을 올리는 공법과 재료는 로페로트교회당이나 키수무교회당과 같았다. 카피스교회당 건축비는 총 3만 달러가 들어갔다.

2000년 5월 복음봉사단은 카피스교회당에 강대상 및 강단 의자와 55개의 장의자를 들여놓기 위한 특별헌금을 실시해 436만 원을 모았다. 강단 의자에는 특별헌금한 분들의 이름을 아크릴판(가로 5cm, 세로 2cm)에 새겨 붙였다. 그리고 2001년 3월 19일 월례회에서 지붕 재공사비 450만 원을 보내기로 하고 7월 12일 헌당식을 거행했다. 이때 네 번째로 세우는 카공구교회당 기공식도 있어서 10일부터 19일까지 케냐를 방문한 단원은 김신영 이사장을 비롯해 이지연 단장, 박문희 부단장, 김명자 서기 외 3명이고 휴대한 물품은 성찬기(1조), 현수막(2장), 기념타올(500장), (1,008개), 벽시계(2

케냐 선교지 주일학교
어린이들

개), 손목시계(20개), 축구공(5개), 의류(1,000점) 등 시가 128만 5,000원어
치였다. 헌당식은 교구 당회장 삼손 아코루 목사와 카피스교회의 존 아리코
전도사를 위시해 로페로트교회의 비시 사이먼 전도사도 참석하고 어른과
아이들 500여 명이 교회당을 가득 메운 가운데 유부웅 선교사의 집례로 성
대히 거행했다. 복음봉사단 일행과 함께 갔던 서울노회여전도회 합창단의
축하 찬양에 이어 카피스교회 교인들의 즉흥 찬양 때 축제 분위기는 최고조
에 달했고 그 감격은 박수로, 포옹으로 표출됐다. 아프리카에서는 부족마다
춤과 노래가 다른 특징을 가지고 있는데 천성적으로 타고난 그 소질이 대단
하다. 거기에 곁들이는 악기는 북으로서 예배시간에 북으로 찬송가의 장단
을 맞추기도 한다. 그들 부족(50여 부족) 가운데 용맹하기로 유명한 마사이
인들은 귀를 엿가락 꼬듯이 꼬아 늘이고 있다. 그 가락이 길면 길수록 자랑
거리이며 귓불에 큰 구멍도 뚫는다.

　2002년 12월 10~21일 이지연 부이사장과 김명자 서기, 김희경 부서기,
박연희 회계, 김현숙 부회계 등 5명이 카공구교회당 헌당식에 참석하기 위
해 케냐에 갔다. 이때 카피스교회를 돌아본 이지연 부이사장의 보고 내용은
다음과 같다.

새벽 5시에 아름다운 새벽 별을 바라보고 감탄하며 투르카나를 향해 출발했
으나 길이 비포장이라 예정시간보다 1시간 늦게 도착했다. 카피스교회에는
아이들과 어른이 가득 모여 있었다. 로페로트교회 전도사와 교사들까지 와
있어서 예배 후 선물을 골고루 나누어 주었다. 새로 만들어 가지고 간 현지어
성경책은 지도자들에게만 돌아갔다. 교회당 옆에 세워진 학교는 교실 5개가
창틀까지 끼어 있는 상태로 우리 일행은 한 교실에 들어가서 감사와 감격의
기도를 드렸다(제34회 정기총회 보고서: 2003. 1. 20.).

2000년 3월 7일 임원회는 투르카나에서 한국의 아세아연합신학대학교
에 유학한 필립 아지크 목사에게 월 60만 원의 학비를 보조하기로 했다. 그
는 2년 반 동안 복음봉사단이 베푼 물심양면의 도움으로 2001년 6월 박사학
위를 취득하고 지금 키수무 선교대학교 교수로 재직 중이다. 2000년 10월
7일 이사회는 투르카나 지역의 선교지원을 확대하기 위해 케냐인 선교사를
목회자로 양성하기로 하고 현지인 전도사를 신학교에서 수업을 받도록 장
학금을 보내기 시작했다. 2001년의 경우 요셉 에키투이 전도사 및 존 아부
쿠투 전도사와 모세 에렝 전도사에게도 학비를 지원하고 2002년에는 세 전
도사 외에 폴 오티에노 목사를 추가했다. 학비는 복음봉사단 장학기금에서
발생하는 이자 수입으로 충당했다.

카피스교회의 담당 교역자는 존 아리코 전도사에 이어 2002년 1월부터
존 아부쿠투(John Abukut) 전도사가 부임했는데 복음봉사단은 2000년 존
아리코 전도사에게 1,000달러, 케냐장로교 신학교에 재학 중인 존 아부쿠투
전도사에게 800달러의 목회비 및 장학금을 지급했다.

한편 복음봉사단에서 세운 로페로트, 카피스, 카공구 세 교회를 담당하
기 위해 삼손 아코루 목사에 이어 제2대 교구 당회장으로 엘도레트 장로교

신학교 출신인 잭슨 나페티(Jackson Iryko N.: 68년생) 목사가 2003년 1월 부임해 시무하고 있다. 그는 복음봉사단의 세 교회를 순회하며 설교하고 세례를 주는데 그에 못지않게 보좌하는 담당 전도사들도 목사만큼 설교와 교회 관리에 뒤지지 않고 있다.

(1) 카피스초등학교

2001년 12월 17일 월례회에서 카피스교회 부설 초등학교를 세우기로 만장일치 가결했다. 케냐에는 의무교육 제도가 없어서 초등학교 교육의 혜택을 받지 못하는 아동들의 수가 절대다수이다. 2002년 5월 7일 임원회에서 카피스초등학교 부지 3에이커(4,500평) 매입비 3,000달러를 김신영 이사장이 헌금해 학교설립은 활기를 띠었다. 즉시 건축비 1차분 5,000달러(650만원)를 보내고 6월에 2차분 5,000달러, 11월에 3차분 5,000달러를 송금했다. 총 2만 5,000달러를 보내 건축한 건물은 한 개의 교무실과 네 개의 교실로 각각 30평 크기였다. 바닥은 콘크리트이고 창문은 유리가 없는 창틀로 그 용도는 통풍과 채광을 받아들이는 역할뿐이었다. 칠판은 정면 벽에 시멘트를 바르고 흑색 칠을 해 분필로 글씨를 쓰도록 되어 있다.

2004년 1월 준공한 카피스초등학교에 기술고등학교(카피스 아카데미)를 세우기로 했다. 초등학교는 오전수업만 하기에 오후 시간을 8학년 초등학교 졸업자에게 기술과정인 목공, 미장, 영농, 목축, 양재를 가르치기 위해 준비 중이며 2006년 개교할 예정이다.

2004년 6월 7일 임원회에서 카피스초등학교에 책걸상을 해 주기로 결의해 동년 12월 유부웅 선교사가 연례 선교 일정에 따라 4개 교실 40개씩 160개의 책걸상 대금 6,400달러와 교무실의 탁자, 책걸상, 책꽂이 대금 1,200달러를 복음봉사단에서 받고 케냐로 떠났다. 케냐에는 흙벽으로 된 교실에서 책걸상도 없는 땅바닥에 앉아서 수입을 받는 학교가 대부분이다. 카피스 초등학교는 아직 개교하지 않고 있으며 지금 거기에서 300여 명의 유치원생이 교실로 이용하고 있다.

2003년 결산서에 나타난 카피스 유치원의 급식비는 3,600달러, 카피스 초등학교의 준공기념 선물비는 133만 9,000원이었다. 같은 해 12월 4일 임시위원회는 카피스초등학교 준공 현수막 10만 원, 대리석 머리글 제작비 300달러를 회비에서 지출하기로 하고 12월 22일 월례회에서 준공에 필요한 기념 타올(500장), 연필(2,000개), 볼펜(300개), 배구공(5개), 축구공(5개), 벽시계(3개), 손목시계(10개) 총 133만 9,000원의 물품 구입비를 지출하기로 의결했다. 그리고 로페로트, 카피스, 카공구 세 교회 유치원생의 단복으로 모자, 브라우스, 티셔츠 1,000벌을 함께 보냈다. 이 단복은 20011년 7월 박문희 단장이 한국 걸스카우트 지원재단에서 8,000여만 원 어치를 기증받은 것으로 대형 트럭 5대 분량을 김신영 이사장 자택 지하창고에 보관했다가 필요한 때 수시로 보내곤 했다.

케냐의 투르카나 사막에 남녀의 구별없이 검은 피부색 한국걸스카우트가 요소요소에 등장하기 시작한 것은 이때부터였다. 그런데 흰 블라우스는 물이 없는 지역이라 세탁을 할 수 없어 처음 보낸 것이 지금 황토색으로 변해 있다. 전임 모이 대통령 때 자기 국민은 거지가 아니라면서 구호물자 들여오는 것을 거부했지만, 복음봉사단이 선교지를 방문할 때마다 수하물 허용량인 1인당 20kg 정도의 의류를 개인적으로 휴대해 가지고 가서 입혀 지금 벌거벗은 현지인은 거의 없는 상태이다.

카피스초등학교 준공식에는 복음봉사단에서 누구도 가지 않고 유부웅 선교사가 현수막을 비롯해 한국걸스카우트 단복을 가지고 가서 2004년 1월 조촐하게 준공식을 거행했다.

2005년 3월 21일 복음봉사단 월례회에 당회장 잭슨 나페티 목사와 존 아부쿠투 전도사는 다음과 같은 서신을 보내왔다.

한국여성복음봉사단 귀하

예수 그리스도의 이름으로 따듯한 문안을 드립니다. 우리는 또다시 투르카나 카피스에서 유부웅 목사님을 만났습니다. 카피스교회 교우들 그리고 청년회 및 부인회와 유치원은 잘 성장하고 있습니다.

유 목사님은 유치원을 위해 옥수수를 주셨고 목사와 전도사 그리고 유치원 선생님의 급여를 주셨습니다. 또한 우리에게 악기와 약을 보내 주신데 대해 감사 드립니다. 곧 카피스아카데미에 교실 의자와 사무용 집기를 갖게 되겠습니다.

즐거운 새해가 되시기 바라며 만나 뵙기를 기다립니다. 하나님의 축복이 함께 하시기를 바랍니다. 그리스도 안에서.

2005년 1월 19일
로페로트교회 당회장 잭슨 나페티
전도사 존 아부쿠투

---

(2) 카소로이 예배처소

1998년부터 카소로이 지역에서 노방전도를 실시해 50여 명이 풀잎으로 움막을 짓고 예배를 드리기 시작했다. 그들은 속히 교회를 지어주기 원하며 자진해서 시멘트를 사서 벽돌을 500장 정도 찍어 놓고 기다리고 있는 실정이었다. 교회당 한 채에 드는 벽돌은 대략 5,000장으로 그 10분의 1인 것이다.

아낙네들이 입고 있는 옷에 돌을 주워 담아 쌓아놓기도 했다. 교회당 건축 때 기초에 쓰기 위한 것이었다. 이곳은 카피스교회를 지나 로페로트교회가는 쪽으로 ㅗ 입구에서 300km 지점이다. 투르카나 사막 가운데 가장 열악한 곳이 이 지방으로 카소로이(Kasoloe)라는 말 자체가 '버려진 땅'이란 뜻이다. 복음봉사단은 이곳에 교회를 세워 달라는 뜻을 이루어 주지 못하고 대신 카공구교회를 세웠다.

2002년 12월 선교지 방문단이 돌아본 가운데 이지연 부이사장은 다음과 같이 보고했다.

카소로이 예배처소는 카피스교회와 자매관계로 카피스와 카공구 사이에서 자생적으로 생긴 개척지이다. 아직 건물도 없고 나무 그늘에서 예배를 드리지만 전도사도 계시고 벽돌도 찍어 놓았다. 우리가 갔을 때 20명 정도가 모여 있어서 기도를 드린 후 선물을 나누어 주었다.

케냐 어린이들의 밥 한 끼 값을 우리나라 돈으로 환산하면 100원 정도가 되며 탈수를 막을 수 있는 지사제(설사약)는 200원, 한 달 치 정규 초등학교 교육비는 1,500원이면 된다.

카소로이 예배처소에는 해를 가리기 위해 가시 나무(Torntree)를 이용한다. 그래서 나무 밑 교회, 혹은 전도소(Mission Station)라 하는데 대충 70명 정도 의지할 수 있다.

태양열 때문에 거의 땅에 엎드려야 한다. 바로 누우면 화상을 입거나 장님이 되기 쉽다. 할 일도 없는 사람은 하루종일 엎드려 산다. 투르카나사막에는 이와 같은 노방 전도소가 7~8개가량 있다. 노방전도를 시작해서 거점이 정해지면 전도소가 되고 전도소가 커지면 예배처소, 그로부터 1~2년 집중하면 교회를 짓게 되는데 2004년 6월 7일 복음봉사단 임원회에서는 카소로이교회를 건축하지 않기로 결의했다. 이미 세워진 교회의 지속적인 부흥과 조직적인 체제가 구축될 때까지 후원해야 하기 때문이었다.

4) 카공구교회

2000년 12월 18일 임시임원회에서 박연희 단원이 2,000만 원을 헌금, 카공구교회 건축을 담당하겠다는 소식이 전해지고 같은 날 월례회에서 케냐의 투르카나 사막에 네 번째로 카공구교회당을 건축하기로 만장일치 결의했다.

2001년 6월 7일 복음봉사단 임원회는 카공구교회 건축비 1만 7,500달러를 지불하기로 결의하고 7월 10일부터 19일까지 카피스교회당 헌당 및 카공구교회당 기공식에 참석하기 위해 김신영 이사장과 이지연 단장, 박문희 부단장, 김명자 서기 외 3명이 출국했다. 7월 15일 카공구 가시나무 밑 현장에서 투르카나 교구 당회장 잭슨 나페티 목사 및 담당 교역자 사무엘 에카레 전도사를 위시해 로페로트교회 및 카피스교회 전도사와 카공구교회의 초청 교인 60여 명이 둥그렇게 둘러선 가운데 유부웅 선교사의 인도로 기공 예배를 드렸다. 이때 동행한 서울여전도회 합창단과 신암교회 장로, 집사도 자리를 함께 했다. 건축계획은 300명을 수용하는 교회당에 유치원과 진료소를 겸용한 건물로 건축양식과 건축자재는 종전과 같은 것이었고 건축비 책정은 2만 달러였다.

사무엘 에카레 전도사가 2000년부터 이 지역에서 노방전도를 실시해 어른 60명, 어린이 100여 명이 모여 있었다. 복음봉사단은 사전에 사무엘 에카레 전도사를 케냐장로교 신학교에 보내 공부하도록 연 2회에 걸쳐 1,600달러(197만 원)를 지급하고 2001년도에 150명 어린이를 위한 급식비 900달러를 보냈다. 2002년 1월부터 모세 에랭그 전도사가 시무했는데 그는 현재 케냐장로교신학교에 다니고 있으며 2005년 7월 졸업 예정이다. 복음봉사단은 그에게 2,000달러 가까운 학비를 계속 보조해 오고 있다.

2005년 3월 18일 월례회에 "카공구에 비가 와서 벽돌을 만들 수 있다"는 반가운 소식이 전해지고 4월 22일 월례회에 유부웅 선교사가 직접 참석해 "건축은 계획대로 잘 진행되고 있다"는 보고가 있었다. 건축비는 턱없이 모자랐으나 김신영 이사장(375만 원)과 김희경 단원 내외(150만 원) 외 6명의 단원이 총 717만 원을 추가로 헌금해 어려움을 넘겼다. 그리고 5월 20일 월례회에서 카공구교회에 강대상 및 교인 장의자를 보내기 위한 특별헌금을 하기로 해 3,970달러를 모아 그 덕분에 유치원 원아들의 급식비와 교사들의 봉급을 순조롭게 보낼 수 있었다. 계속해서 허복순 단원 외 11명의 브리스가 분단 단원들이 교인 장의자 제작비로 115만 원을 헌금하고 개별적으로 성경대, 강단의자(4개)와 머리글 동판을 박연희 단원이, 성찬대(2개)를 고 함유순 단장의 유족과 김현숙 단원이, 교인 장의자(4개)를 김희경 단원이 담당했다.

12월 10일부터 21일까지 11박 12일 동안 카공구교회당 헌당식에 이지연 부이사장과 김명자 서기, 김희경 부서기, 박연희 회계, 김현숙 부회계가 참석했다. 헌당식에 가져간 물품(총 81만 원)은 다음과 같다. 성찬기(2조), 현지어 성경(200권), 볼펜(300개), 연필(2,000개), 축구공(5개), 타올(500장), 손목시계(10개), 벽시계(3개), 2003년 달력 및 의류(150점).

제34회 정기총회 보고서(2003. 1. 20.)에 기재된 이지연 부이사장의 보고서에서 관계사항을 발췌하면 다음과 같다.

12월 10일 8시 인천공항에 모여 수속하는데 짐이 많아 한참 실랑이를 했다. 10시 30분 출발해 두 번 비행기를 갈아탄 후 11일 아침 8시(현지시간) 나이로비공항에 도착하니 유 선교사님께서 마중해 주셨다. 봉고와 지프차에 짐을 신고 1시간 거리에 있는 선교사님 댁에 도착해 간단히 식사했다. 다시 짐을 정리한 후 얇은 옷으로 갈아입고 출발, 오후 6시경 중간 기착지인 숙소에 도착해 휴식을 취했다.

카공구교회는 카피스교회보다 조금 적어도 아담하게 잘 지어졌으며 현판(머리글)도 잘 돼 있었다. 의자는 카피스교회와 같은 것으로 튼튼해 보였으나 설교대와 성찬대가 너무 허술한 것 같았다. 카공구교회는 여신도들이 교양이 있고 신앙도 좋아 헌당식이 질서가 있었으며 유치원 아이들도 교육이 잘 돼 있었다.

정문 위에는 준비해 간 '경축 카공구교회당 헌당 한국여성복음봉사단'이라고 쓰인 한글 현수막이 걸려 있어 눈길을 끌었고 방문 단원 모두에게 감개무량을 안겼다. 입구 오른쪽 벽에는 동판 표지(머리글 50×40cm)에 영문으로 '한국여성복음봉사단에서 세운 함의순 장로 기념교회'라는 내용이 새겨져 있었다. 안으로 들어가니 60평 정도의 교회 정면에 나무로 십자가를 만들어 붙여놓고 비록 콘크리트 바닥이지만 교인들의 장의자가 가지런히 놓여 있었다. 그런데 유리 없는 창살 사이로 바람과 모래가 들이쳤다.

대충 헤아려 150여 명 참석자들은 하나님의 성전을 헌당하는 데 기쁨과 고마움을 감추지 못했으며 예식은 유부웅 선교사의 인도와 말씀으로 질서 있게 진행됐다. 특별히 유치원 어린이들의 찬양은 감동적인 것으로 "한국에서 우리를 도우러 와서 감사하다"는 서술적 내용이었고 전체가 함께 '산테 사나 예수'(감사 감사 예수)를 부를 때는 한마음 한 영혼으로 주님께 영광을 돌리고도 남았다. 준비해 간 헌물을 건축에 공이 큰 사람들과 유치원 교사들에게 상품으로 수여하고 유치원 어린이들에게는 한국걸스카우트 단복을 나누어 주었다.

또한 현지 사정으로 직접 가지 못하는 로페로트교회에 그곳에서 참석한

아프리카 케냐 선교

케냐 카공구교회
건축현장 방문

케냐 카공구교회
영어성경 전달식기념 예배

케냐 카공구교회에
영어성경을 전달하다

요셉 에키투이 전도사에게 교인들의 선물을 전해 주도록 전달했다. 이날 진실로 감사해 하는 여전도회원들의 눈빛은 초롱초롱했고 그중에서 특별히 한 가족 세 자매는 기쁨과 행복이 충만했다. 이 자리에 참석한 김희경 부서기의 소감은 다음과 같다.

> 교회가 아름답고 교인들이 사랑스러웠다. 여전도회원들의 고마워하고 열심히 봉사하는 모습이 오래 기억에 남았다. 아이들의 정연한 자세에 감동을 받았고 많은 남자가 밖에서 도사리고 앉아 있었는데 하루 속히 그들도 예수님을 영접했으면 하고 기대했다.

남자들이 비록 배우지 못해 아무 일거리 없이 무아상태로 도사리고 앉아 있을지라도, 돈이나 물질의 탐욕에 오염되지 않은 자연적인 인간 성품을 지니고 있는 그들이 곧 창조하신 그대로 하나님의 자녀들인 것이다. 선교지 방문단은 현지 대통령을 뽑는 선거 중이어서 카피스교회는 갈 수 있었지만 아쉽게도 로페로트교회와 키수무교회를 방문하지 못했다. 2003년 4월 모이 대통령에 이어 키바키(Kibaki) 대통령이 취임해 오늘에 이르고 있다.

교회를 중심으로 유치원과 초등학교가 병설되고 진료소가 설치되는 것이 일반적인 사례인데 카공구에는 아직 초등학교를 세우지 못하고 있다. 오직 부속실에 진료소를 차려 말라리아 예방약과 소화제를 나누어 주는 형편이다. 세인트폴대학교의 영국인 여의사(데이빗 오사치)가 거느리고 있는 현지인 남자 간호사가 교대로 각 지역의 진료소를 순회하며 봉사하고 있다.

2004년 12월 통계에 의하면 카공구교회의 교인은 150명, 유치원 어린이는 150명 정도로 전체적으로 늘어난 수치이다.

5) 록페두르교회

록페두르교회는 2018년 1월 1일에 완공되었다. 원래 록페두르교회는 15년 전에 아프리카 사막에 나뭇가지를 엮어 세웠던 교회였다. 교인들은 모여 예배를 드리고 있었지만 아직 시설을 갖춘 예배당 건물이 없어서 교회 건축의 필요성이 절실한 상태였다. 박홍순 선교사는 13년간 건물 없이 예배를 드리는 이 지역에 교회 신축이 필요하다는 것을 복음봉사단에 알려왔다.

록페두르 지역은 인구 1,500명의 마을로 어린이 250명, 성인 성도 320명이 모이고 있었다. 종교 건축은 천주교회 성당이 하나 있을 뿐이었다. 그러던 것이 2018년 새로이 건축하기로 하였고 이에 호응하여 복음봉사단에서 건축비를 후원하였고, 8월에 완공에 이르렀다. 건물은 케냐 투르카나부족 록페두르 마을에 설립되었다.

건물 규모는 길이 20m 폭 9m였고, 두 개의 사무실을 보유하고 있었다. 공사는 2018년 3월 10일부터 7월 25일까지 122일간에 걸쳐서 이루어졌다. 건축비는 모두 4만 3,000달러였다. 그중 순수 건축비가 4만 달러 음향 기기에 1,500달러 봉헌예배에 1,500달러를 배정하였다. 이 교회가 건축됨으로써 얼기설기 엮은 나뭇가지로 지붕과 벽을 이은 교회는 아담한 현대식 교회로 바뀌었고 교인들은 감사와 기쁨 가운데 신축 예배당에서 예배를 드리게 되었다.

복음봉사단은 2019년 현재 케냐 투루카나 나코린야 마을에 새로운 예배당 건축을 구상하고 있다. 나코린야 마을의 교회도 수십 년 전에 건축되어 포화상태가 되었고 교인들은 나무 그늘에서 예배를 드리는 중이었다.

마을 인구는 2,000명 정도이며 어린이 200명과 성인 400명이 교회에 출석하고 있다. 건축 규모는 가로 20m 세로 9m이고 사무실 2개를 배치할 예정이다. 건축 경비는 모두 40,100달러로 예상했다.

이 록페두르교회는 한국여성복음봉사단의 단원은 아니지만 오랫동안 신의경 권사를 존경하고 있었던 박영순 씨의 헌금으로 지어진 교회였다. 박영순 씨는 젊은 시절에 신의경 권사를 만났고 그때마다 신의경 권사는 하나님의 말씀을 가르쳐 주었고 인생에서 필요한 교훈과 특히 의로운 삶을 강조하였고 그것이 박영숙 씨의 기억에 오래 아로새겨 있었다. 박영순 씨는 신의경 이사장 기념교회를 건축하는 기금으로 한화 4,500만 원을 한국여성복음봉사단에 기탁하였다. 그래서 록페두르교회가 건축되고 난 후 교회 현판에 문구를 적어 넣었다.

한국여성복음봉사단 신의경 이사장을 추모하며 - 박영순
The Korea Women's Evangelistic Services
to Commemorate Chairman Shin Eui Kyung
Dedicated by Park Young Soon

6) 나코린야교회

케냐 나코린야교회는 투루카나 부족마을에 나코린야 마을에 설립된 교회였다. 교회는 연동교회의 김재실 권사가 건축기금 5,000만 원을 헌금하여 건축되었다. 건축은 2019년 3월 10일에 착공하여 122일간의 공사 끝에 7월 25일 완공하였다.

건축 규모는 길이 20m 폭이 9m이고 목사 사무실과 일반 사무실 등 두 개를 마련하였다. 박홍순 선교사는 새 교회 건물에서 찬양하는 아프리카 교우들의 사진과 함께 감사의 인사를 보내 왔다. 이 건축이 구원의 방주가 되고 건축기금을 보내준 한국여성복음봉사단과 김재실 집사를 축복하는 글이 있다. 교회 현판에는 다음과 같이 기록되어 있다.

> 김재실 집사의 봉헌으로 건축하다.
> The Korea Women's evangelic Services
> Dedicated by Kim Jae Sil Kim Ung Sun

(1) 유부웅 선교사

유부웅 선교사는 1984년 7월 케냐로 파송된 이래 지금까지 20년간 복음봉사단 협동 선교사로 네 곳에 개척교회를 세워 그 열매를 맺고 있었다.

유 선교사는 근래에 케냐에 갈 때마다 복음봉사단으로부터 교구 당회장 목회비와 전도사 학비를 비롯해 유치원 급식비 및 교사 봉급 등 선교비를 지급받아 가지고 간다. 그중에 옥수수는 투르카나사막에 들어가기 전 '키타리'라고 하는 옥수수 저장도시에서 구입해 보통 100에서 200가마를 트럭에 싣고 투르카나까지 350킬로미터를 달려간다. 트럭 운임비는 왕복 500달러이다. 말라리아 예방약은 나이로비에 있는 가톨릭메디칼재단에서 구입해 지참한다. 2004년 12월 21일 두 달 예정으로 케냐에 갈 때 복음봉사단에서 지출한 2005년도 전반기(1~6월) 선교비는 목회비 및 전도사 학비 2,500달러, 유치원 급식비 및 교사봉급 4,800달러, 교실 교구비 및 비품비 2,200달러, 도합 9,500달러였다.

(2) 투르카나어 성경

2002년 5월 7일 임원회에서 유부웅 선교사로부터 "교회에 성경이 없다"는 투르카나 현지어 성경책의 필요성을 듣고 이를 논의한 뒤 11월 11일 임시임원회에서 성경책 구입을 결의했다. 케냐성서공회에서 투르카나어 성경을 번역하는데 선교사가 참여해 만든 이 성경책(600쪽)은 케냐 전교인을 상대로 2001년 1월 1,500부를 발행했으며 권당 가격은 10달러였다.

복음봉사단은 우선 200부를 목표하고 이에 관한 헌금을 실시해서 미국 달라스 중앙감리교회 다비다선교회(박연실 권사)에서 보내온 600달러와 이지연 부이사장 및 이현정 부단장이 각각 50만 원, 그 밖에 34명의 단원이 많게는 10만 원 이상을, 적게는 1만 원을 내서 총 274만여 원을 모아 200권 대금 2,000달러를 2003년 전반기 선교비를 보낼 때 포함시켰다.

이 성경책은 카공구교회 헌당을 계기로 제일 먼저 카공구교회 교역자들에게 돌아갔고 나머지는 로페로트교회, 카피스교회 교역자들에게 나누어 주었는데 앞으로 더 필요한 실정이다.

2004년 5월 7일 임원회에서 아프리카 케냐 선교는 재정지원 요청하는 비품만 돕기로 하고 6월 7일 카피스초등학교에 책걸상을 해 주기로 했으며 2005년부터 2006년까지 전·후반기 24개월분으로 유부웅 선교사가 복음봉사단에서 지급받아 현지로 가지고 간 선교비는 총 4만 3,800달러로서 그 명세는 다음과 같다.

케냐 투르카나 지역 교역자 장학금 및 목회비(달러)

교역자	교회	금액	비고
존아부쿠투	카피스	1,700달러	2005년 졸업
모세에 랭	카공구	1,700달러	2005년 졸업
요셉에키투이	로페로트	1,200달러	2005년 졸업
잭슨 나페티 당회장		2,400달러	
계		7,000달러	

2006년 10월 11일 복음봉사단 이사회(11명)는 케냐 투르카나 지역 세 교회 및 초등학교와 유치원의 재정지원을 마감하기로 만장일치 결의했다.

22년 만에 자립할 수 있는 기회를 주되 계속 관심과 기도로 후원한다는 여운을 남겼다. 그러나 이미 동년 2월 처음으로 케냐와 맺어준 아세아연합신학대학교 한철하 박사 및 동 대학 아프리카선교위원회와 이 문제를 검토하고 8월 7일 이지연 이사장 외 10명의 임원이 또 다른 선교지역인 베트남을 시찰하고 돌아온 뒤였다.

유치원 원아 급식비 및 교사 봉급

카피스	(원아 200명×1달러) + (교사 2명×50달러×24개월)	7,200달러
카공구	(원아 150명×1달러) + (교사 2명×50달러×24개월)	6,000달러
로페로트	(원아 150명×1달러) + (교사 2명×50달러×24개월)	6,000달러
계		19,200달러
기타	카피스 초등학교 시설비 및 비품비	17,600달러
총계		43,800달러

10월 11일 이사회는 유부웅 선교사에게 이 사실을 통보하기로 해서 보낸 서신은 다음과 같다.

> 유부웅 선교사님 귀하
>
> 주님의 은총이 목사님과 가정에 충만하시기를 기원합니다.
>
> 목사님께서 한국여성복음봉사단과 인연을 맺으신 지 1984년 이래 어느덧 22년의 세월이 흘렀습니다. 아프리카 불모지 케냐에 교회를 세워 복음과 교육을 위해 헌신하신 공로를 치하드리며 하나님께서 영광 홀로 받으신 줄 믿습니다.
>
> 다름 아니오라, 한국여성복음봉사단의 선교 방향이 케냐에서 몽골 및 베트남으로 이전됨에 따라 지난 10월 이사회와 임원회에서 케냐의 선교를 중단하기로 결의했습니다. 카피스교회, 카공구교회, 로페로트교회를 위

해 계속 관심을 갖고 기도할 것입니다. 그동안 수고하신 사역에 대해 다시 감사드리며 내내 건투하시기를 바랍니다.

2006년 10월 23일
한국여성복음봉사단 이사장 이지연

(3) 케냐 교회당 증축과 전도사 사역비

2011년 6월 7일 임원회에 케냐에서 사역하고 있는 박흥순 선교사와 그 부인 윤선기 선교사를 초청해 복음봉사단이 개척한 세 교회의 현지 상황을 사진과 함께 보고 받았다. 그들은 투르카나사막의 노고리 지역에서 10여 년 동안 사역하고 있는 선교사로 2006년 10월 복음봉사단이 유부웅 선교사와 결별한 이후 단절된 로페로트교회, 카피스교회, 카공구교회의 실태조사를 의뢰한 바 있었다. 그런데 사진과 함께 설명된 보고에 의하면 세 교회당에서 주일예배는 계속되고 있으나 로페로트교회와 카공구교회는 건물이 많이 훼손된 상태이고 다행히 교회들은 각각 현지인 전도사들에 의해 잘 운영되고 있다는 것이었다. 그중 카피스교회는 비교적 교인이 많은 곳에 위치하고 있어 유지하는 데 어려움이 없다고 했다.

이날 임원회에서는 로페로트교회와 카공구교회는 박흥순 선교사와 협의해 우선 급한 것부터 수리하기로 하고 로페로트교회의 제임스 에모이트 전도사와 카공구교회의 죠셉 로무리아 전도사에게 사역비로 매월 50달러씩 보조하기로 결의했다. 이를 위해 로페로트교회는 이지연 이사장이, 카공구교회는 박연희 단장이 각각 2011년 말까지 사역비를 부담하기로 했다.

동년 7월 18일 임시임원회에서 박연희 단장은 카공구교회당의 수리가 시급한 상황인 것을 보고하고 고 함의순 장로와 박연희 단장의 딸(함혜리)이

수리비로 미화 3,000달러를 헌금했다는 사실을 밝혔다. 이에 따라 임원회는 본단에서 5,000달러를 지불해 총 8,000달러를 때마침 서울에 체류 중인 박홍순 선교사에게 전달해 수리하도록 요청할 것을 결의했다. 그 후 수리비 견적과 8,000달러 및 전도사 사역비 영수증은 e-mail로 보내와 본단 사무실에서 접수했다.

2001년 9월 28일 연동교회 다사랑 세미나실에서 이지연 이사장 외 8인의 이사 그리고 두 고문(강동수 목사, 고춘섭 장로)이 모여 이사회를 개최했다. 먼저 두 고문의 복음봉사단 개선 및 평가 등에 관한 건설적인 조언이 있은 후 케냐 두 교회당과 전도사 사역비 지원을 재확인했다.

2. 아프리카 우간다 선교

케냐에 인접한 동아프리카 내륙의 우간다(Uganda)는 한반도 두 배 이상의 크기이나 인구는 1,500만 명, 수도는 캄팔라로 오랜 영국의 식민지 지배를 받았기 때문에 영어는 능통하지만 교육을 받지 못한 국민들은 20여 가지 이상의 부족어를 사용하고 있다. 1962년 독립해 우리나라와 대사급 외교 관계를 맺기 시작했는데 50여 부족의 대립과 아민 대통령의 폭정으로 군사혁명이 거듭되는 정국하에서 국민은 불안과 가난과 에이즈에 시달리고 있다. 기독교인은 천주교 50%와 개신교 30%인데 일부다처와 이슬람교의 팽창이 치닫고 있다.

한국여성복음봉사단은 이 새로운 선교지 우간다에 '자국민이 자국민에게 복음을 전한다'는 선교방침 아래 밀톤 앙구유 목사를 교육시켜 보내고 또한 그곳에서 20년간 사역하고 있는 김정윤 선교사에게 차량 구입비 일부라

도 보내 복음봉사단의 선교 정신을 다하고 있다. 하나님, 그곳에도 복음봉사
단의 지경이 넓혀지게 하소서.

2003년 3월 복음봉사단은 연동교회 세계선교회를 통해 말레이시아 선교
사 이상엽 목사의 치료비, 도미니카 선교사 김종성 목사의 요양비를 보내기도
했다.

1) 밀톤 앙구유 목사

2000년 10월 3일 복음봉사단 월례회에 케냐의 삼손 아코루 목사와 필립
아지크 목사 그리고 우간다의 밀톤 앙구유 목사가 참석했다. 집회가 끝난
즉시 이지연 단장이 그들을 앰배서더호텔에 데리고 가서 점심을 대접하며
대화를 나누었다. 동년 10월 8일에는 김신영 이사장이 임원회에서 앙구유
목사에게 1년분 책값을 보조해 주기로 약속하고 12월 18일 월례회에 다시
초청해 내의와 금일봉을 전달했다.

이보다 앞서 2000년 9월 밀톤 앙구유 목사는 아세아연합신학대학교에
입학하고 기숙사에 입사했다. 복음봉사단은 그에게 한국 유학의 여비 및 책
값으로 3,000달러를 주고 학위를 받을 때까지 만 2년간 연간 학비 60만 원과
매월 5만 원씩의 보조금을 지급했다.

1952년 6월 3일 우간다 서부 마디 지역에서 태어난 밀톤 앙구유(John
Milton Anguyo) 목사는 1969~70년 우간다 교육부 교사 및 교장 대리를 지낸
뒤 1970~75년 교장을 역임하고 1980년 마디 서부 나일교구에서 목사 안수를
받았다. 1992년 케냐 리무루의 성바울신학교에서 학사학위를 받고 내한해
1994년 장로회신학대학교에서 신학석사 학위를 취득했다.

2002년 9월 17일 목회학 박사학위를 받을 때까지 복음봉사단의 품 안에

서 오직 학업에만 열중하였다. 아구유 목사는 2002년 목회학 박사학위를 받았다. 학위 논문의 제목은 "나일 서부 마디지역에 있는 복음적 영국계 교회인 루구바라에 있어서 효과적인 결혼 상담전략"이었다. 2002년 9월 앙구유 목사는 학업을 마치고 우간다로 돌아갔다. 이때 복음봉사단은 여비를 제공했다.

밀톤 앙구유 목사는 복음봉사단에서 우간다로 파송한 선교사는 아니지만 현지인을 교육시켜 직접 자국민에게 복음을 전하게 한다는 선교방침에 부합된다는 판단하에 그를 통해 우간다에 복음이 전해지기를 기원하였다.

2) 김정윤 선교사

2004년 9월 20일 월례회에서 김정윤 선교사가 사역하고 있는 아프리카 우간다에 차량 구입비 일부라도 충당하도록 함순실 단원의 동의와 장상감 단원의 제청으로 3,000달러(350만 원)을 보내기로 결의했다. 1970년대 초에 복음봉사단에서 일본에 파송한 송경신, 박정자 선교사가 여자였듯이 김정윤 선교사가 여자라는 데 이의가 없었는지도 모른다.

김정윤(金貞允) 선교사는 연동교회에서 1985년 2월 우간다에 간호사로 파송했는데 클루바병원에서 근무하면서 간호학교를 세워 육을 다스리는 선교사에서 지금은 영성훈련센터를 짓고 영을 다스리는 선교사로 결혼도 포기하고 20년째 헌신봉사하고 있다(42년생). 숙소가 있는 네이비주 골리(Goli)에 교회와 학교와 보건센터를 세워 예배, 교육, 치료를 실시하면서 40분 거리의 더 높은 고산 지대에 위치한 영성훈련센터를 오르내리는 그에게 차량은 없어서는 안 될 필수품이었다. 무릎 관절이 심해 고통 가운데도 분주하고 다사한 김정윤 선교사, 그에게 안겨진 차량은 5명이 타고 뒤에 짐을 실을 수 있는 일제 '도요타 벤'(Toyota Ban)으로 총 구입비는 1만 5,000달러였다.

3. 아시아 베트남 선교

한국여성복음봉사단은 15년간 일본을 비롯해 타이완 및 인도네시아 선교에 이어 20년간 아프리카 케냐 선교에 전력을 집중하면서 다시 아시아의 베트남 선교에 관심을 기울여 그곳 땅끝을 넓히고자 했다.

2000년 4월 17일 복음봉사단은 선교사를 파송하는 종전의 선교방법을 지양하고 현지인 목회자를 양육해 선교하는 정책으로 전환하기로 한 뒤 2003년 1월 7일 임원회에서 신규 선교지를 베트남 지역으로 확정해 베트남선교협회를 통한 간접선교에 나서기로 했다.

■ 베트남선교협회

2003년 7월 7일 임원회에서 베트남 현지 상황을 베트남선교협회(회장: 정인균 장로)를 통해 조사하기로 하고 10월 20일 월례회에서 베트남선교협회(이하 베선협) 선교국장 이윤우 목사를 초청해 예배의 말씀과 베트남 선교에 관한 강의를 들었다.

베트남에 대한 탐색을 마친 복음봉사단은 베선협에 2003년 10월부터 2004년 12월까지 13개월에 걸쳐 월 12만 원(계 156만 원)을 보냈다.

연지동 여전도회관(508호. 2010년 이후 1013호)에 자리 잡고 있는 베선협은 1990년 1월 창립해 부산과 미국 등 5개 지부를 두고, 특히 하노이신학교 학생 15명을 배출시켜 그들이 지금 베트남 각 지역에서 목회 활동을 하는 데까지 지원했으며 2010년에 총 105번째 교회당을 신축했다.

인도차이나 반도 동부에 위치한 베트남(越南)은 남북으로 ㄷ자 모양의 국토가 북쪽으로 중국, 서쪽으로 라오스 및 캄보디아에 접하고 남쪽은 보르네오해, 동쪽은 남중국해에 면하고 있다. 다민족 국가로서 몽고계와 말레이계의 혼혈인 킨족(越族)이 84%를 차지하고 있는데 천 년에 걸쳐 중국문화의 영향과 식민지 시대에는 프랑스의 영향도 받았다.

인구는 8,800만 명(2010년), 수도는 하노이, 공용어는 베트남어 및 부족어, 종교는 불교 및 기독교와 다수의 토속종교가 분포돼 있고 우리나라와 1992년 국교가 수립되고 1995년 1,000명이 넘는 교민이 체류하기 시작했다.

한국과 베트남은 국토분단이라는 정치적 상황과 승공 통일이라는 국가목표의 공통성을 가지고 남북 베트남 전쟁 때 남베트남을 지원했으나 우방인 세계 최대최강의 미군이 패배하고 북베트남의 민족해방운동이 승리한 전쟁이 되고 말았다. 1975년 남베트남이 항복한 뒤 1976년 남북통일의 베트남사회주의공화국이 성립되고 사이공은 호치민시(市)로 개칭됐다.

사회주의 공산국가로 종교의 자유가 없는 베트남은 공산화되기 전에 있었던 교회당 건물을 정부에서 모두 몰수해 성도들은 비밀리에 가정이나 지하에서 모여 예배를 드리곤 했다. 그러던 중 2005년 하노이에서 APEC 정상회담이 개최될 때 미국의 부시 대통령이 종교의 자유보장을 강력히 요구해 그로부터 약간 완화의 길로 접어들었다. 이때 베트남 전국기독교총회에 등록된 교인 수는 약 100만 명, 지하 교회의 교인까지 합치면 300만 명가량이었다. 거기다가 국민은 여러 부족으로 갈라져 있어 언어와 문화가 다른데 정부의 소수민족 말살 정책으로 국민의 기본권과 인간으로의 대접을 받지 못하며 도시에 나가도 공부나 취직이 어려운 형편이었다.

공산주의 나라가 되기 전 베트남에만 700여 교회가 있었는데 그 이후 15년 동안 폐쇄됐다가 1989년부터 다시 교회가 부활하기 시작해 282개 교회가 문을 열었다. 2010년도 통계에 의하면 공식적인 교인은 100만 명, 비공식적인 교인도 100만 명에 이르렀다. 베트남은 자원이 풍부해서 석유의 경우 사우디아라비아에 버금가는 매장량을 가진 저력이 있는 나라이다. 하루속히 정글의 베트남에 주님의 낙원이 들어서기를 기원한다.

1) 공산국가 베트남에 교회 짓기

2004년 3월 22일 김신지 단원이 베트남 교회 재건 명목으로 50만 원을 헌금하자 복음봉사단은 4월 8일 특별헌금 계좌를 신설했다. 4월 19일 김신지 단원이 또다시 400달러를 헌금하고 동년 5월부터 12월까지 8개월 동안 세 차례에 걸쳐 김희경 단원이 베트남을 위해 155만 원을 헌금해 박차가 가해졌다.

복음봉사단은 2005년 1월부터 12월까지 1년 동안 두 차례 베선협을 통해 총 264만 원(월 22만 원)을 지원하고 하노이 남쪽에 위치한 아가페병원 운영비로 1,300달러를 보냈다.

2004년 11월 7일 이사회는 "베트남 현지에 파괴된 교회를 재건하기 위해 본단 예산에 그 비용을 반영하기로 한다"고 기록했다. 복음봉사단은 베트남에 교회를 새로 지어주는 엄청난 사업을 시작해 기존의 낡은 교회를 헐고 2011년까지 네 교회를 헌당했다. 그러기 위해서 그동안 20년이나 계속해온 아프리카의 케냐 지방 투르카나 세 교회의 재정지원을 중단했다.

(1) 첫 번째 플레이브랭교회

2006년에 이르러 복음봉사단은 베트남 중부 고원지대의 소수민족 마을, 자라이(Gia Lai)성 플레이쿠(Pleiku)시 외곽에 위치한 플레이브렝(Plei Bren g)교회의 교회당을 신축하는 거대한 선교사업을 계획하고 몰두했다. 이를 위해 동년 8월 7일부터 12일까지 5박 6일 동안 이지연 이사장은 임원 11인 (박문희, 김명자, 최화명, 박연희, 이현정, 김희경, 조명심, 백영자, 김효진, 이신원, 김사라)을 인솔하고 베선협 선교 국장 이윤우 목사의 안내로 여러 번이나 비행기를 갈아타는 험한 여정 끝에 현지를 방문했다.

일행은 8일 (화) 아침 일찍 경비행기 편으로 플레이쿠시에 도착해 다시 봉고차를 바꿔 타고 40분 정도 달려서 첫 번째로 건축하기로 한 플레이브렝 교회에 도착했다. 담임목사는 크소르보크 목사, 협동 사역자로 자원봉사 전도사 10명이 포진하고 성도 수는 11개 기도처 교인을 망라해 총 3,097명, 그중에서 세례교인이 1,702명이었다. 때마침 함석지붕에 판잣집 같은 낡은 교회에서 300명이 넘는 교인들이 열심히 찬양을 드리고 있었다. 그런데 바닥은 마루도 아닌 진흙 바닥이었고 의자도 없이 각자 동그란 플라스틱 깔판에 앉아 서로 무릎이 닿을 정도였다. 일행은 그들 사이에 끼어들어 함께 예배를 드렸다. 크소르보크 목사의 개회 기도에 이어 50명 찬양대의 찬양과 갓 결혼한 신혼부부 24명의 찬양에 이어 이윤우 목사가 사도행전 1장 8절을 본문으로 하는 설교는 영어, 베트남어, 부족어 등으로 3번씩 통역하는 특별한 말씀이었다. 베트남 교회당의 강단에는 한국인 목회자를 제외하고 어떤 외국인도 올라가 설 수 없었다. 이날 청년부 찬양대의 여성도들은 한국에서 가져온 흰 블라우스와 녹색 치마의 걸스카우트 복장을 했는데 모두 그 모습에 눈길을 모았다. 이 걸스카우트 복장은 한국걸스카우트 총재를 역임한 박문희 전임 단장이 마련해 가지고 간 것이었다.

이지연 이사장은 다음과 같이 회고했다.

불편한 좌석과 열악한 환경 가운데서도 성령이 충만한 그들의 예배 모습에 눈시울이 뜨거웠으며 반면에 너무도 좋은 환경에서도 주님을 사랑하는 열정을 잃어버린 한국교회, 그 가운데 있는 나 자신을 깊이 회개했다. 예배 후 가져간 큰 가방 2개와 작은 가방 2개에 담긴 의류를 선물하고 두 목회자에게 100달러씩 드렸지만 손이라도 한번 잡아보고 싶어하는 교인들에게 먹을 것조차 준비하지 못한 손이 부끄러워 일행은 700달러를 추렴해서 내놓았다.

그곳을 떠나 멀지 않은 곳에 위치한 교회당 신축 예정지에 다다랐다. 큰 길 가에 반듯하고 넓은 땅으로 교회당 부지로서는 더할 나위 없이 좋은 터전이었다. 대지 증명서와 설계도 및 건축허가서를 확인한 일행은 교회당을 신축하는 역사 앞에 손에 손을 잡고 간절히 기도했다. 건축비는 약 3만 달러가 든다면서 그 절반만 도와 달라고 했다. 쾌히 승낙하고 약 800명이 예배드릴 수 있는 교회당을 짓기로 합의했다. 건축 규모는 780㎡(236평) 단층으로 하고 건축자재는 적벽돌, 철골, 함석으로 하기로 했다. 설계도에 따르면 벽 높이보다 A자형 지붕의 높이가 2배 이상이었다.

9일에는 1954년 설립된 플레이쿠 교회를 방문하고 의류가 든 큰 가방 하나를 교인들에게 주었으며 두 목사에게 100달러씩 드렸다. 그리고 호치민 시를 거쳐 캄보디아 시엠레아프로 가서 10일 앙코르와트를 관광했다. 11일 호치민 시에 있는 베트남신학교를 방문해 2003년 입학한 1기생 50명의 신학생을 접견하고 학감 티엔 박사의 말씀으로 선교여행 마무리 예배를 드렸다. 학교를 떠나기 직전 성경 수업 중인 교실을 찾아가 학생들과 함께 기도를 드렸다. 그곳 사람들은 기도할 때 앉아서 하지 않고 서서 했다.

일행이 KAL기 편으로 인천공항에 도착한 것은 12일 오전 8시 30분이었다. 그로부터 10일 만인 8월 22일 현지에서는 공사가 시작됐다.

2007년 2월 7일 임원회에서는 플라스틱 깔판에 앉아 예배를 보는 플레이브렝교회에 5인용 장의자 180개를 기증하기로 하고 특별헌금을 했다. 의자는 현지에서 제작했다.

　같은 해 4월 9~14일 이지연 이사장 외 5인의 임원 박문희 김명자 김희경 윤현숙 백영자는 1년 만에 다시 베트남을 방문했다. 베트남 선교비 통장에서 505만 9,800원을 인출해 5,400달러로 환전하고 외화 통장에서 600달러, 총 6,000달러를 지참했다. 9일(월) 오전 10시 50분 VN939기 편으로 인천공항을 출발해 오후 2시에 호치민공항에 도착했다. 그 이튿날 플레이브렐도르교회와 두 번째 예정 건축 교회인 플레이오교회를 답사하고 오후에 목적지인 플레이브렝교회에 도착했다. 셋째날인 11일(수) 오전 8시부터 복음봉사단 주관으로 입당예배를 드렸다. 단상에 플레이쿠 지역 대표 목사와 플레이브렝교회 담임목사 그리고 플레이오교회 목사가 착석했다. 입당예배가 끝난 뒤 교인용 장의자 대금으로 5,000달러와 점심 대금 800달러를 내놓고 세 목사에게 100달러씩 그리고 교인들에게는 새로 구입한 의류 다섯 가방 분을 전달했다.

　이날 오후 플레이쿠공항 발 VN342기 편으로 다낭을 거쳐 12일에는 하노이를 돌아보았다. 13일에는 하롱만을 답사하고 14일 새벽 하노이를 출발해 4시간 만인 아침 6시 40분 인천공항에 도착했다.

　2007년 6월 18일 복음봉사단은 베선협으로부터 건축비 부족으로 공사가 중단되고 있다는 보고를 받고 1만 6,500달러를 추가로 보냈다. 총공사비는 5만 6,863달러가 들었는데 복음봉사단은 목회비 및 행사비를 제외한 건축비와 의자 대금 등 4만 2,000달러를 지원했다.

　2007년 10월 23일 헌당 예배에 참석해 달라는 크소르보크 담임 목사의 초청장을 받았지만 참석하지 않았고 이윤우 목사가 대신 참석했다. 이날 현지에서는 적벽돌로 새로 지은 아담한 교회당 강단 정면에 붉은색 우단 커텐을 드리우고 중앙에 대형 목재 십자가를 설치했다. 4,000명이 모인 가운데 베트남복음성회(남부) 총회 총회장 타이프오크츠엉(Thai Phuoc Truong) 목사의 주례와 총회 위원인 시우이킴(Siu Y Kim) 목사의 사회로 테이프 커팅하고, 개회 찬송에 이어 예배와 축하행사로 시종 성황을 이루었다. 그 이튿날에는 부흥 집회를 열었으며 이때 두 전도사(Pham Sinh, Rmah Chep)에 대한 목사 안수식도 가졌다. 교회당 정문 옆 예쁜 벽돌에 새겨 붙인 머리글 동판의 내용은 다음과 같다.

베트남 플레이브렝교회는 한국기독교국제사회복지협회의 협력을 얻어 한국여성복음봉사단의 건축비 지원과 성도들의 헌금으로 2006년 8월 22일 기공하고 2007년 4월 11일 완공되어 헌당하다.

주후 2007년 4월 11일
한국여성복음봉사단

'한국기독교국제사회복지협회'는 공산국가에서 '베트남선교협회'의 '선교'를 나타낼 수 없어서 지어진 베선협의 별칭이었다. 2008년 10월 15~16일 플레이브렝교회 창립 65주년 기념 부흥집회가 열렸는데 200명의 찬양대와 함께 참석한 인원은 무려 매일 1만 6,000여 명이었다. 교회당 안에 3,000명이 밖에 천막을 치고 1만 3,000여 명이 운집했으며 오토바이만도 1만 대가 주차했다. 이 부흥집회는 국영 하노이TV방송국을 통해 전국에 방영됐다.

2010년 8월 18일 복음봉사단 임원 6인이 세 번째 플레이블룩블루이 교회 헌당예배에 참석했다가 이곳을 다녀갔다.

담임목사의 감사 서신(2011. 8. 28.)

주 예수 그리스도 안에서 사랑하는 한국여성복음봉사단 단원 여러분께.
우리는 여러분들께서 지난날 예배당을 건축해 주신 데 대해 진심으로 감
사드리며 저희들에 대한 관심과 희생과 응원 그리고 예배당 건축 기간에
지원해 주시고 완성시켜 주심으로써 예배당이 아름답게 건축되고 성도
들의 활동과 예배 및 주님을 섬김에 기쁨과 행복으로 감당할 수 있게 해
주심을 감사드립니다. 같은 기간에 교회가 희망을 갖게 되고 온전하게
발전할 수 있었습니다.

주님께서 성경에 "주는 것이 받는 것보다 복이 있다"(행 20:35)고 하신
대로 한국여성복음봉사단 위에 복 주시기를 기원합니다. 다시 한번 한국
여성복음봉사단에 심심한 감사를 드립니다.

담임목사 푸이 블릭

교회 현황(2011)

교 회 명	플레이 브랭(Plei Breng)교회
교회주소	자라이성 이아즈라이군 데르먼 플레이브렝 1
교 역 자	푸이 블릭(Puih Blik) 목사
설립년도	1968년
성 도 수	건축전 1,070명, 건축후 2,030명, 현재 3,006명
지교회수	23개소(총교인수: 1,693명)
기공예배	2006년 7월 28일
헌당예배	2007년 9월 24일

(2) 두 번째 플레이오교회

2007년 7월 7일 복음봉사단은 첫 번째 경험을 토대로 베트남에 두 번째
교회인 플레이오(Plei o)교회 신축비 3만 달러를 지원해 봉헌하기로 했다. 이

교회는 자라이성 닥도아(Dak Doa)군 안에 1972년부터 8개소의 기도처를 거느려 왔다. 성도 수는 기도처 교인을 포함해 총 2,726명(세례교인 1,427명)이고 교역자는 푸이블릭(Puih Blik) 목사였다. 기존 교회당은 30여년 된 1,650㎡(50평) 정도인데 벌겋게 녹이 슬고 삭은 함석지붕에 안팎이 몹시 누추하고 열악했다.

새 교회당 크기와 예산 규모는 다음과 같다.

대지	2천 ㎡(605평)
건평	512,14㎡(155평)
예산	5만 달러(자체 헌금 및 성도 노력 봉사: 2만 달러)
요청	3만 달러(한화 3,000만 원) 1차 1만 5,000달러, 2차 1만 5,000달러

이미 동년 4월 10일 첫 번째 플레이브렝교회당 입당예배에 참석한 6인의 복음봉사단 방문단이 이곳까지 가서 돌아보고 귀국했다. 새 교회당 건축부지 옆에 초등학교가 있어 선교에 크게 작용할 것으로 기대했다. 개신교 개척자인 칼뱅(J. Calvin)이 말한 대로 '교회 옆에 학교'가 있는 좋은 조건이었다.

한 달 만인 동년 8월 1일 자라이성 건설국의 건축허가서를 접수하고 8월 19일 기공 예배를 드렸다. 마당에 대형 천막 여러 개를 잇대어 설치하고 단상 앞에 기초석을 놓았으며 백색 셔츠를 똑같이 입은 남녀 찬양대와 내외 귀빈 및 1천여 명의 교인이 참석한 가운데 엄수됐다.

2008년 2월 28일 베선협 이윤우 목사가 현지를 방문해 복음봉사단이 의뢰한 2차분 1만 5,000달러를 푸이블릭 목사에게 전달했다. 공사는 사방에 3m 높이의 기둥을 세우고 정문 외에 양벽에 6개의 문과 전체 6개의 아치형 창문을 두었으며 지붕의 높이를 벽보다 훨씬 높게 하고 지붕 철골을 그대로 보이게 해 내면 공간과 높이를 극대화했다. 내부 벽은 연한 청색, 외부 벽은 그보다 진한 청색으로 해 청결감을 발산하게 하고 입구 쪽 A형 지붕 꼭대기에 십자가를 높이 세웠다.

동년 12월 9일 헌당 예배에 배선협 이윤우 목사를 대신 보냈다. 단상에는 각계에서 보내온 화환으로 장식되고 내외귀빈 및 3,000여 명의 교인이 운집했다. 그중 66명의 찬양대 가운데 23명의 남자 대원이 흰 와이셔츠에 검정 넥타이를, 43명의 여자 대원은 소수민족 전통의상을 입어 새로 지은 교회당을 더욱 돋보이게 했다.

헌당 예배는 베트남복음성회(남부) 총회가 주관하고 총회 서기 레까오꾸이(Le Ca Quy) 목사가 주례를 맡아 1부에 헌당 선언문 낭독 및 이윤우 목사로부터 헌당 기념 동판을 증정하는 등으로 진행하고 복음봉사단이 제공(800달러)한 오찬을 나눈 뒤 오후에 2부 순서로 부흥회를 개최했다. 이날 호치민 신학교 3학년 학생들이 참석했는데 이들은 각자 소속 교회에서 목회실습 중인 이 지역 출신 사역자들이었다.

2010년 8월 18일 세 번째 플레이블룩블루이교회당 입당예배에 참석했던 7인의 복음봉사단 임원들이 이곳을 찾아 돌아보고 기념촬영을 했다. 그러니까 2007년 4월 10일 플레이브렝교회당 입당예배에 참석했던 6인이 다녀가고 두 번째 다녀간 것이었다.

담임목사의 감사 서신(2011. 8. 28.)

> 존경하는 한국여성복음봉사단 단원 여러분께.
> 플레이오교회 성도들을 대신해 구주 예수 그리스도의 이름으로 문안 인사를 드립니다. 감사하옵기는 이윤우 목사님과 복음봉사단의 은혜와 기도와 지원을 통해 저희 교회 예배당 건축을 마칠 수 있었고 현재 아름다

운 예배당에서 기쁨으로 예배를 드리고 있습니다. 저희 교인들은 한국여성복음봉사단에 진심으로 감사를 드립니다. 저희 교회가 은혜 위에 은혜를 더해 주님의 사역이 더욱 발전될 수 있도록 기도해 주시기 바랍니다. 하나님께서 복음봉사단 위에 크신 은혜를 내려 주시를 기원합니다.

교회 현황(2011)

교 회 명	플레이오(Plei O)교회
교회주소	자라이성 닥도아군 이아방면 플레이오
교 역 자	르마 쳅(Rmah Chep) 목사
설립년도	1972년
입당예배	2007년 4월 10일
헌당예배	2008년 12월 9일

(3) 세 번째 플레이블룩블루이교회

2009년 8월 7일 임원회에서는 세번째로 플레이블룩블루이(Plei Bluk Blui) 교회당을 건축하기로 했다. 자라이성 플레이쿠시에서 40km 북쪽 방향의 꼰품(Con Turn)을 경유하여 다낭으로 가는 국도변 5km 지점에 위치한 이 교회는 1963년 초대교인들이 예수를 영접하고 1968년 기도처를 설립한 이래 2004년 소수민족의 기도처 교회로 인가를 받았으며 성도는 1,500여 명에 이르렀다. 목회자는 복음봉사단이 첫 번째로 건축한 플레이브렝교회 크소르복 목사가 겸하고 있었다.

복음봉사단은 세 번째 플레이블룩블루이교회당을 복음봉사단 제6대 함유순 단장 유족의 뜻을 받들어 '함유순 권사 송선영 장로 기념교회'로 승인해 그 유족들은 2009년 9월 7일 1차분 1만 5,000달러(한화 18,815,250원)와 10월 19일 2차분 1만 달러, 도합 2만 5,000달러의 건축비를 현지로 보냈다.

총건축비 4만 달러 가운데 1만 5,000달러(37.4%)는 자체 교인들이 부담하기로 한 교회당의 건축 규모는 465㎡(140평)으로 두 번째의 플레이오교 회당과 같은 크기였다. 이미 전년도 11월 18일 건축허가를 받아 허가 기간인 2009년 11월까지 건축하지 않으면 안 될 급한 상황이었다.

2009년 9월 8일 부군수와 지역 목회자 그리고 베선협 이윤우 목사를 비롯해 1,000여 성도들이 분홍색 대형 천막 아래에서 기념 석판을 마련해 놓고 기공 예배를 거행한 뒤 공사에 들어갔다. 건축은 10개의 아치형 창을 내고 시멘트 블록을 쌓은 뒤 A형 철골 위에 함석을 얹었다. 특별히 코발트 연청색 외벽의 하단에 1미터 높이의 적벽돌 난간을 둘러 전체적으로 모양과 색채의 조화가 돋보였다. 창문틀, 철제문, 타일, 수도시설 외에도 인건비와 부대 경비가 모자라 교인들이 또다시 1만 달러를 헌금해 완공을 서둘렀다.

2010년 8월 16~21일 세 번째 플레이블룩블루이교회당 입당예배에 참석하기 위해 이지연 이사장과 6인의 임원들(박문희, 박연희, 김희경, 박선복, 나운경, 박영순)이 16일(월) 오전 10시 35분 VN939기 편으로 인천공항을 출발하여 오후 1시 50분 호치민공항에 도착했다. 이때 25명의 한인 3세 학생들이 '한국인 2세, 3세가 한국여성복음봉사단을 환영합니다'라는 현수막을 들고나와 꽃다발을 안기며 반갑게 맞이해 주었다. 일행은 이들을 데리고 호치민 시내 푹주옌(Phuc Duyen)호텔로 가서 저녁 식사 직전 30명 학생분 장학금(3개월분) 1,800달러를 건네주었다.

이튿날 호치민 시내를 돌아보고 국내선 경비행기(VN342기) 편으로 플레이쿠로 가서 18일(수) 오전 8시 플레이블룩블루이교회당 입당예배에 참석했다. 그러나 동판에는 '헌당'으로 새겼다. 연청색으로 산뜻하게 외벽을 단장한 교회당 출입문 오른쪽에 '헌당기념'이란 제목 양쪽에 태극기와 베트남기를 칼라로 부각시킨 머리말 동판의 글은 다음과 같다.

베트남 플레이불룩블루이교회 예배당은 대한민국 한국여성복 음봉사단 단
장을 역임한 고 함유순 권사와 부군이신 고 송선영 장로를 기리는 마음으로
유족 일동이 건축비를 지원하고 플레이블룩블루이교회 성도들의 헌금으로
2009년 9월 8일 기공하고 2010년 8월 18일 준공되어 헌당하다.

주후 2010년 8월 18일

한국기독교국제사회복지협회

입당예배를 마친 뒤 공동식사를 하고 일행은 첫 번째 플레이브랭교회와
두 번째 플레이오교회를 방문했으며 오후 6시 플레이쿠에서 경비행기(VN2
88기) 편으로 수도인 하노이로 갔다. 이틀 동안 그곳을 위시해 하롱베이 문
화 탐방을 마친 뒤 20일 (금) 하노이공항을 출발, 21일 오전 5시 30분 인천
공항으로 귀국했다.

담임목사의 감사 서신(2011. 8. 28.)

수신 : 한국여성복음봉사단

저희 교회는 사랑의 아버지 하나님 은혜에 감사를 올려드립니다. 먼저 이
서신을 통해 저희들은 한국여성복음봉사단 단원 여러분께 구세주 예수
그리스도의 사랑 안에서 문안 인사를 올리며 우리 주 예수 그리스도를 통
해 하나님의 은혜와 평안이 귀 복음봉사단 위에 충만하기를 기원합니다.
저희 교회는 귀 복음봉사단이 예배당을 건축하는 데 지원해 주시고 교회
비품(오르간, 의자)은 물론 오늘 헌당 감사예배에 참석한 성도들에게 식
사를 제공해 주심을 진심으로 감사드립니다.
귀 복음봉사단에게 바라옵기는 저희 교회가 주님으로부터 은혜를 받고

모든 성도들이 사랑을 나누며 주님의 말씀을 배워 믿음을 더하며 매일같
이 주님의 사역에 동참해 복음을 전하도록 그리고 아직도 주님을 모르는
모든 사람에게 주님의 구원의 은혜를 간증할 수 있도록 계속 기도해 주시
기 바랍니다. 다시 한번 하나께서 귀 복음봉사단의 사역과 섬기시는 교
회 위에 복 주시기를 기원합니다. 아멘.

담임목사 크소르 복

교회 현황(2011)

교 회 명	플레이블룩블루이(Plei Bluk Blui)교회
교회주소	자라이(Gia Lai)성 즈파군 이아까면 플레이블 룩블레이
교 역 자	크소르 복(Ksor Woc) 목사
전　　화	0905,618,914
설립년도	1968년
성 도 수	건축 전 1,022명, 건축 후 1,406명
지교회수	19개소(성도수 1,563명, 세례교인수 804명)
기공예배	2009년 9월 8일
입당예배	2010년 8월 18일
헌당예배	2011년 8월 28일

(4) 네 번째 부닥교회

2010년 1월 7일 임원회에서 베트남에 네 번째 교회인 부닥(Bu Dak)교회
당을 신축하기로 했다. 베선협은 건축 후원자를 찾던 중 복음봉사단이 베트
남에 네 번째로 교회당을 짓겠다는 의사를 표시해 복음봉사단 제2대 김신영
이사장의 장남(이세웅 장로)이 2006년 9월 25일 복음 사업에 쓰라고 희사한
성금 3,000만 원을 그곳에 사용하기로 결정했다. 위치는 베트남 중부 자라
이성 바로 아래 다크농(Dak Nong)성으로서 1948년 처음으로 복음을 받아

들였고 1953년 레카크쿵(Le Khac Cung) 목사가 성안에 거주하는 소수 민족인 부농(Bu Nong)족을 위해 부닥교회를 세웠다. 부닥이란 말은 '많은 부락이 다시 뭉친다'는 뜻을 가져 '복음으로 하나가 된다'는 의미로 해석되기도 했다. 2007년 성도가 1,000명으로 늘었으나 목조건물로 지어진 구 예배당은 거의 허물어진 상태이고 비좁아 모임에 어려움이 많았다. 교회는 건축계획을 세우고 관청에 건축허가를 신청해 2007년 5월 23일 건축허가서를 접수했다. 아울러 2008년 1월 8일 지방정부 종교위원회로부터 공식적인 예배 허가까지 받아 자유로운 교회 활동이 가능하게 된 상태로 건축하는데 장애물은 하나도 없었다. 교역 담당자는 르마로안(Rmah Loan) 목사였고 성도수는 1,050명이었다.

2007년 8월 21일 세 번째 교회당 헌당예배에 참석하러 갔던 복음봉사단 일행 7인이 네 번째로 건축 중인 부닥교회에 가고자 했으나 위치가 정반대쪽이라 가지 못하고 소수민족 대표 교역자인 시우이킴(Siu Y Kim) 목사에게 제2차 건축비 1만 달러를 전해 달라고 부탁했다. 이 돈은 8월 21일 부닥교회 르마로안 목사와 회계 담당 흐삼(H Sam) 여집사가 찾아가서 주고받는 장면을 사진에 담으면서 수령했다. 2011년 2월 22일 베트남복음성회(남부) 주관으로 헌당 예배를 드렸다. 이때도 복음봉사단에서는 참석하지 않았다.

2010년까지 베선협의 주관으로 베트남에 건축된 교회당은 105개 교회이고 한국에 거주하는 베트남 인원수는 9만여 명에 이르고 있다.

담임목사의 감사 서신(2011. 8. 29.)

수신 : 한국복지협회 한국여성복음봉사단

저희들은 이윤우 목사님과 저희 교회 건축에 2010년 4월 13일과 8월 21

일에 합계 미화 2만 5,000달러를 지원해 주신 한국여성복음봉사단 단원
에게 진심으로 감사드립니다.

다시 한번 저희들은 이윤우 목사님과 한국여성복음봉사단에 진심으로
감사를 드리고 삼위 하나님께서 복 주시기를 바라며 주님께서 약속하신
바와 같이(히 6:10) 귀하를 잊지 않을 것을 믿습니다. 감사합니다.

담임목사 르마로안

건축위원장 이차 목사

교회 현황(2011)

교 회 명	부닥(Bu Dak)교회
교 역 자	르마로안(Rmar Loan) 목사
설립년도	1966년
성 도 수	건축 전 1,103명, 건축 후 1,122명
지교회수	2개소(본두르교회, 본르칼교회)
기공예배	2008년 4월 23일
헌당예배	2011년 2월 22일
감사예배	2011년 8월 29일(복음봉사단 임원 6인 참석)

(5) 다섯 번째 플레이통도르교회

복음봉사단에서는 자라이성 플레이쿠시의 플레이통도르교회가 현재 620
명 정도 모이고 있었는데 여기에 건축비 총 7만 5,000달러 중 3만 달러를
후원하여 새 건물을 짓도록 결정하였다. 원래 이 플레이통도르교회는 초대
단장 이사장인 신의경 권사에게 영적 감화와 신앙적 경륜을 물려받은 이화
여자대학교 김영숙 교수가 자신의 학교 정년 퇴임을 기념하여 헌금을 하였
고 이 기금을 토대로 교회를 헌당하였던 것이다. 한국여성복음봉사단은 김

영숙 교수의 요청을 승낙하고 베트남선교협의회 이윤우 목사와 2015년 7월 협의하여 베트남 플레이크시에 통도르교회를 건립하기로 하였다. 김영숙 교수는 건축헌금 2,500만 원을 출연하였고 여기에 한국여성복음봉사단의 박문희 이사장이 2,000만 원을 출연하고 이지연 이사장이 예배당 의자 구입비 100만 원, 박선복 권사 20만 원과 그 외에 헌당 예배 때에 식비와 행사보조금 등 총 4,285만 원을 모아 예배당을 건축하였다.

2016년 플레이통도르교회가 완공을 하고 8월 26일 헌당식을 가졌다. 헌당식은 2016년 8월 26일에 진행되었다. 예배 주관은 베트남복음성회 총회에서 주관하였다. 참석한 인원은 교인과 배석자들을 포함하여 1,000명이었다. 성경은 골로새서 1장 15-20절이었고 설교는 총회 서기 목사인 판꽝티우 목사가 "교회의 머리되신 주님"이라는 제목으로 설교하였다. 축사는 베트남선교협의회 이윤우 목사와 지역의 안푸 면장이 참석하여 축하의 메시지를 전하였다.

플레이 통도르교회의 현판에는 다음과 같은 기념 글귀가 각인되어 있다.

> 베트남 플레이통도르교회는 한국여성복음봉사단을 창단하신 신의경 이사장을 추모하기 위하여 박문희 권사와 김영숙 교수의 헌금과 베트남선교협의회의 협력 및 성도들의 협조로 2016년 8월 26일 헌당하다.
>
> _ 한국여성복음봉사단

플레이통도르교회는 예배당 신축 후에 신자는 620명 정도에서 800명으로 늘어 예배당 건축의 목표를 충분히 수행하였다. 이 교회는 지교회를 세 곳 개척하여 지역선교에 힘을 내고 있다. 복음봉사단체에서는 베트남의 모두 다섯 교회에 월 50달러씩 연 3,000달러를 후원을 하고 있다.

2) 베트남 한인 3세에게 장학금

2007년 1월 베트남에 거주하는 76명의 한인 3세(라이따이한)에게 미국의 라이트여선교회에서 후원하고 동년 11월부터 15명의 한인 3세에게 한국의 복음봉사단이 후원함으로써 베트남의 한인 3세들은 학비와 생활비를 받기 시작했다.

2007년 4월 9일 첫 번째로 건축한 플레이브렝교회 입당예배에 간 복음봉사단 일행은 이윤우 목사의 소개로 처음으로 한인 2세인 김상일 집사를 만났으며 그의 요청으로 호치민 시내로 가서 베트남 한인 3세대 지원협회를 방문했으며 한인 2, 3세의 극심한 어려운 상황을 들었다. 돌아오는 길에 200달러와 이지연 이사장이 별도로 150달러를 전달했다. 베트남 근로자의 평균 월급이 200~300달러이다.

2007년 11월 12일 월례회에서 한인 3세 15명의 3학기 학비(1인당 20달러×15명×3학기) 900달러를 보내기로 했다. 2008년 9월에 이르러 15명을 추가해 30명 그리고 2010년 9월부터 50명으로 확대해 2011년도 지급액은 20달러×50명×12개월로 연 1만 2,000달러였다.

라이따이한은 베트남 전쟁 때 한국인 아버지와 베트남 어머니 사이에서 태어난 자녀들을 일컫는 말로서 한국, 베트남 가족은 다문화 가정으로 계속 증가하고 있다. 라이따이한 2세는 40~45세 정도이고 3세는 그들의 자녀들로서 초중고등학교 학생들 130명 정도였다.

베트남 전역을 찾아다니면서 한인 2세를 만나 극심한 경제적 어려움에 처해 있는 가정에서 학비가 없어 학교에 가지 못하는 3세를 발굴해 '라이따이한 사랑모임'을 만든 사람은 한인 2세인 김상일(쩐반띠: Tran Van Ty) 집사였다.

베트남 한인 3세 학생을
위한 장학금 전달식

　그는 1970년 뚜이호아(Tuy Hoa)성에서 백마부대 28연대 CIC 군인이었
던 아버지와 베트남 어머니 사이에서 태어났다. 호치민인문대학을 졸업하
고 한때 신문기자로 활동하다가 18년간 아버지를 찾아 만난 뒤 관광업을 하
면서 베트남 중부지역 파월장병 후손 대표이자 라이따이한 사랑모임 대표
로 한인 3세의 지원사업에 나섰다. 호치민시 한인교회에 다녀 집사이기도
한 김상일은 1남 1녀의 아버지로서 성격이 활달하고 순박한 인간성을 지녔
으며 『버려진 아이들』(136쪽)이라는 베트남어 저서를 쓰기도 했다.

　한국인 아버지가 없거나, 베트남인 어머니가 없거나, 부모 모두 없는 아이
들로서 세상의 눈총과 차별과 냉대 속에 제대로 교육조차 받지 못하고 성인
이 되고도 궁핍한 생활 속에 허덕이는 한인 3세, 그들을 누가 돌볼 것인가?

　2009년도 1학기 복음봉사단 후원 대상자 30명 가운데 초등학생은 25명,
중학생은 5명인데 그중 1998년과 2000년에 태어난 학생이 각각 6명씩이고
1996년과 2003년생은 1명씩이며 생년월일을 모르는 학생도 2명이 있었다.
한편 부모가 있는 학생은 9명, 아버지만 있는 학생은 15명, 어머니만 있는
학생은 5명 그리고 부모 모두 없는 학생은 1명이었다. 이 30명 가운데 2010
년에 2명을 제외하고 모두 학비 지원을 다시 받고 2011년의 경우 4명을 제

외하고 모두 교체됐다. 복음봉사단은 단원 가운데서 그들의 후견인 30명을
선발해 짝을 지어주어 기도하게 했다. 2009학년도 한인 3세 장학금 대상자
는 다음과 같다.

한인 3세 장학금 대상자(2009년)

	성 명	생년월일	학년	부모	후견인
1	보티황아인(Vo Thi Hoang Anh)	1998. 5. 1.	초 3	부모	김흥순
2	레타익사인 (Le Thach Sanh)	1999	초 2	모	박선복
3	팜티타오(Pham Thi Thao)	1999. 12. 22.	초 2	부모	김희경
4	레티미주옌(Le Thi My Duyen)	2001	초 1	부모	김현숙
5	허우바우쫑(Hau Bao Trong)		초 5	모	나순영
6	루타인뚱(Lu Thanh Tung)		초 5	부	이금순
7	레쟈후이 (Le Gia Huy)	1998. 11. 9.	초 5	부모	박연희
8	레쟈리리 (Le Gia Lyly)	2000. 1. 17.	초 3	부모	이현정
9	쩐티민트(Tran Thi Minh Thu)	1997. 9. 6.	초 4	부모	김신지
10	응웬티엔하오 (Nguyen Thien Hao)	1998	초 2		김신지
11	레르르우럼 (Le Lu Luu Lam)	2000. 8. 24.	초 2	부모	박혜영
12	응웬티투이짱 (Nguyen Thi Thuy Trang)	2000	초 2	부	김희경
13	하티민투(Ha Thi Minh Thu)	1998. 4. 20.	초 6	모	최승희
14	팜타인찌우(Pham Thanh Trieu)	1997	중 1	부	최화명
15	응웬타인롱 (Nguyen Thanh Long)	1997. 2. 15.	중 1	모	김명자
16	응오티티 (Ngo Thi Thi)	1999	초 5	부	최승희
17	레응옥럼 (Le Ngoc Lam)	1998. 2. 24.	초 6	모	최형숙
18	쩐티빅뷔 (Tran Thi Bich Vi)	1997. 10. 18.	중 1	부	함문자
19	응웬옥쭝(Nguyen Ngoc Trung)	1996. 10. 14.	중 2	부	박문희
20	응웬티린(Nguyen Thi Linh)	2000. 8. 24.	초 4	부	박문희
21	쩐티호아이트엉	1999. 5. 6.	초 2	부모	백영희

	성 명	생년월일	학년	부모	후견인
	(Tran Thi Hoai Thuong)				
22	레반푹(Le Van Phuc)	2001	초 1	부	최은주
23	보티타인떰 (Vo Thi Thanh Tam)	1997. 4. 10.	중 1	부	박행자
24	후인응웬꽁민 (Huynh Nguyen Cong Minh)	2000	초 1	부	이금숙
25	도안반상(Doan Van Sang)	1999	초 3	부	김현숙
26	루타인티 엔(Lu Thanh Thien)	2002	초 2	부	함문자
27	27 레민쥬이 (Le Minh Duy)	2002	초 6	부	이명진
28	레꽁뷔엩(Le Cong Viet)	1998. 5. 20.	초 2	부	최화영
29	팜타인루언(Pham Thanh Luan)	2000	초 4	부	박문희
30	쩐다이니아(Tran Dai Nghia)	2003. 10. 21.	초 1	부모	이지연

　2010년 8월 16일 오후 6시 푹주옌(Phuc Duyen)호텔 나항(Nha Hang)식당에서 제18회 한인 3세에게 장학금 전달식과 소망의 집짓기 기념식이 열렸다. 라이따이한 사랑모임이 주최하고 베트남 뚜오이쩨(Tuoi Tre)신문사가 후원한 이날 라이따이한사랑모임 대표 김상일 집사의 인사말로 시작해 미션 앙상블의 색소폰 연주와 서울 상계동 평강교회 청년들의 무언극에 이어 제2부에서 복음봉사단의 장학금 전달과 평강교회의 소망의 집 1호 기증이 있었고 복음봉사단 이지연 이사장의 격려사로 이어졌다. 그리고 황의훈 호치민 한인회장 및 강충식 호치민 콕참(Kokcham) 회장의 축사와 장학금 수혜자 대표의 감사 인사가 있은 후 만찬으로 행사를 마무리했다. 이날 뚜오이쩨신문의 보도와 국영 호치민 TV 방송에서 이지연 이사장의 인터뷰도 방영됐다.

　특별한 것은 미국 LA에 거주하는 불교 신자인 도영미 씨가 10만 원 그리고 종교조차 갖지 않고 있는 박영순 씨가 100만 원을 베트남 한인 3세의 교육비에 보태 쓰라고 보내왔다.

김상일 집사의 감사 편지 (2011. 8. 26.)

존경하는 한국여성복음봉사단 귀빈 여러분! 먼저 오늘 저녁 이 자리에 오신 국내외 귀빈 여러분께 정중히 인사드리며 진심으로 감사의 말씀을 올리는 바입니다.

한국여성복음봉사단은 이미 여러 단체와 개인의 도움으로 저는 2005년 9월부터 이 후원사업을 할 수 있었습니다.

존경하는 여러분! 세계경제가 어려운 상황에 처해있는 가운데도 불구하고 한국여성복음봉사단의 많은 은인들께서는 난관을 이겨내시고 헌금으로 후원해 주고 계십니다. 오늘은 한국에서 5~6 시간 동안 비행해 오셔서 3세 어린이들을 직접 만나 사랑해 주시며 부족함을 채워주시고 사랑의 손으로 장학금을 전달해 주셨습니다. 이 행사는 21회 장학금 전달식이며 한국인과 베트남인 3세가 그 대상입니다. 저는 진실로 이 어린이들의 미래가 날로 새롭게 돼 후일 가정을 돌보고 조국에 봉사하는 인재가 되기를 바라는 바입니다.

저는 이지연 이사장님, 이윤우 목사님과 귀하신 복음봉사단의 은인 여러분 모두에게 특별히 감사를 드립니다. 그리고 저는 귀하신 여러분들을 어린이들 제2의 부모님으로 존경합니다. 은인 여러분들은 저희들의 자녀들에게 정신적 구원을 해주시는 분들이시며 진실로 여러분들은 하나님의 사랑으로 저희들을 사랑해 주시는 은인들이십니다. 이 자리의 많은 어머니들과 어린이들을 대신해 복음봉사단 이사장님과 이윤우 목사님 그리고 모든 은인들에 대한 존경과 감사함을 마음 속 깊이 영원히 간직하겠습니다.

한편 2011년도 3세 장학생 50명 가운데 1번 학생인 보티황안(1998년생)은 대표해서 다음과 같은 글을 보내왔다.

저는 원근 각지의 학생을 대신해 저희들이 학교를 다닐 수 있도록 후원해
주시고 관심을 가져주심을 진심으로 감사드립니다. 한국여성복음봉사
단 어른들께서 저희들을 기꺼이 도와 주심으로 저희들은 학교에 다닐 수
있습니다. 이번에 오신 어르신네들께서는 연로하심에도 불구하고 음식
과 여러 가지 어려움을 참으시고 또 저희들을 도와주셨습니다. 고귀하신
그 마음은 오 랫동안 저희들에게 큰 격려가 되겠습니다. 장학금에는 저
희들에 대한 사랑의 마음이 담겨있음을 느낍니다. 저희들은 그 은혜와
도우심을 항상 잊지 않을 것이며 그 사랑과 후원은 저희들에게 영원토록
큰 응원이 될 것입니다. 저는 공부를 열심히 해서 기대에 어긋나지 않게
하겠습니다.

끝으로 늘 건강하셔서 백년 장수하시며 지금 저희들을 도우시는 것처럼
더 많은 친구들에게도 도움이 되실 수 있기를 바랍니다. 다시 한번 감사
를 드립니다.

2011년 8월26일

보티황안 올림

3) 복음봉사단 임원의 베트남 순방

2011년 6월 임원회에서 블록불루이교회 헌당식과 특별히 봉사단에서 후
원하고 있는 50명의 3세 아이들을 만나기 위해 네 번째로 베트남을 방문하
기로 결의했다. 같은 해 8월 26일 오전 10시 15분 VN기 편으로 베트남의
4개 교회를 순방하기 위해 복음봉사단 임원 6인(이지연, 박문희, 김명자, 박연
희, 최화명, 김희경)이 베선협 사무국장 이윤우 목사의 인솔로 인천공항을 출
발했다. 주요 휴대품은 부닥교회 동판과 걸스카우트 단복 20kg이 넘는 약

300벌을 다섯 큰 가방에 담은 것이었다.

　오후 1시 40분 호치민공항에 도착했을 때 전국에서 모여 마중 나온 70명이 넘는 한인 3세 학생들과 30여 명의 부모들이 꽃다발과 현수막을 들고 열렬한 환영을 해 주었다. 일행과 마중 나온 사람들은 유니버스호텔로 이동해 6시경 장학금 전달식을 가졌다. 그리고 푸짐한 저녁 식사를 대접했다(소요 경비 2,550달러).

　8월 27일 점심식사를 마치고 비행기 편으로 자라이성 플레이쿠로 갔다. 그곳에 도착하니 두 교회(플레이브렝, 플레이오) 목사들이 기쁘게 맞이해 주었고 그들과 함께 호텔 식당에서 저녁 식사를 대접했다.

　8월 28일 주일 오전 10시경 두 번째 플레이오교회에 도착했는데 이미 교인들이 주일예배를 마치고 귀가해 제직 몇 사람만 만날 수 있었다. 지난해 복음봉사단 임원들이 왔을 때 강단 여러 곳이 낡아 수리비를 주고 갔었는데 깨끗이 수리되고 벽도 칠해졌다. 기도를 마친 뒤 걸스카우트 단복이 든 가방 하나와 100달러를 헌금했다. 교회를 돌아보는 가운데 근처에 다 쓰러져 가는 건물이 있어 물었더니 초등학교라 했다. 관심을 가지고 들어가 살펴보았는데 맨바닥에 책상이 30개 정도 놓인 3개 교실이 이어져 있었다. 학교는 정부(문교부) 소관이라 누구도 손댈 수 없다고 했다.

　다음으로 찾은 곳은 첫 번째 교회인 플레이블렝교회였다. 교회당 부지도 넓고 규모가 크며 아름다웠다. 교인이 많고 안정된 모습이었는데 자립할 수 있는 처지임을 알고 일행은 모두 흐뭇해했다. 여기서도 가지고 간 옷 가방 하나와 100달러를 헌금했다.

　플레이브렝교회 담임 교역자 푸이 블릭 목사는 한국여성복음봉사단에게 감사의 서신을 전달하였다. 그는 먼 이국에서 베트남에 교회 건축을 위해 후원하고 기도를 통해 예배당이 지어지게 된 것에 깊은 감사를 표하였다.

받는 것보다 주는 것이 복이 있다는 사도행전(20:35) 말씀을 인용하면서 한국여성복음봉사단 위에 주님의 복이 깃들기를 축원하기도 하였다.

8월 28일 오후 1시 함유순 권사와 송선영 장로 기념교회인 세 번째 교회(플레이블룩블루이) 헌당예배에 참석했다. 네 교회 가운데 봉사단 임원이 친히 헌당예배에 참석하기는 이번이 처음이었다. 주제는 '교회의 터'로서 성경에 "이 닦아 둔 것 외에 능히 다른 터를 닦아둘 자가 없으니 이터는 곧 예수 그리스도라"(고전 3:11)라고 기록돼 있다. 약 2,500명의 교인이 양쪽 복도까지 가득 메운 가운데 베트남복음성회(남부) 부총회계 웬옥투언 목사의 주례와 크소르복 담임목사의 인도로 영접 순서가 있은 후 헌당 테이프커팅, 교회당 입당, 찬양연주에 이어 예배와 찬양과 헌당 순서로 진행됐다.

개회부터 폐례까지의 순서는 다음과 같다.

I. 개회	① 찬양(9장), ② 사도신경, ③ 개회기도: 팝신 목사
II. 정례	① 찬양(161 장), ② 찬양(120장): 블룩블루이독교회 찬양대, ③ 찬양: 블랭교회 찬양대, ④ 경과보고: 푸이네 전도사, ⑤ 찬양(173장): 므룡요용오교회 찬양대, ⑥ 찬양 (211장) 껜쯥교회 찬양대, ⑦ 찬양(238장) 이아사오교회 찬양대, ⑧ 성경봉독: 고린도전서 3:9-15, ⑨ 설교: 웬옥투언 목사, ⑩ 말씀 응답 기도: 시우뚬 목사, ⑪ 찬양(121장): 이아리교회 찬양대, ⑫ 헌당의식: 웬옥투언 목사, ⑬ 찬양(210장): 이아므농교회 찬양대
III. 폐례	① 축사: 교회 대표 및 지역 관리 대표, ② 감사 말씀: 담임 목사, ③ 선물 증정, ④ 찬양: 일동, ⑤ 축도: 웬옥투언 목사

헌당예배에서 특이한 것은 주변의 여덟 교회에서 온 찬양대의 일곱 번의 은혜로운 찬양이었고 복음봉사단 임원들로서는 하나도 알아들을 수 없는 베트남어 설교가 무려 2시간 30분 동안 계속되는 데도 교인들은 조금도 흐트러짐 없어 감탄하지 않을 수 없었다. 감시를 게을리하지 않던 5명의 공안

원들이 그 긴 시간을 견디지 못했는지 모두 자취를 감추고 말았다. 축하순서에서 박문희 이사가 축하 말씀을 했다.

예배가 끝난 뒤 모두에게 점심 식사를 대접하고 옷가방 하나와 100달러를 전달했다. 김희경 이사는 개인적으로 교회에 식사비용과 휴대용 오르간 구입비로 3,000달러를 헌금했다.

플레이블룩블루이교회의 담임 교역자인 크소르 복 목사는 한국여성복음봉사단의 후원으로 예배당이 지어진 것에 감사하면서 이 교회를 통해서 먼저 교회 공동체가 아름답게 성장하며 그리스도의 복음이 널리 전파하는 공동체가 되도록 계속 기도를 요청하였다.

플레이오교회의 담임 교역자 르마 쳅 목사도 감사의 서신을 보내왔다. 르마쳅 목사는 이윤우 목사를 통해 한국여성복음봉사단이 건축 후원을 베푼 것에 감격하면서 봉사단에도 그리고 봉사단이 지은 교회와 성도들에게도 하나님의 복이 임할 것을 확신하였다.

8월 29일 아침 일찍 서둘러 버스를 타고 네 번째 교회인 부닥교회를 향해 갔다. 플레이쿠에 위치한 세 교회는 비교적 서로 모여 있어 방문하기가 쉬웠으나 부닥교회는 지역도 민족도 다른 먼 곳으로 약 5시간이 걸렸다. 부닥교회는 김신영 이사장 기념교회로 세 교회당과 다르게 더 웅장하고 돋보였다. 일행은 르마로안 담임목사에게 현판을 증정하면서 기념사진을 촬영했다. 그리고 옷가방과 특별히 300달러를 헌금했다.

부닥교회의 담임 목사 르마로 안은 한국여성복음봉사단이 2010년에 지원한 미화 2만 5,000달러에 대한 감사를 구체적으로 표현하였다. 이윤우 목사를 통한 선교 후원에 대한 감사와 이러한 후원을 베푼 한국여성복음봉사단에 하나님의 축복을 기원하였다.

두 시간 이상 움직이지 않고 말씀에 온 정신을 쏟는 그들의 신앙 앞에 고

개가 숙여지고 우리의 예배 태도를 반성하게 했다. 기도할 때와 찬송가를 부를 때 일어서서 하는 그들의 경건한 예배의 모습은 우리들의 초대교회 선배들을 보는 듯했다. 장학금 이름으로 생활비와 학비를 보내는 한인 3세 어린이들, 자꾸 그들의 초롱초롱한 눈망울이 떠올랐다. 이지연 이사장이 그들에게 갖가지 사탕과 과자 등 먹을거리를 봉지에 담아와 선물했는데 받자마자 다 먹어치운 식욕! 그리고도 호텔에서 음식을 게눈감추듯 한 그들에게 장학금을 어찌 중단할 수 있겠는가? 아버지가 버린 자식을 우리도 버릴 수는 없었다.

노동판에서 한 달 일한 노임이 100달러, 우리 돈으로 10만 원이 베트남인에게 생명줄이다. 용돈과 생활비를 줄여야겠고 아껴야겠다. 맨발로 다니는 그들은 가난 때문에 빚어진 맨발이었다. 어느 임원은 두 번째 교회(플레이오 블룩블루이) 옆에서 보았던 폐품 창고 같던 초등학교가 눈에 밟힌다면서 복음봉사단이 외면할 수 없지 않느냐고 눈물을 흘렸다.

9월 2일 새벽 5시 주님과 동행한 7박 8일 고난의 행군 끝에 VN기로 인천공항에 무사히 안착했다.

하나님! 베트남을 이스라엘처럼 다스리시고 정글에 꿀과 곡식이 넘치는 나라 되게 하소서….

9월 19일 복음봉사단 월례회가 91명이 모인 가운데 연동교회 베들레헴 예배실에서 개최될 때 김희경 이사의 선교지 방문 구두보고에 이어 박문희 이사의 해설로 영상을 통해 자세한 사진을 감상했다.

4. 아시아 몽골 선교

서울외국인근로자선교회(이하 외국인선교회)에 속한 몽골인을 선교해 그
들이 자기 나라에 가서 복음을 전하도록 하는 전략에 따라 2004년 2월 6일
월례회에 외국인선교회 유해근 목사를 초청해 '몽골선교를 왜 해야 하는가',
'몽골선교를 어떻게 할 것인가'에 대해서 진지하게 들었다. 3월 8일 임원회
에서는 몽골 선교는 협력 선교로 하며 복음봉사단 선교비 중에서 몽골선교
위원회를 통해 보내기로 가결했다. 그리고 4월 19일 월례회에서 아세아연
합신학대학교 김윤정 교수를 초청해 '몽골을 자세히 알자'는 제목으로 몽골
의 전반적인 것과 특히 어려운 문제점에 대해서 청취하고 몽골 여성들의 영
혼 구원과 치유의 손길을 위해 기도했다. 그 후 복음봉사단은 몽골 선교에
뜻을 모아 외국인선교회에 2004년 4월 29일부터 매월 15만 원을 보냈다.

서울외국인근로자선교회(담임: 유해근 목사)는 명칭 그대로 서울의 외국
인 근로자들에게 복음을 전하기 위해 대한예수교장로회(통합) 소속 선교기
관으로 서울노회의 지원을 받아 설립해 2001년 현재의 위치인 광진구 광장
동으로 이전했다. 처음에는 실직한 외국인 근로자들을 상대로 쉼터 운영으
로부터 의료와 이,미용 봉사활동을 전개했으며 그들이 한국에 체류하는 동
안 영접한 주님과 그리스도의 진리를 귀국한 후에 외국인선교회에서 파송
한 선교사로 복음을 증거하도록 지도하고 있다.

현재 나섬 공동체 이름 아래 외국인 근로자는 6개국권(몽골권,서남 아시아
권,영어권,무슬림권,중국권,터키권) 안에 26개국이 속해 있으며 서남 아시아
권은 인도를 중심으로, 영어권은 필리핀과 아프리카를 중심으로, 무슬림권
은 이란을 중심으로 하고 있으며 몽골의 경우 1,600여 명, 이란 245명, 필리
핀 171명 등 총 맴버쉽 카트 회원이 26개국 2,500여 명에 이르고 연간 참여

인원은 1만여 명에 달하고 있다.

1) 서울외국인근로자선교회(몽골권)

복음봉사단은 서울외국인근로자선교회(이하 외국인선교회)의 6개국권 2
6개국 가운데 가장 인원이 많고 활발한 몽골권을 돕기 시작했다. 처음 몽골
근로자들이 일터로 나간 후 방치된 그들의 자녀에게 배움의 길을 열어 주기
위해 1999년에 최초로 8명의 학생으로 재한몽골학교를 세우고 2005년 서울
특별시교육청의 외국인학교 인가를 받아 기숙사 입주식을 가진 해인 동년 제
1회 졸업생을 배출했다. 그동안 졸업생은 총 400여 명에 이르고 2006년 몽골
교육부로 부터 초·중·고등학교 인가와 2007년 몽골 대통령으로부터 친선
훈장을 받았다. 한편 2001년 몽골문화원을 비롯해 몽골인터넷방송국을 설
립하고 몽골 이름의 문화원, 봉사단, 어학당 등으로 다양한 활동을 전개하고
있다. 한국에는 몽골 전체의 인구 약 280만 명의 1%가 넘는 3만 5,000명의
몽골인들이 살고 있다.

복음봉사단은 외국인선교회에 2004년 4월부터 월 15만 원을 지급하다
가 2008년부터는 월 30만 원으로 선교비를 인상했다.

몽골은 중앙아시아 동부에 북쪽은 러시아, 남쪽은 중국과 접한 사회주의
국가로 몽골고원을 중심해서 면적이 한국의 7배가 넘는다. 수도는 울란바토
르, 인구는 233만 명(1996년)이고 공용어는 몽골어이며 종교는 대부분 불교
의 한 종파인 라마교(Lamaism)가 대부분이다. 우리나라와 한 혈통의 알타
이어족에 속해 모음조화를 비롯해 주어와 서술어, 수식어와 피수식어의 순
서가 동일하며 1990년 우리나라와 정식 국교를 체결했다.

2) 외국인선교회 대학생에게 장학금

2005년 9월 12일 월례회에서 외국인선교회의 몽골 신학생을 선발 양육해서 자국으로 보내어 선교하도록 결의했다. 11월 7일 이사회에서도 몽골인 신학생을 외국인선교회의 추천을 받아 장학금을 전액 후원하기로 했다.

복음봉사단은 2006년부터 2011년까지 외국인선교회 소속 세 학생에게 장학금(등록금)을 지원했다. 2006년부터 2008년까지 3년 동안 몽골 학생 보르마에게 총 1,582만 5,000원을 지급하고 2009년도는 몽골인 학생 촐롱바토르에게 1년분 567만 4,000원, 2010년도는 장로회신학대학교를 직접 상대해 우즈베키스탄 학생 백알료나에게 1년분 841만 4,000원, 2011년도는 중국인 학생 김이화에게 2011년 3월 288만 원을 지급했다.

몽골 학생 보르마(Burmaa: 여)는 1956년 몽골 울란바토르에서 태어났다. 1964년부터 1974년까지 제24 학교에서 초등으로부터 고등학교 과정을 졸업하고 몽골국립대교에서 4년 동안 경제학을 전공했다. 1978년 학사 자격증을 소지했지만 취직을 할 수 없어 허송세월 끝에 1996년 돈을 벌기 위해 한국으로 왔다. 2주짜리 비자로 1년 2개월 동안 있으면서 불법 체류자가 된 보르마는 재봉공장의 미싱공으로 일했다. 그런데 주인을 잘못 만나 임금을 받지 못했다. 이때 누구의 소개로 외국인선교회를 찾아갔다. 보르마는 은혜에 보답하기 위해 외국인선교회에 나갔고 예배에 참석하면서 하나님의 은혜를 깨닫게 됐다. 40평생 좋은 말씀이 무엇인지 들어본 적이 없었는데 눈물을 쏟은 뒤 그때부터 기쁨이 넘치는 생활을 할 수 있었다. 이때 나섬교회에서 세례를 받았다.

1997년 귀국해서 울란바토르선교회에서 시무하면서 사회윤리 교사 자격증을 획득하고 2000년 유니온 바이블 트레이닝스쿨에 입학해 3년 동안 신학공부를 했다. 2004년 전도사 자격증을 받고 다시 내한해 외국인선교회에 머물면서 회원 가운데 몽골팀, 즉 몽골인 근로자들에게 복음을 전하고 예배와 함께 여러 가지로 도움을 주는 리더로서 활약했다. 한편 장로회신학대학교 신학대학원에 입학했다.

복음봉사단에서는 장신대 신대원 2학년부터 보르마의 졸업 때까지 등록금 전액을 다음과 같이 지급했다.

2006학년도	4,845,000원	2학년
2007학년도	5,119,000원	3학년
2008학년도	5,861,000원	4학년

2006년 4월 17일 보르마는 복음봉사단 월례회와 2008년 3월 17일 월례회 겸 3·1절 기념 예배에 와서 말씀을 증거했다. 2008년 장신대 신대원을 졸업하고 몽골로 돌아가 2011년 다시 내한해 동년 4월 12일 부천노회(노회장: 오금용 목사)가 주관해 처음교회에서 목사안수를 받았다. 그리고 부천 복된교회(담임: 남기탁 목사)의 파송을 받아 모국 선교사로 귀국하면서 몽골에 복음을 전하는 가운데 "특별히 버려진 미혼모나 이혼녀들을 보살피겠다"고 했다.

몽골 학생 촐롱 바타르(Chuluun Baatar)는 1969년 몽골의 수도 울란바토르에서 태어났다. 1976~1986년 중학교와 고등학교 과정을 마치고 러시아로 가서 1년 6개월 동안 기술학교를 다녔다. 1988년 군에 입대해 복무한 뒤 1990년 바트재랜 졸라와 결혼, 그 이듬해 딸(홀랑)을 낳았다. 이때부터 경찰관으로 근무하고 1994~1998년 정치대학을 다녔다.

1999년 살길이 막막해서 돈을 벌려고 한국에 왔다. 친구의 소개로 외국인선교회를 찾아가 따뜻한 사랑과 포근함을 느꼈다. 예배를 드리면서 몽골어로 찬양하고 성경을 읽을 때 무한한 감동을 받았다. 그로부터 주일과 수요일마다 나섬교회에 나가기 시작하면서 마음속에 무거운 짐이 없어졌고 주님의 은혜에 감사하는 생활을 누리게 됐다. 얼마 안 있어 몽골 예배 인도자로 찬양을 인도하기 시작하고 전도사로 일하기에 이르렀다. 그런데 아내가 신부전증으로 1주일에 3회씩 혈액투석을 하게 됨으로써 결국 남편의 신장을 떼 내주어 죽을 고비를 넘겼다. 딸도 고등학교를 졸업하고 아르바이트를 하며 어머니와 집안일을 돕고 있다.

2004년 서울성서신학원과 2010년 장로회신학대학교를 졸업하고 '복지'라는 말조차 없는 조국을 위해 서울장신대학교 신대원 사회복지학과에 입학, 동년 9월 복음봉사단으로부터 학비를 받아 몽골의 빈민층을 염두에 두고 복지실천 프로그램을 연구하고 있다. 촐롱 바타르는 졸업 후에 목사안수까지 받고 고국에 돌아가면 "교회를 지어 복음을 전하고 어려운 이웃들을 위한 복지관과 어린이 교육기관을 설립해 헌신하고자 한다"고 했다.

중국 학생 김이화(金伊花)는 1975년 중국 길림성 도문시에서 태어났다. 8세 때 초등학교에 입학하고 1988~1994년 중고등학교 과정을 마쳤다. 1994~1998년 길림성 통화사범대학에서 정치학을 공부한 뒤 교편을 잡으면서 결혼하고 2000년 돈을 벌려는 목적으로 호주로 갔다. 거기서 비자가 만기되는 바람에 불법 체류자로 빌라우드수용소에 수감됐다. 이때 수용소를 찾아온 한국인 조미상 목사의 전도를 받고 하나님을 아버지라 불렀다. 그곳에서 예배를 드리면서 세례를 받고 소망 가운데 살았다. 그 후 풀려나 중국으로 갔다가 2006년 유학차 한국으로 와서 외국인선교회를 알게 되고 국제문화대학원대학교에 입학해 국제 사회교육을 전공, 2008년 석사학위를 받았다. 한편 외국인선교회에서 중국팀을 신설해 조선족과 중국인들에게 예배를 인도하며 전도했다. 오직 한 가지 소망은 중국 대륙의 수많은 영혼들에게 복음을 전하는 것이었다. 2009년 장로회신학대학교 신대원에 진학해 2011년 현재 3학년에 재학 중에 있다.

앞으로 목회자가 되면 이루고자 하는 바람이 무엇이냐고 물으니 다음과 같이 답했다.

저에게 주신 한없는 은혜를 감사하며 고향인 중국에 돌아가 주님의 복음을 전하고 싶습니다. 우리 하나님을 모르고, 혹은 우리 하나님을 우상처럼 알고 있는 주위의 모든 사람들과 사랑을 나누며 예수님 안에서 살겠습니다.

필자는 그녀에게 당부하기를 "북한이 중국인 말은 잘 들으니 중국인으로서 그들에게 힘껏 복음을 안겨주기를 기원한다"고 했다.

5. 아시아 인도 선교

2007년 1월 7일 임원회는 해외 선교지 확장을 위해 인도에서 선교하고 있는 추에녹 선교사에게 월 40만 원(연 480만 원)을 지원하기로 했다. 1월 22일 추 선교사는 월례회에 참석해 말씀(마 1:23)을 전하고 인사를 나누었다. 4월 7일 임원회는 인도의 회관 임대를 위한 수수료 40만 원과 추 선교사가 소에게 받힘을 당한 부상 위로비 20만 원을 송금했다.

12월 7일 추 선교사는 귀국하는 길에 복음봉사단 임원회에 참석해 1년 동안의 선교사역을 보고하고 대화를 나누었다.

추에녹 선교사는 1997년 1월 11일 기독교대한하나님의성회 총회의 인도 파송을 받았다. 추에녹 선교사는 1972년 전남 목포에서 태어나 순복음신학교 신학과를 졸업하고 아세아연합신학대학교에서 신교학 석사학위를 받았으며 김순희 사모와의 사이에 1녀 1남을 두었다.

추에녹 선교사는 2001년까지 근 5년 동안 현지 적응 및 언어 연수에 전념했다. 그 가운데 1999년 델리 목회자훈련원에서 2년간 영성신학을 강의하는 한편 슬럼(The School of Hope)학교를 설립해 40여 명의 초등학교 1,2학년 학생을 가르치고 델리대학 학생들과 성경공부 그룹을 조직했다.

2002~2005년 지도자심화훈련센터(ALTC)에서 델리 기도학교 책임자로 있으며 2003년부터 풍성한생명교회(ALC) 협력목사로 사역했다. ALTC는 1993년 현지 목회자 양성 및 재교육을 위해 설립된 기관으로 여기서 풍성한생명교회를 개설했다. 2003년 13명의 성도로 시작해 2011년 재적 70여 명, 주일 출석 100여 명 이상이었다. 한국은 재적수보다 출석 수가 적지만 인도는 그 반대로 교회 등록이 개종과 같은 의미를 지녔기 때문에 재적자 수보다 출석 수가 더 많은 편이다.

2006~2008년 교인 80여 명의 뉴델리벧엘한인교회(천성조 목사)에서 협동목사로 사역하고 2007년 한인 선교사들의 모임인 북인도사역자협회 총무를 역임했으며 2009년 델리대학을 중심으로 전도지를 배포하는 한편 소년의집 고아원 사역자로 일했다. 고아원은 2004년 시작된 곳으로 ALTC에서 운영하는 한 분야이다. 2011년 3명의 직원이 6~17세 어린이 20여 명을 돌보고 있으며 남녀 어린이의 수용이 어려워 남자만 양육하고 있다.

2008년 1월 7일 복음봉사단 임원회는 인도 선교지에 빔프로젝트 구입비 250만 원을 송금했다. 빔프로젝트는 주로 성경공부와 세미나 때 그리고 영화 상영을 위해 유용하게 쓰이고 있다. 11월 11일 추 선교사는 복음봉사단 창단 39주년 기념 예배에 참석했다. 2009년 2월 7일 임원회는 인도 사역비를 월 40만 원에서 70만 원으로 인상했다. 요인은 현지 예배처소 건물 임대의 인상 때문이었다. 추 선교사는 한인 선교사가 운영하는 델리신학교에서 영성신학을 맡아 2년간 강의한 뒤 비정기적인 강의를 지속하고 있다. 한편 추 선교사는 인도선교전략연구소와 인도교회 성장연구소 두 기관에 관심을 집중하고 있다. 이에 대해 추 선교사는 다음과 같이 소신을 밝혔다.

> 두 연구소는 인도 선교를 위한 궁극적 비전이 있는 기관입니다. 인도선교전략연구소는 인도 선교의 꿈을 품으며 좀더 효과적인 선교 근접을 위해 그리고 인도 선교에 꿈을 가지고 있는 후배들을 위해 설립의 비전을 가지고 있습니다. 또한 인도교회성장연구소는 인도에서 교회 사역을 위해 나아가면서, 인도 선교의 역사가 200년 이상임에도 불구하고 대부분의 교회들이 하층민으로 구성돼 있기 때문에 인도 교회의 가장 어려움 중의 하나가 인도 선교의 미자립이라는 이유를 보게 됩니다. 그래서 인도의 교회 부흥을 통해 스스로 자립할 수 있는 일이 인도 선교의 과제라고 볼 수 있습니다.

추 선교사는 두 기관을 통해 인도교회가 성장할 수 있는 방안을 연구하며 현지 목회자들을 위해 도울 수 있는 기관의 설립을 구상하고 있다.

1997년 인도에 거주하는 한국인은 800명 정도였는데 2010년에는 6,000여 명에 이르렀으며 그중 한국인 기독교도들은 한인교회에 출석하고 있다.

6. 아시아 터키 선교

2009년 7월 7일 임원회는 터키에서 선교하고 있는 이재한 선교사에게 교회당 건축비 5,000달러(한화 6,415,100원)를 보조해 주기로 했다. 이 일은

7월 20일 월례회에서도 만장일치로 통과했는데 그 발단은 문화교회 최승희 부장의 발의에 의해서였다. 문화교회는 이재한 선교사가 자라난 모교회로서 2006년 1월부터 이재한 선교사를 후원하고 있다.

7. 아시아 인도네시아 선교

두관석 목사는 복음봉사단에 선교비 300달러의 지원 요청서를 보내와 2011년 5월 7일 임원회는 인도네시아에서 선교하고 있는 두관석 선교사를 지원하기로 심의한 뒤 16일 월례회에서 가결했다. 그래서 6월부터 월 300달러(한화 35만 원)를 송금했다.

두관석 선교사는 1968년생으로 호남신학대학과 장신대 및 신대원을 졸업하고 2003년 연동교회 부목사로 부임, 2009년 2월 15일 인도네시아 선교사로 파송을 받아 24일 이선아 사모와 1남 1녀를 데리고 인도네시아 땅을 밟았다.

연동교회의 부목사 출신인 두관석 선교사는 초기에 발리의 STII신학교에서 선교학을 강의하고 목회자제자훈련원에서 신학생을 상대로 2년간 코스를 담당하며 풍습을 익혔다.

2011년에 이르러 발리를 기점으로 누사뚱가라로 불리는 동쪽의 섬들인 름복, 숨바와, 숨바, 플로레스 등지로 사역을 확장해 나갈 계획이다.

그러한 주민들을 상대로 두관석 선교사는 관계를 형성하며 조심스럽게 복음을 전하고 있는데 그중 몇 명은 그리스도인이 됐으나 부족의 공동체 사회에 이 사실을 알리지 못하고 있다. 선교사들이 '숨은 그리스도인'이라 부르는 그들은 마을에 정착하지 못하고 추방당하는 경우가 많다. 선교사들은 그러한 악조건에서도 주민들에게 신발과 의복을 위시해 생필품 및 학용품 그리고 고등학교 진학을 위한 장학금을 지급하면서 접근하고 있다. 또한 피부병을 비롯해 각종 질병으로 병원에 가지 못하는 주민들에게 약을 공급하는 일은 방법이 어떠하든 선교의 지름길이 아닐 수 없다.

두관석 선교사는 현재 공식적인 교회를 세울 수 없는 이 지역에 기독교 공동체 마을, 혹은 기독종합선교센터(가칭) 설립을 꿈꾸고 있다. 그것은 추방당한 기독교인과 STII신학교 졸업생들을 모아 기독교 마을을 형성해서 지속적으로 교육할 수 있는 물리적인 공간을 제공하기 위함이다. 그 센터 안에 유치원 및 기술학교와 극빈자를 위한 보육원 그리고 마을의 경제적 자립을 위한 가축장이 들어설 수 있도록 기도하고 있다.

8. 국내 선교

1) 한국기독교군선교협의회

복음봉사단은 창단 이후 60만 군인들에게도 깊은 관심을 가지고 문서선교(다락방, 새가정), 군인교회 건축(제3사단 백골전선 교회당) 및 군목 선교비와 한국기독교군선교연합회에 선교비 지원 등으로 군 선교와 복음화에 한 몫을 담당해오고 있다. 그 가운데 1972년 5월 설립된 전군신자화후원회에 109,500원을 지원한 바 있다. 이 금액은 복음봉사단 국내 선교비 159,000원 가운데 3분의 2에 해당하는 파격적인 할당이었다. 전군신자화후원회는 1976년 군복음화후원회로 부르다가 1999년 한국기독교군선교연합회(약칭: 군선교연합회)로 명칭을 확정했다.

언지동 여전도회관에 자리하다가 2004년 지금의 장소인 반도보라아이비타워(종로구 효제동 47)로 이전하였고 그 자리는 일제시대 40년간 연동교회 네 번째 교회당 자리였다. 군선교연합회는 군 복음화를 통해 민족 복음화의 결실을 맺고 나아가 인류 복음화에 기여하고자 하는 우리나라 군 선교의 대표기관으로 복음봉사단은 2000년부터 2002년까지 매월 15만 원, 2003년부터 2007년까지 매월 10만 원, 2008년부터 2011년까지 20만 원을 지원했다. 2003년 10월 1일 군선교연합회는 복음봉사단에 '군선교회원증서'(패)를 수여하고 2007년 5월 18일 '군선교 20년 근속 정기후원 감사패'를 증정했다.

2) 기독교방송국

전파를 통해 복음선교와 기독교 문화창달에 이바지하고 있는 기독교방송국에 2000년 3월 처음으로 선교비 17만 1,000원을 보냈다. 그 돈은 동년 3월 20일 3월 월례회 및 3·1절 기념 예배에서 독립선언문을 낭독(김현숙, 최은주 단원)한 뒤 3·1절 기념으로 헌금하였다.

2000년부터 2003년까지는 기념헌금만을 기독교방송국에 보냈으나 2004년부터는 기독교TV방송국에 3·1절 기념헌금으로 추가해 26만 원으로 인상하고 2006년부터는 거의 30만 원을 보태 50만 원을 보냈다. 기독교방송국에 보낸 3·1절 기념 헌금액은 다음과 같다.

3·1절 기념 헌금액

일시	헌금액	비고
2000년 3월 20일	171,000원	기독교방송국
2001년 3월 19일	154,000원	기독교방송국
2002년 3월 18일	220,500원	기독교방송국

일시	헌금액	비고
2003년 3월 17일	180,000원	기독교방송국
2004년 3월 22일	260,000원	기독교TV방송국
2005년 3월 21일	260,000원	기독교TV방송국
2006년 3월 20일	500,000원	기독교TV방송국
2007년 3월 19일	500,000원	기독교TV방송국
2008년 3월 17일	500,000원	기독교TV방송국
2009년 3월 16일	500,000원	기독교TV방송국
2010년 3월 22일	500,000원	기독교TV방송국

이를 계기로 1983년부터 복음봉사단 단원들의 성탄헌금 내지 6·25 기념 헌금으로 지원해 오던 강동구 둔촌동 소재 서울보훈병원은 중단하고 말았다.

9. 연동세계선교위원회

복음봉사단은 다수가 모이는 매년 1월의 정기총회를 비롯해 월례회 장소는 1992년까지 복음봉사단 신길동 회관이었다. 그 후 종로구 연지동 한국기독교연합회관 1312호 사무실이었는데 장소가 협소해 2000년부터 기독교연합회관에서 가까운 길 건너 연동교회에서 모였다. 이 교회는 역대 이사장 신의경 권사와 이지연 장로 그리고 함유순, 박문희, 이현정, 박연희 역대 단장의 교회로 마음 놓고 집회할 수 있는 장소였다. 교회 내 205호실이 가장 적당한 자리였고 1층의 식당을 이용할 수 있어서 좋았다. 205호는 2006년 드보라의 방으로, 3층 소예배실은 베들레헴예배실로 이름이 바뀌었다.

2006년에는 약간 액수를 감사 헌금한 뒤 2007년에는 100만 원, 2008년부터는 연동세계선교위원회에 매년 200만 원을 헌금하고 있다.

10. 창단 기념 예배

해마다 돌아오는 출생일을 정성드려 기념하고 축하하며 장수와 초복(招福)을 기원함은 종교인이나 일반인이나 다를 바가 없다.

복음봉사단은 1969년 11월 11일 태어나 혁혁한 '복음봉사단'의 업적을 이룩하면서 창단 기념일에 기념 예배를 드리고 설립목적을 다져 왔다. 창단 4주년이 되는 1973년 11월 11일 복음봉사단 신길동 사무실에서 조촐하게 기념 예배를 드릴 때 방지일 목사가 설교했으며 도쿄교회 고등부 학생들이 축하품을 전달하는 순서도 있었고 도쿄교회의 오윤태 목사와 송경신 선교사로부터 축전이 왔으며 일본인 전영복 목사는 축하 서한을 보내왔다.

5주년이 되는 1974년도에는 11월 월례회에서 감사헌금 1,000달러를 모금하는 감격도 있었고 일본에서 오윤태, 전영복 목사와 송경신, 박정자 선교사로부터 축하의 전문 그리고 서울여전도회연합회와 경기도여전도회연합회 등에서 화환이 답지했다. 1976년 7주년 때는 방지일 목사의 설교와 한철하 목사의 축사로 기념 예배를 드리고 부흥사경회까지 열었다. 10주년이 되는 1979년 11월 12일 한양교회당에서 120여 명이 모여 김세진 목사가 "아시아 선교의 사명"이라는 주제로 설교하였다.

그리고 고복실 외 14명의 공로 단원과 김민옥 외 9명의 10년 근속 단원에게 표창장을 수여한 뒤 즉석에서 500달러를 헌금했다. 이날 임원들은 예배를 마친 뒤 방지일 목사와 함께 안양으로 김양선 목사의 묘소에 가서 추모예배를 드리기도 했다.

제21주년이 되는 1989년 11월 11일 복음봉사단 베다니집에서 45명의 단원이 모인 가운데 전송자 단장의 사회로 김신영 이사장의 기도에 이어 전주대학 강교자 교수의 설교와 김성억 목사의 축사로 기념 예배를 은혜롭게

신원혜 단원에게 모범표
창(김민옥 단장/1985년)

드렸다. 이날 감사헌금 23만 원은 대구 오시네시모 출소자선교회에 난방비
(연탄 1,000개)로 보냈다. 제36주년이 되는 2005년 11월 11일 연동교회에
서 83명의 단원이 모여 이현정 단장의 사회로 이지연 이사장의 기도와 이성
희 목사(연동교회)의 설교로 기념 예배를 드렸다,

   이날 아세아연합신학대학교 임택권 총장으로부터 축하 화분을 보내오고
이지연 이사장은 단원들에게 기념으로 손가방을 선물했다.

   1993~2009년도 17년 가운데 홀수 연도의 창단 기념 예배의 발췌사항은
다음과 같다.

일시	회차	장소	설교자	인원	특이 사항
1993.11.11.	24	사무실	정구영 목사	51	서울여대에 의자 및 설비
1995.11.2.	26	사무실	한철하 박사	49	정구영 총장 축사
1997.11.11.	28	신일교회	이광선 목사	59	나귀환 목사 축사
1999.11.11.	30	연동교회	강동수 목사	72	장바구니 선물
2001.11.12.	32	연동교회	강동수 목사	68	덧버선 3컬레 선물
2003.11.11.	34	연동교회	강동수 목사	77	단원들 에게 기념품
2005.11.11.	36	연동교회	이성희 목사	83	가방 200개 선물
2007.11.11.	38	연동교회	박혜성 목사	95	이지연 이사장 선물
2009.11.11.	40	연동교회	강동수 목사	85	이지연 이사장 선물

11. 임원 기도회와 월례회 말씀

1) 임원 기도회

1969년 창단 이후 복음봉사단은 변함없이 매월 7일을 임원회의 날로 정하고 업무처리 전에 임원들이 기도회를 갖는다. 임원 기도회는 창단 이후 단 한 차례도 거른 적이 없이 진행되었다. 그것이 봉사단이 반세기 동안 선교 사역을 가능하게 하는 영적인 힘의 원천이었다. 기도가 없이는 아무것도 이룰 수 없다는 것 그 믿음이 봉사단 사역을 가능하게 하였다. 한 달 31일 가운데 7일을 택한 것은 1967년 7월 7일 7인이 모여 복음봉사단의 모체인 겟세마네기도회를 조직한 데서 기원하고 있으며 근래에 이르러 겟세마네 명칭은 사라지고 단순하게 기도회로 부르고 있다.

이사장과 이사, 단장과 부단장으로 구성된 임원회는 특별한 경우를 제외하고는 거의 본단 사무실(한국기독교연합회관 11층)에서 말씀을 묵상하고 하나같이 합심으로 "국가와 민족을 위해, 선교지와 선교사를 위해, 단원과 가족을 위해" 통성으로 기도한다. 기도는 그리스도를 매개로 하나님께 감사, 찬미, 고백, 기원하는 복음봉사단의 필수 의식이다. 그리고 임원회에 들어갔다. 임원회 안건의 주요 의제는 이미 이사회에서 상정된 것이 골격이었다.

2002년 2월 7일의 경우 오후 2시에 본단 사무실에서 김신영 이사장 외 10명의 임원이 참석해 박문희 단장의 인도로 김수길 증경단장의 대표기도와 유부웅 선교사의 말씀에 이어 통성기도를 드렸다. 그리고 이날 임원회의 회무 처리 안건은 '① 송기수 목사를 강사로 초빙, ② 백영희 부단장이 본회관에 FAX 기증, ③ 월례회 식사 제공은 김신영 이사장' 등이었다. 임원회의 회무처리는 월례회의 핵심 안건이 된다.

한국여성복음봉사단 임원회

임원회를 마치고(양성담 부단장댁/1976년)

제2대 김신영 이사장과 임원들이 임원수련회를 마치고(김신영 기념관/ 2003. 4. 7.)

임원회에서는 보통 1월의 경우 전년도 결산보고와 채택, 당년도 예산안 심의와 채택 그리고 임원개선 등이고 3월은 예외 없이 3·1절 기념 예배 및 독립선언문 낭독, 11월은 창단 기념 예배가 행해진다. 한편 2002년 11월의 경우 임원회에서 논의된 안건은 케냐 선교에 관한 8건, 2006년 9월의 안건은 제일 많은 10건이었다.

2) 월례회 말씀

매월 셋째 주일 월요일 11시에 연동교회에서 전체 단원이 월례회로 모인다. 복음봉사단 창단 월일시(月日時)가 11월 11일 11시이기에 창단 기념 예배를 매년 11월 11일 11시에 드리는 한편 월례회도 11시에 갖는다. 또한 장소를 연동교회로 지정한 것은 복음봉사단 사무실과 가깝고 집회공간을 마음껏 이용하는 데 용이하기 때문이다. 한국여성복음봉사단의 월례회도 지난 50년간 단 한번도 거르지 않고 모여 예배를 드리고 기도하고 말씀을 상고하는 모임으로 진행되었다.

제1부 경건회(예배)와 제2부 월례회(회무)로 나누어 진행하는데 경건회에서 말씀은 영의 양식을 공급받는 고대하는 시간이다. 2004년 7월 19일의 경우 연동교회 205호실에서 이현정 단장의 인도로 진행된 경건회 순서는 다음과 같다.

경건회의 순서(예: 2004년 7월 19일/연동교회)

묵도	다같이	찬송	347장
기도	허복순 권사	찬양	수산나성가대
성경 봉독	딤후 1:8(단장)	말씀	백상규 목사(연동교회)
찬송	382장	축도	백상규 목사

말씀은 '복음과 함께 고난을 받으라'는 제목으로 "하나님의 나라를 이 땅에 세우는 귀한 복음봉사단의 고난을 감사하며 복음의 고난에 동참하자"는 내용이었다.

2000년부터 2010년까지 경건회에서 말씀을 선포한 강사 가운데 2008년 11월 11일 연동교회 베들레헴실에서 100세 가까운 방지일 목사(영등포교회

한국여성복음봉사단 월례회

월례회를 마치고(김성억
목사: 베다니집/1980년)

월례회 예배를 인도하는
신의경 이사장(베다니집
/1986년)

월례회 겸 소풍(신일중
고등학교 교정/1999년)

원로목사)의 말씀(빌립보서 2:8)으로 침석자 100여 명이 모두 큰 은혜를 받았다. 이 기간 강사는 다음과 같다.

경건회시 말씀선포 담당 목회자

년도	담당 목회자
2000	강교자 교수(1) 유부웅 목사(5) 윤영도 목사(1) 송기수 목사(2) 홍순진 목사(1) 김은섭 목사(1) 김신덕 전도사(1)
2001	나귀환 목사(1) 유부웅 목사(6) 강동수 목사(2) 이청근 목사(1) 송병학 목사(1) 박중규 목사(1)
2002	유부웅 목사(6) 송기수 목사(1) 노헌상 목사(1) 홍정근 목사(1) 김은섭 목사(1) 박영갑 목사(1) 백상규 목사(1)
2003	김주관 목사(1) 유부웅 목사(6) 김래현 목사(1) 이현정 장로(1) 이윤우 목사(1) 강동수 목사(1) 김신덕 전도사(1)
2004	김주관 목사(1) 유해근 목사(1) 유부웅 목사(1) 김윤정 교수(1) 백상규 목사(1) 안철준 목사(1) 이현정 장로(1) 강동수 목사(1) 박혜성 목사(1)
2005	홍정근 목사(1) 강교자 교수(1) 유부웅 목사(4) 두관석 목사(1) 이현정 장로(1) 이명진 교수(1) 전은미 선교사(1) 이성희 목사(1)
2006	김주관 목사(1) 안철준 목사(1) 유부웅 목사(3) 브르마 전도사(1) 이태훈 목사(1) 이효진 목사(1) 지혜영 전도사(1) 박영국 목사(1) 김형태 목사(1) 이윤우 목사(1)
2007	추성호 선교사(1) 김형걸 목사(1) 강동수 목사(1) 이윤우 목사(2) 박혜성 목사(1) 조수환 목사(1)
2008	강동수 목사(9) 브르마 선교사(1) 안준철 목사(1) 방지일 목사(1)
2009	두관석 목사(1) 강동수 목사(11)

(괄호 안은 해당 년도 초빙 횟수)

2000년부터 2010년까지 월례회 겸 전체 단원의 야외예배 겸 신앙수련회를 다음과 같이 연간 1회 실시했는데 2002년도에는 실시하지 않았다.

월례회 및 전체 단원의 신앙수련회(2000년~2010년)

일시	장소	인원	강사
2000. 5. 22.	연동교회 수양관	64	김신덕 전도사(연동)
2001. 10. 22.	신일중고등학교	68	박중규 목사(신일)
2003. 4. 7.	김신영권사 기념관	24	박혜성 목사(연동)
2004. 10. 8.	김신영이사장별장	95	이현정 단장(본단)
2005. 5. 16	신일캠퍼스 무네미동산	92	유부웅 목사(케냐)
2006. 9. 18.	신일캠퍼스 국제회의실	86	박영국 목사(신일)
2007.5. 21.	청평 메이슨아카데미	91	강동수 목사 (동신)
2008. 5. 19.	팔당 제석원	94	강동수 목사 (동신)
2009. 5. 18.	팔당 제석원	91	강동수 목사 (동신)
2010. 5. 17.	팔당 제석원	85	강동수 목사 (동신)

■ 강동수 목사의 설교

강동수 목사는 연동교회 부목사 재직 중(1971~1976) 그리고 연동교회의 재정적 후원과 총회의 파송명으로 이란 선교 중(1976~1979) 복음봉사단의 발전과정을 지켜보았으며 복음봉사단으로부터 후한 사랑과 기도로 선교사역에 큰 힘을 얻었다. 심지어 바쁜 일정으로 기도를 드리지 못했을 경우 금식으로 대신할 정도였다.

강동수 목사와 복음봉사단이 인연을 맺은 것은 1994년 고문으로 추대된 이래 1997년 12월 월례회 때 첫 설교로부터 동신교회 담임목사 시무(1990~2006) 이후 개인 사정이 있을 경우를 제외하고 월례회, 수련회, 기념 예배의 설교를 담당했으며 2008년의 경우 총 9회에 걸쳐 말씀을 선포했다.

강동수 목사는 연동교회 부목사 출신으로 이슬람 권역인 이란에 선교사로 파송되어 활동하였다. 한동안 미국에서 한인 목회를 하기도 하였다. 동신교회 담임 목사로서 봉직하다가 은퇴하였다. 선교사 이력이 있었던 강동수 목사는 한국여성복음봉사단의 선교사역을 소중하게 여겼고 그런 이유로 한국어싱복음봉사단과 동역 관계가 되었다. 월레모임과 수련회 등에서 말씀을 전하여 선교사로서 경험을 공유하며 한국여성복음봉사단의 사역에 영적 지도력을 불어 넣어 주었다.

12. 장학사업

한국여성복음봉사단은 1996년 "그리스도의 복음을 땅끝까지 전하고 천국을 지상에 건설하며 하나님의 말씀과 그리스도의 교훈을 만민에게 전하고 그리스도의 참된 평화와 안전한 생을 누리도록 하는 것에 부합되도록 한다"는 장학규정을 제정했다. 이에 따라 서울여자대학교와 아세아연합신학대학교 그리고 아프리카 케냐의 교역자에게 장학금을 지급해오고 있다.

1) 서울여자대학교

복음봉사단 장학규정에 따라 "투철한 신앙관을 가지고 다른 사람의 모범이 되고 그리스도인의 참된 평안을 추구하는 기독여성으로 학교성적이 우수한 학생"에게 복음봉사단 창단 이듬해인 1970년 9월부터 서울여자대학교 학생에게 장학금을 지급하기 시작했다. 매년 1명씩 선발해 10만 원을 지급했는데 첫 대상자는 영문과 3학년 황현애(학생회장)였다. 그후 장학금은 인상돼 1980년대에 30만 원, 1990년대에는 등록금 전액을 보조했다.

그런데 2000년도에 이르러 김민선 학생에게 1~2학기 장학금(도합 419만원)을 지급하고는 2001년 2월 7일 임원회에서 "서울여대 장학금을 1년간 보류"하기로 결의했다. 장학금은 장학기금 이자로 지급하는데 은행이율이

낮은 반면에 등록금은 인상돼 감당하기 어려웠기 때문이었다.

반면 서울여대 분단(드보라)의 연회비는 2003년까지 평균 120만 원이 입금되고 2004년에 이르러 56만 원을 끝으로 마감하였다. 복음봉사단 창단 이듬해(1970)부터 장학금을 지급한 유일한 기독교 여자대학으로서 1997년에는 한 학생(최정원)에게 509만 원까지 지급했으며 복음봉사단 창단의 주역이었던 신의경 권사가 서울여대 설립이사라는 특별한 관계로 30년 동안 동지적 여성의 남다른 틀 안에서 상부상조한 학교였다.

2) 아세아연합신학대학교

복음봉사단에서 학비를 보조받아 장학생으로 공부한 아세아연합신학대학교(이하 ACTS) 학생은 1978년부터 2005년까지 인도 7명, 인도네시아 4명, 미얀마 3명, 네팔 2명, 탄자니아 2명, 파키스탄 2명 그리고 1명씩인 나이지리아, 러시아, 방글라데시, 베트남, 서사모아, 수단, 스리랑카, 우간다, 이집트, 일본, 케냐, 태국, 필리핀 등 총 33명이었다.

지급 기간은 대부분 1년간이나 그중 2년 간 수혜한 학생은 13명에 이르렀다. 장학금은 매년 학교 당국에서 추천한 2명에게 1978년도에 20만 원을 지급하던 것을 1988년도에 50만 원, 1997년도에 80만 원이었으나 이자수입의 변동에 따른 기금의 고갈로 1998년부터 40만 원씩 그리고 2004년부터는 1명으로 줄여 60만 원을 지급하고 있다.

2000년도 장학생은 1999년부터 지급 받은 인도에서 온 신학 석사과정의 찬드란(G. Chandran)이었다. 그녀는 신학교 교장의 부인으로 2001년까지 장학금을 받았다. 이때 ACTS에서 수학 중인 외국학생은 아시아, 아프리카 등지의 18개국으로부터 온 46명이었다.

2001년도 장학생은 우간다에서 온 목회학 박사과정의 밀톤 잉구유 목사와 인도의 찬드란이었다. 밀톤 앙구유 목사에게는 월 60만 원 외에 5만 원의 용돈까지 지급하고 박사학위를 받고 귀국할 때 비행기 여비까지 지급했다.

2002년도 장학생은 인도에서 온 신학 석사과정의 자카니 아이(Zakani Aye)로서 월 40만 원씩 2004년 3월까지 지급했다. 2003~2004년도 장학생은 다음과 같다.

아세아연합신학대학교 장학생 명단

장학금	국가	이름	성	과정	졸업
월 40만	케냐	Petric Mutegi	남	신학박사	2004
월 60만	베트남	Ng Khang Thy	여	목회학석사	2005
월 60만	나이지리아	Ejiki Eboniro	남	목화학석사	2006

* 2003~2004년도

위 세 사람 중 능캉티는 1975년에 결혼한 남편과 함께 와서 장로회신학대학교에서 공부했다. 그들은 자국으로 돌아가 자국 복음화의 큰 역할을 담당할 인재들이다.

아세아의 복음화를 수행하기 위해 기독교 지도자를 양성하는 ACTS는 신본주의 및 복음주의와 선교 지향주의로 교육하며 보통 6학기제로 해서 영어로만 강의하고 있다. 한국전쟁 직후에 고 한경직 목사가 미국 프린스턴대학교에서 공부하고 돌아와 한국교회 부흥에 크게 기여한 것과 같이 그동안 ACTS도 326명의 외국인 지도자를 배출시켰다. ACTS는 목회자 90여 명, 교수 100여 명, 선교사 10여 명, 기독교 기관 사역자 20여 명, 기타 여러 직종에서 일하고 있는 90여 명으로 이루어져 있다.

복음봉사단은 2005년에 이르러 ACTS(Asian Center for Theological Studies: 아세아연합신학대학교)의 장학금을 월 60만 원으로 인상해 같은 해에 목회학 석사과정(M.Div.)을 마친 나이지리아의 에지케에보니로(Ejike Eboniro)에게 박사과정을 밟도록 했다. 1945년생인 그는 외국인 학생 의장으로 원만한 리더십을 발휘하는 성실한 목사였다.

2006년에는 목회학 석사과정에 들어간 말레이시아의 메이메잉(Mei Meing) 여학생에게 장학금을 지급했다. 그녀는 1979년생으로 남편이 한국인이다. 그런데 개인 사정으로 중도에 휴학하므로 1년만인 2007년에 미얀마의 뭉 시안 홍(Mung Sian Hon) 전도사에게 목회학 석사과정의 장학금을 지급했다. 그는 1967년생으로 2006년 3월 입학 때 신학대학원에서 영어 과정을 1학년 동안 성실하게 받아 성적이 우수한 학생이었으며 계속 4학기 동안 목회학 석사과정을 거친 뒤 2008년 2학기를 끝으로 졸업했다.

복음봉사단은 그 후 한결같이 월 60만 원을 보냈는데 ACTS는 2006년 이전까지 그 장학금을 매년 한 학생에게 지급한 뒤 2007년부터는 십시일반으로 여러 학생에게 나누어 주었다. 동년에 뭉 시안 홍 전도사를 포함해 5명의 장학생 명단은 다음과 같다. 이들은 모두 2009년 2월 졸업한 뒤 각자 자기 나라로 돌아갔다.

아세아연합신학대학교 장학생 명단

	이름	성별	국가	생년	과정
1	뭉 시안 홍 전도사 (Mr. Mung Sian Hon)	남	미얀마	1984. 6. 1.	M.div. 4차
2	버나드 목사 (Rev. Bernard Yanzuh)	남	가나	1975. 8. 22.	M.A. 1차
3	다스 목사 (Rev. Dennis M. Das)	남	방글라데시	1966. 12. 12.	D.Min. 1차
4	(발남 넹 니안 목사) Rev. Vualnam Neng Lian	남	인도	1977. 8. 26.	Th.M. 2차
5	수세시 목사 (Rev. Suresh Prabhu)	남	인도	1975. 7. 10.	Th.M. 1차

* 2007년도 장학생

'ACTS에서 자국의 복음화를 위해 매년 1명의 학생이 필요로 하는 경비는 2010년을 기준해서 등록금을 비롯해 도서비, 기숙사비, 식비, 용돈 등약 1,100만 원이었다. 이 무렵 ACTS에서 공부하고 있는 외국인 학생들은 미얀마, 인도, 부탄 등 18개국 출신의 41명이었다. 그들은 학업과 함께 영성훈련에 전념하며 겨울방학 중 잠시 귀국하는 학생도 있으나 대부분 국내 교회에서 봉사하고 사역했다.

2009년부터 2010년까지 신학대학원에서 장학금을 받고 공부한 3명의 학생은 다음과 같다.

아세아연합신학대학교 장학생 명단

순번	성 명	성별	국가	생년	과정
1	마데 아스티카(Made Astika)	남	인도네시아	1957	Ph.D.
2	쉐레스타 레크미(Shrestha Rekmi)	남	네팔	1976	M.div
3	장 루(Zhang Lu)	여	중국	1982	M.A.

* 2009~2010년

이들은 2년 동안 복음봉사단에서 등록금과 기숙사비를 연간 180만 원씩받고 공부한 뒤 모두 귀국했다. 그중 인도네시아의 마데아스티카는 2007년 9월 입학해 대학원 영어 과정을 마친 뒤 신대원에서 조직신학으로 박사학위를 받았다.

2011년 6월 7일 복음봉사단 임원 10인은 경기도 양평에 위치한 아세아연합신학대학교(ACTS)를 방문해 김영욱 총장과 정흥호 교수의 따뜻한 영접을 받았다. 이것은 박문희 임원서기가 ACTS의 정흥호 교수에게 연락해그동안의 양측 관계를 설명한 끝에 초청된 것으로 이날 박연희 단장은 한시간에 걸쳐 ACTS와 복음봉사단의 관계 내력을 소상히 설명했다. 김영욱총장은 경청한 후 학교분규 등으로 소원했던 것을 사과하고 앞으로 더욱 긴밀한 관계를 유지 협조하기로 했으며 기도로 재차 확인했다. 그리고 학교 건물 안에 복음봉사단 기도실 설치를 요청해 승낙을 받아 동년 6월 임원회 를 그 자리에서 개최했다.

복음봉사단과 ACTS의 인연은 1976부터 학원 선교비 보낸 것을 시작으 로 1978년부터 4명의 학생에게 장학금을 지급했으며 1986년 학교 대지매 입 때도 2,000만 원을 헌금해 친밀한 관계 속에 하나님의 사업을 이루어 나 갔었다.

3) 장로회신학대학교

1901년 평양에서 개교한 평양신학교는 1948년 서울로 이전해 대한예수 교장로회로신학교로 승인을 받고 1960년 서울 성동구 광장동에 교사를 짓 기 시작했다. 1973년 장로회신학대학으로 개칭했으며 지금 대한예수교장 로회(통합) 소속 목회자 거의 전부를 배출하고 있는 신학교로 성장했다.

복음봉사단은 창단 40여 년 만에 장로회신학대학교와 인연을 맺어 장학 금을 주기 시작했다. 우리나라 기독교의 진주(眞珠)라고 할 수 있는 장로회 신학대학교가 어찌 예쁘지 않겠는가.

우즈베키스탄 학생 백알료나(Pack Alyona)는 1967년 우즈베키스탄의 수도 타슈켄트에서 태어난 고려인 3세 여성이다. 중앙아시아 중부에 위치한 우즈베키스탄은 몽골계 유족민을 조상으로 125개의 민족이 모여 사는 인구 3,000만 정도의 공화국이다. 백알료나는 1976-1987년 1학년부터 10학년 까지 초중고 과정을 마치고 1991년 우즈베키스탄국립대학교 불어불문학과 를 졸업했다. 이 학교에서 공부할 때 한국어학과 청강생으로 들어간 인연으 로 한국인 교수로부터 교회 초대를 받아 마음에 평화와 기쁨을 느꼈다. 이때 백알료나는 공산당의 리더이자 이데올로기에 붙는 사람이었으나 예수님을 영접한 것이다.

1997년 모국어인 한국어를 공부하기 위해 한국에 와서 서울대학교 신학과 석사과정을 거쳐 2010년 장로회신학대학교 대학원 신학과 박사과정을 이수했으며 복음봉사단으로부터 받은 장학금은 841만4천 원이었다.

백알료나는 선교단체인 직장인성경공부모임(BBB)에서 많은 사랑과 은혜를 받고 강남구 포이동 그루터기교회에서 사역했다. 2011년 졸업논문을 준비 중이며 박사학위를 받고 우즈베키스탄으로 돌아가면 신학박사 1호로서 신학교 교수로 일하면서 문서 번역을 계획하고 있다. 우즈베키스탄은 이슬람 국가에 가깝고 소련이 폐망한 후 선교사들이 많이 들어갔으나 거의 추방당하고 법적으로 전도를 할 수 없을 뿐 아니라 법을 어기면 월급의 60배를 벌금으로 내고 감옥에 가야 했다.

4) 케냐 투르카나 교역자들

복음봉사단은 2000년 10월 7일 이사회에서 케냐의 선교지원을 확대하기 위해 현지인을 선교사로 양성하는 방안을 검토하고 투르카나지역에 설립한 네 교회 전도사에게 신학교 수업을 받을 수 있도록 장학금을 보내기로 결의했다. 자금은 재정기금에서 발생하는 이자 중에서 사용하기로 했다.

2000년도에 학비 및 목회비 총 4,100달러를 지급 받은 대상자는 로페로트교회의 비시 사이먼 전도사, 키수무교회의 폴 오티에노 목사, 카피스교회의 존 아리코 전도사, 카공구교회의 사무엘 에카레 전도사 등 도합 4명이었다. 그리고 동년도에 투르카나교구 당회장인 삼손 아코루(Sam Son Akoru: 58년생) 목사의 차량 수리비(100만 원)까지 보냈으며 그의 자녀 학비를 김신영 이사장(300달러)과 백영희 부단장(300달러)의 헌금으로 600달러를 지급하고 이지연 단장의 헌금으로 세인트폴대학교에 교과서 대금 120만 원을 보내기도 했다. 1903년 설립된 세인트폴대학교는 성바울신학교의 후신으로 나이로비 근교의 리무루(Li-muru)에 자리잡고 있으며 성공회, 장로교회, 감리교회, 개혁교회 등이 연합해서 운영하는 명실공히 동부 아프리카의 명문 신학대학이다.

한편 2000년 1월부터 ACTS에 유학(석사 과정)온 필립 아지크 목사에게 연간 학비 60만 원과 매월 5만 원의 보조비를 지급하기 시작했다. 또한 2000년 10월 삼손 아코루 목사가 ACTS에 유학하는 우간다의 밀톤 앙구유 목사를 데리고 월례회에 참석했을 때 복음봉사단은 밀톤 앙구유 목사에게 학비 110만 원을 지불하기로 했다. 동년 12월 18일 월례회에 유부웅 선교사의 안내로 밀톤 앙구유 목사와 필립 아지크 목사가 참석했을 때는 김신영 이사장이 그들에게 성탄절 선물을 주었다.

삼손 아코루 목사의 자녀 학비는 김신영 이사장과 백영희 부단장이 번갈아가며 연간 600달러를 2003년까지 보조했는데 삼손 아코루 목사의 3남 1녀 중 장남(삼손 마크)의 학비를 담당한 것이며 삼손 아코루 목사는 현재 복음봉사단이 아닌 다른 선교기관의 도움으로 장로회신학대학교 세계선교대학원에서 박사과정을 밟고 있다(2005. 7. 졸업). 그는 1992년 2월 장로회신학대학교 대학원에서 석사과정을 마친 바 있다.

2001년 1월 어느 날 복음봉사단 임원들은 물질보다 귀한 격려의 마음을 전달하기 위해 밀톤 앙구유 목사와 필립 아지크 목사가 기거하는 ACTS 기숙사를 방문했다. 1개월이 지난 2월 19일 케냐로 귀국한 삼손 아코루 목사는 복음봉사단 앞으로 감사 편지를 보내 왔다. 6월 18일 월례회에 인사차 찾아온 필립 아지크 목사에게 박사학위 취득한 것을 박수로 축하하고 그에게 김신영 이사장이 박사 가운을, 이지연 단장이 귀국여비를, 백영희 부단장이 구두를 선물로 주었다.

2000년부터 2004년까지 복음봉사단이 케냐에 세운 네 교회의 전도사 및 목사에게 전반기(1~6월)와 후반기(7~12월) 2회에 걸쳐 지급한 학비 및 목회비는 다음과 같다.

한국여성복음봉사단의 케냐 장학생 지원 현황

교회	이름	직위	학교	과정	졸업	지급액 (달러)
로페로트	비시 사이먼	전도사	앨도렛장로신학교	B.D.Cer.	2001	1,600
로페로트	필립 에신네	전도사	앨도렛장로신학교	B.D.Cer.	2002	1,600
로페로트	요셉 에키투이	전도사	앨도렛장로신학교	B.D.Cer.	2004	1,600
키무수	폴 오티에노	목사	세인트폴대학교 신학부	B.D.	2004	3,000
카피스	존 아리코	전도사	앨도렛장로신학교	B.D.Cer.	2002	1,800
카피스	존 아부쿠투	전도사	앨도렛장로신학교	Dip.	1005	1,600
카공구	사무엘 에카레	전도사	앨도렛장로신학교	B.D.Cer.	2002	2,000
카공구	모세 애렝그	전도사	앨도렛장로신학교	B.D.Cer.	2005	1,600

* 기간: 2000~2004

2002년 1월 21일 제33회 총회에서 케냐의 네 교회 전도사와 목사에게 지급하는 학비는 계속하기로 결의했다. 2002년부터 2004년까지 네 교회 교역자에게 지급한 학비 및 목회비는 연간 총 7,800달러였다.

2004년 6월 7일 임원회는 투르카나교구 당회장 잭슨 나페티 목사의 목회비를 보조하기로 해 후반기 분인 600달러를 보냈다. 그는 로페로트교회, 카피스교회, 카공구교회의 목회활동과 세 교회의 청년회, 여전도회를 비롯해 제직들의 육성과 유치원 교육을 보살피고 있다. 케냐에는 교직개념이 단순해 서리집사는 있지만 장로와 권사는 없다.

2004년 7월 엘도레트장로교신학교를 졸업한 로페로트교회의 요셉 에키투이 전도사에게는 목회비(600달러)만 지급했다. 같은 해 7월 세인트폴대학교 신학부를 졸업한 키수무교회의 폴 오티에노 목사는 키수무선교대학교 교수 및 교무와 담임목사로 활동하기 시작했다.

이렇듯 복음봉사단은 선교사를 파송해 복음을 전하는 근대적인 선교방침을 지양하고 교회를 세워준 뒤 현지인을 양육해 그 스스로 자국민에게 직접 복음을 전하도록 하는 효과적인 선교전략을 극대화하고 있다.

13. 분단 활동과 부서 활동

1) 분단 활동

1970년대 2월 최초로 미국에서 샌프란시스코 분단이 출발한 뒤 1980년대까지 무려 20여 분단이 속속 조직돼 1984년도 통계에 의하면 일반 단원 300여 명, 평생 단원 150여 명에 이르렀다. 그런데 2000년대에 일본 분단, 요안나 분단, 마르다 분단, 피어선 분단이 해체되고 살로메 분단(LA)과 나오미 분단(워싱턴)이 연락두절상태에 있다. 그중 일본 분단은 오사카교회와 교토교회를 위시해 일곱 교회에서 40여 명의 단원이 평생 단원으로 입단하는 등 활기찼었는데 단원들이 거의 모두 세상을 떠나 2004년 6월 히라오카교회에서 은퇴한 박정자 전도사 홀로 남아 있다. 그리고 1972년 조직된 요안나 분단(한양교회)과 1988년 조직된 피어선 분단은 그 단원들이 연로하거나 세상을 떠나 요안나 분단의 경우 이기남 단원, 피어선 분단의 경우 강혜옥 단원 홀로 참여하고 있으며 뵈뵈 분단(여전도회서울연합회) 역시 전송자 분단장 혼자 이끌어가고 있다. 또 1978년 조직된 마르다 분단(백운선 단원 가족)은 백운선 단원이 별세하자 해체되고 말았다. 한편 살로메 분단과 나오미 분단은 단독으로 접촉했던 김수길 중경단장이 별세한 뒤 연락이 끊겨 있는 상태이다.

한편 설상가상으로 청년 분단마저 단원들이 "언제나 청년이 아니라"면서 2007년을 마감한 뒤 각 소속교회로 복귀해 그것마저 해산하고 말았다.

각 분단별 활동상황과 단원 및 연회비 통계는 다음과 같다.

(1) 샌프란시스코 분단(상항)

복음봉사단 분단 가운데 가장 활발하게 모이고 활동하는 샌프란시스코 분단은 매년 1,000달러를 어김없이 송금해 오는 외에도 미국 내에서 고아원, 인디언, 노숙자, 수재민 구호와 여러 선교사 및 선교회를 지원하고 있다. 샌프란시스코 분단만이 유일하게 성경에서 여자 이름을 붙이지 않았다. 2000년부터 2010년까지 활동상황을 요약하면 다음과 같다.

회장	이희자(2000~2002) 한인숙 (2003~2010)					
단원	김영옥 김윤순 박영자 백영자 백원 윤영자 이원주 이희자 조영애 한인숙					
	년도	미국 내	봉사단	년도	미국내	봉사단
선교비	2000	500	1,000	2006	1,000	
	2001	900	1,000	2007	1.000	
	2002	2,600	1,000	2008	980	
	2003	1,400	1,000	2009	1,000	
	2004	1,900	1,000	2010	1,000	
	2005	1,000				

*기간: 2000~2010년

샌프란시스코 분단은 한국여성복음봉사단 이름으로 미국에서 다음과 같이 활동하고 있다.

① 복음봉사단에 매년 1천 달러 재정 보조
② 블리비니에 선교사 재정 보조
③ 캘리포니아 산호세시(市) 노숙자를 위한 단체에 재정 보조
④ 아프리카 선교단체인 크리스찬 라이프에 재정 보조
⑤ 미국 내 인디아협회에 재정 보조

(2) 살로메 분단(로스앤젤레스)

연도	분단장	일반 단원	평생 단원	연회비
2000				1,361,960원
2001				150달러

(3) 드보라 분단(서울여자대학교)

연도	분단장	일반 단원	평생 단원	연회비
2000	이광자			1,161,000원
2001	이광자			1,298,000원
2002	이광자			1,211,000원
2003	이광자			1,596,000원
2004	이광자			560,000원

(4) 한나 분단(동신교회)

연도	분단장	일반 단원	평생 단원	연회비
2000	최윤희	58명		5,670,000원
2001	최윤희	60명		6,000,000원
2002	최윤희	56명		5,860,000원

연도	분단장	일반 단원	평생 단원	연회비
2003	최윤희	54명		6,025,000원
2004	미정	52명		4,620,000원
2005				4,760,000원
2006	최막례			5,810,000원
2007	최막례			5,765,000원
2008	최막례			4,420,000원
2009	최막례			8,650,000원
2010	최막례			4,035,000원

(5) 루디아 분단(연동교회)

연도	분단장	일반 단원	평생 단원	연회비
2000	우복순	28명		2,180,000원
2001	우복순	18명		2,120,000원
2002	우복순	20명		2,760,000원
2003	우복순	21명		2,918,000원
2004	우복순	23명		4,459,000원
2005	우복순			5,275,000원 400달러
2006	나운경			6,100,000원
2007	나운경			6,690,000원
2008	나운경			6,810,000원
2009	나운경			6,290,000원
2010	나운경			5,510,000원

(6) 마리아 분단(김명자 단원 가족)

연도	분단장	일반 단원	평생 단원	연회비
2000	김명자	3명		660,000원
2001	김명자	3명	4명	600,000원
2002	김명자	3명	4명	600,000원
2003	김명자	3명	4명	600,000원

연도	분단장	일반 단원	평생 단원	연회비
2004	김명자	3명	6명	600,000원
2005	김명자			600,000원
2006	김명자			600,000원
2007	김명자			600,000원
2008	김명자			600,000원
2009	김명자			600,000원
2010	김명자			600,000원

(7) 수산나 분단(영등포교회)

연도	분단장	일반 단원	평생 단원	연회비
2000				1,544,000원
2001				1,430,000원
2002				1,321,000원
2003				1,734,000원
2004				2,169,000원
2005				1,734,000원
2006	이윤숙			2,305,000원
2007	이윤숙			2,683,000원
2008	이윤숙			2,671,000원
2009	이윤숙			2,672,000원
2010	이윤숙			2,160,000원

(8) 뵈뵈 분단(여전도회서울연합회)

연도	분단장	일반 단원	평생 단원	연회비
2000	전송자	1명		720,000원
2001	전송자	1명		720,000원
2002	전송자	1명		600,000원
2003	전송자	1명		720,000원
2004	전송자	1명		660,000원
2005	전송자			720,000원

연도	분단장	일반 단원	평생 단원	연회비
2006	전송자			720,000원
2007	전송자			720,000원
2008	전송자			720,000원
2009	전송자			720,000원
2010	전송자			720,000원

(9) 로이스 분단(새문안교회)

연도	분단장	일반 단원	평생 단원	연회비
2000	김수길	51명		2,306,000원
2001	김수길	36명		1,586,000원
2002	김수길	26명		1,216,000원
2003	김수길	17명		646,000원
2004	이충자	7명		796,000원
2005	이충자			776,000원
2006	이충자			850,000원
2007	이충자			900,000원
2008	이충자			600,000원
2009	이충자			590,000원
2010	이충자			460,000원

(10) 나오미 분단(워싱턴)

연도	분단장	일반 단원	평생 단원	연회비
2000	김종순	3명		1,105,000원
2001	김종순	3명		1,267,000원
2002	김종순	3명		1,305,250원

(11) 브리스가 분단(문화교회)

연도	분단장	일반 단원	평생 단원	연회비
2000	허복순	13명		1,450,000원
2001	허복순	16명		1,176,000원
2002	허복순	17명		1,310,000원
2003	허복순	14명		1,355,000원
2004	허복순	15명		1,825,000원
2005				1,300,000원
2006	김창숙			1,380,000원
2007	김창숙			1,220,000원
2008	김창숙			1,230,000원
2009	김창숙			1,270,000원
2010	김창숙			1,690,000원

(12) 청년 분단(한국여성복음봉사단)

연도	분단장	일반 단원	평생 단원	연회비
2000	송윤희			615,000원
2001	송윤희	6명		420,000원
2002	최은주	4명		410,000원
2003	최은주	5명		980,000원
2004	최은주	9명		960,000원
2005				1,200,000원
2006	윤희			890,000원
2007	윤희			1,230,000원
2008	윤희			
2009	윤희			
2010				

(13) 일반 분단(한국여성복음봉사단)

연도	분단장	일반 단원	평생 단원	연회비
2000		5명		600,000원
2001		8명		490,000원
2002		6명		460,000원
2003		5명		620,000원
2004		6명		1,460,000원
2005				1,630,000원
2006				2,220,000원
2007				3,920,000원
2008				2,965,000원
2009				2,894,000원
2010				2,740,000원

2) 부서 활동

1999년도에 교육부, 기획부, 사업부, 선교부, 섭외부, 음악부, 재정부 일곱 부서와 장학위원회가 있었는데 2000년에 들어서서 사업부를 사업봉사부로, 장학위원회를 장학회부로 명칭을 바꾼 뒤 2001년에 사업봉사부를 사업부와 봉사부로 분리해 9개 부서로 확장하였고 2003년에 장학회부를 장학부로 변경했다.

한편 1999년까지 존치했던 협동총무 제도는 2000년 1월에 없애고 간사를 2003년부터 사무국장, 2005년부터는 총무로 그 직책명을 수시로 바꿨다.

여기서 9개 부서 가운데 두드러진 부서의 활동 내용은 다음과 같다.

(1) 교육부 · 사업부

매년 3월 월례회는 교육부가 주관해 3·1절 기념 예배를 겸해 드리고 독립선언서를 낭독하며 기념헌금을 한다. 이러한 특별한 행사는 복음봉사단을 창단한 신의경 단장이 기미년 3·1만세운동 당시 비밀결사인 대한민국애국부인회를 통해 독립운동에 참여한 관계로 그 의미는 더한 것이었다.

복음봉사단은 2000년부터 2010년까지 두 명의 청년단원이 낭독하고 이어서 기념헌금을 하는데 그 헌금은 사업부가 맡아 사회사업에 쓰도록 기독교방송국에 이어 기독교TV방송국으로 보냈다.

이 기간 독립선언서 설교, 기도 및 낭독자는 다음과 같다.

시기	설교	기도	낭독	인원
2000.3.20	유부웅 목사	박문희	최은주 김현숙	50
2001.3.19	유부웅 목사	박문희	김희경 이명진	53
2002.3.18	노헌상 목사	이현정	김희경 최은주	62
2003.3.17	김래현 목사	이경옥	김희경 최은주	69
2004.3.22	유부웅 목사	박문희	김희경 최은주	69
2005.3.21	유부웅 목사	최화명	최은주 이금숙	91
2006.3.20	유부웅 목사	김희경	황보정숙 신광선	79
2007.3.19	강동수 목사	함문자	황보정숙 신광선	97
2008.3.17	보르마 전도사	김홍순	신광선 최은주	88
2009.3.22	강동수 목사	최화명	이금숙 황보정숙	83
2010.3.22	강동수 목사	함문자	신광선 긴정혜	58

(2) 음악부

음악부의 대표적 활동은 수산나성가단의 찬양이었다. 정기총회 월례회, 창립 기념 예배 때 여호와를 찬양하는 그 모습, 그 소리는 단원 모두에게 위로와 기쁨을 안겨 주었으며 하나님께 영광을 드렸다.

수산나성가단은 수산나 분단의 직계로 영등포교회에서는 수산나중창단이라 부르는데 모교회의 수요예배 찬양을 맡으며 밖으로는 한강성심병원 환자를 위해, 또한 루디아어린이 선교회와 그 밖의 기관 및 행사에 출연하고

있다. 50세로부터 61세까지의 연령층인 수산나성가단은 12명의 권사로 오
랜 전통을 가졌으나 복음봉사단에 모습을 나타낸 것은 1998년부터였다.

2003년도에 단장 겸 지휘를 맡았던 김정진 단원은 "연령과 목소리도 그
러한데 나서 찬양을 한다는 그 자체가 감사하고 영광일 뿐만 아니라, 특히
복음봉사단에서 사랑을 많이 받아 찬양할 때마다 행복했다"고 술회했다.

지휘는 2001~2003년 차승희 단원이 그리고 주로 최양숙 단원이 맡았
으며(1995 현재) 연도별 단장은 다음과 같다.

2000	김갑준	2004	최연욱	2008	이영주
2001	백인숙	2005	이현숙	2009	이영주
2002	박은지	2006	최명숙	2010	최명숙
2003	김정진	2007	이애찬	2011	김정진

14. 세대를 이어가는 복음봉사단 단원들

룻의 시어머니 나오미가 그에게 이르되 내 딸아 내가 너를 위하여 안식할 곳
을 구하여 너를 복되게 하여야 하지 않겠느냐(룻 3:1).

십계명의 제5 계명에서 "네 부모를 공경하라"고 명령했다(출 20:12). 구
약에서 부모는 자식에 대해 하나님의 권위를 대표하는 것이었으며 가정교
육은 부모의 중대한 책임이었다(신 6:7, 20). 그러므로 부모는 하나님의 말
씀을 바로 가르치고 신앙으로 양육할 때 지상에서 하나님의 대행자로서의
책임을 다하는 것이 된다. 자녀가 부모에게 복종하는 것은 보이지 않는 하나
님 아버지께 복종하는 것과 결부된다.

2011년 6월 20일 월례회에서 93명의 단원이 모인 가운데 '세대를 이어가는 복음봉사단 단원들'에 대해 조사를 했다. 그 결과 △ 어머니와 딸 14가정 △ 시어머니와 며느리 7가정 △ 언니와 동생 3가정 △ 시누이와 올케 2가정 △ 숙모와 조카 2가정 △ 사촌 관계 3가정 △ 동서 관계 2가정으로 나타났다.

복음봉사단은 여성단체로서 '복음봉사'의 지상명령에 따라 어머니로부터 딸과 며느리에게 그리고 형제지간, 사촌지간, 시누올케 등으로 혈육을 찾아 계승되고 있다.

특별한 것은 그중에서도 제8대 박문희 단장의 경우 어머니와 딸, 시어머니와 며느리, 시누이와 올케, 사촌지간 관계로 네 가족 관계를 잇고 제12대 박연희 단장의 경우도 시누이와 올케, 숙모와 조카, 사촌지간 관계로 3혈육을 이으며 그리고 제11대 김명자 단장의 경우도 시어머니와 며느리에 이어 시어머니로서 두 며느리를 둔 가정을 형성하고 있다.

조사에서 나타난 '세대를 이어가는 복음봉사단 가정'은 다음과 같다.

세대를 이어가는 복음봉사단 가정 (가나다순)

구분	명단
1. 어머니와 딸(12가정)	김신지 · 박혜영, 김영의 · 이신애, 박선복 · 심양회 박선복 · 심양희, 박태경 · 나순영, 선순희 · 하현미 신의경 · 박문희, 이지연 · 최은주, 우복순 · 김현숙 이경욱 · 최승희, 장회순 · 김정혜, 최화명 · 한병의
2. 시어머니와 며느리(7가정)	김명자 · 선미정, 김명자 · 민혜경, 박문희 · 이명진 배약분 · 최동순, 배약분 · 이애찬, 양성담 · 김명자 함유순 · 김희경
3. 언니와 동생(3가정)	이지연 · 이순대, 이현정 · 이신원, 한병의 · 한병주
4. 시누이와 올케(2가정)	박문희 · 윤영자, 함유순 · 박연희
5. 숙모와 조카(3가정)	김애시 · 박연희, 장회순 · 박연희, 박문희 · 김신지
6. 사촌 관계(3가정)	박문희 · 박정자, 박연희 · 김정혜, 최인숙 · 엄숙녀
7. 동서 관계(3가정)	김애시 · 장회순, 선미정 · 민혜경, 최동순 · 이애찬

15. 특별한 후원자들

복음봉사단 단원은 일반적으로 여성이고 기독교 신자인 데 반해 남성인 김선태 목사와 정희철 사장 그리고 불교신자도 있어 특별한 단원으로 구분된다.

1) 도영미 단원

도영미 단원은 미국 로스앤젤레스에 거주하고 있는 불교 신자로서 종파를 초월해 1999년부터 케냐 급식비로 매년 100달러를 보내오고 있다.

2) 김선태 목사

사랑의 무료 안과진료 기관인 실로암안과병원 원장 김선태 목사가 복음봉사단의 특별한 후원자이다. 복음봉사단 제1대 신의경 단장과 피어선고등성경학원 사제지간이었던 김선태 목사는 매년 20만 원, 혹은 30만 원의 선교헌금을 낸다.

3) 채규돈 권사

채규돈 권사는 할렐루야교회의 권사로 섬기면서 복음봉사단과 인연을 맺고 오랫동안 섬겼다. 채규돈 권사는 2015년부터 갑자기 건강이 좋지 않아서 복음봉사단에 출석을 하지 못하였다. 그러던 중 2015년 4월 월례회에 부군이 출석하여 채규돈 권사가 소천하였다는 소식을 알렸고 2015년 12월까지 회비를 헌금하여 주었다.

4) 이귀남 권사

이귀남 권사는 복음봉사단 초창기부터 열과 싱을 다하여 섬겨주었다. 그리고 항상 자신의 어린 딸을 동행하여 어머니의 봉사하는 모습의 본을 보여주었다. 2015년이 되면서 고령의 연세가 되어서 요양병원에서 치료를 받고 있다. 이귀남 권사와 동행하던 어린 딸이 장성하여 이제 어머니의 뒤를 이어 권사가 되니 이가 정경희 권사이다. 정경희 권사는 요양병원에 치료 중인 어머니를 매일 뵈며 복음봉사단의 소식을 전해드리고 있으며 어머니의 뒤를 이어 30만 원의 헌금을 하고 있다.

16. 복음봉사단의 아름다운 사연들

1) 이종윤 목사의 휘호와 새 주소 김상옥로

1994년 문화교회 이종윤 담임목사가 복음봉사단 사무실에 휘호 액자 한 점을 기증해 지금까지 걸려 있다. 82×43cm 크기 액자 안에 "義人必因信得生"(롬 1:17)라고 쓴 한문 성경 말씀, "오직 의인은 믿음으로 말미암아 살리라"라는 말씀이다.

길송(吉松) 이종윤 목사는 1981년 11월 11일 한양교회당에서 거 행한 복음봉사단 창단 11주년 기념 예배에서 "중공 선교의 필요성"을 설교하고 1983년 11월 12일 복음봉사단 베다니집에서 거행한 창단 14주년 기념 예배에 다시 와서 단원들에게 "너는 행복자로다"라고 설교했다.

휘호를 기증한 1994년은 복음봉사단이 현재의 사무실로 이전한 해인데 애당초 1992년 10월 7일 한국기독교연합회관 1013호에 입주한 뒤 두 번째로 1993년 1월 1일 1313호, 세 번째로 동년 11월 30일 1411호, 네 번째로 1994년 11월 3일 1113호인 지금의 사무실로 옮겼다. 이종윤 목사의 휘호와 새 주소는 상관관계를 지닌 것으로 '오직 의인(義人) 김상옥은 애국과 신앙으로 말미암아 이름 석 자를 살려놓았다.

2) 걸스카우트 단복을 가난한 이웃에게

너의 소유를 팔아 구제하라(눅 12:33).

2008년 8월 복음봉사단 이사인 제8대 박문희 단장은 한국걸스카우트 지원재단으로부터 단복(團服) 개정에 따라 재고로 남는 구단복 약 6,000여 벌을 두 차례에 걸쳐 제3세계 어린이들에게 보내는 조건으로 기증을 받았다. 걸스카우트 단복은 지도자 및 소녀 단원들의 사시사철 가지각색 셔츠와 블라우스 그리고 길고 짧은 바지와 재킷 등 다양한 품목으로 가격을 산출하면 2,000여만 원에 이른다. 이 단복은 선교지 아프리카 케냐의 투르카나사막에 위치한 로코리초등학교(박홍순 선교사)를 비롯해 카피스교회, 카공구교회, 로페로트교회에 보내 벌거벗은 어린이들에게 입도록 했다. 그 어린이들은 한국의 걸스카우트 단복을 받아 기뻐하며 너무나 귀한 나머지 특별한 행사 때만 입고 아꼈다. 세탁할 물이 없는 사막인지라 흰색 블라우스가 갈색으로 변질됐다는 소식과 함께 사진을 찍어 보내와 지원재단에서 보관 중이다. 또 연동세계선교위원회에 기증해 태국과 베트남으로 보내졌다.

2010년 3월 제2차로 약 3,000벌을 또 받아 베트남 중부 자라이성 플레이쿠 지역의 가난한 소수 민족에게 보내고 일부는 연동세계선교위원회에 주어 말레이시아(박은덕 선교사), 온두라스(박명하 선교사)와 필리핀 바기오(조현조 선교사)에 기증됐다. 베트남의 경우 단복을 성가대 유니폼으로 정해서 행사 때 입혔다고 사진을 찍어 감사 편시와 함께 보내 왔다.

더욱 감사한 것은 단복을 제작하는 한 의류회사에서 자기들도 이 일에 동참하겠다고 성인용 셔츠 200매를 기증해 베트남으로 보냈다.

2011년 8월 남아 있는 약 2,000벌 가운데 300벌을 베트남의 네 교회에 보내고 앞으로 케냐 등 선교지에 보낼 예정이다. 사람이 살아가는데 기본적인 요소가 의식주(衣食住)로서 그 가운데 첫 번째인 옷, 그것이 없는 사람들에게 걸칠 것을 준다는 것은 이웃 사랑의 흐뭇한 일이 아닐 수 없다. 박문희 전 단장은 한국걸스카우트 제16대(1990~1994) 총재를 역임한 올드 걸스카우트이다.

17. 정관 및 규칙의 개정

2002년 1월 7일 이사회에서 정관 제3장 제10조(임원의 개정)를 논의했다. 즉 이사장을 보좌하는 부이사장 제도를 신설하는 것으로 김민옥 이사의 동의와 전송자 이사의 재청으로 결의했다. 김신영 이사장이 85세를 넘자 취해진 조치였다. 한편 이날 규칙 제5조 단장의 임기도 상정해 3년에서 2년으로 단축하는 개정안을 백영희 이사의 동의와 이현정 이사의 재청으로 가결했다(제4차 규칙개정: 2002. 1. 21.).

이로써 제7대 단장을 역임한 이지연 이사가 부이사장으로 그리고 박문희 부단장이 제8대 단장으로 취임했다. 또 고문들이 연로한 관계로 그 후임에 단장을 역임한 김수길, 김민옥, 전송자 증경단장과 30년사를 집필한 고춘섭 장로 등 네 사람을 고문으로 임명했다. 그런데 동년 9월 김수길 고문이, 2003년 3월 김민옥 고문이 잇달아 세상을 떠나 그 후 고문은 김동수 목사와 고춘섭 장로와 전송자 권사 세 사람으로 오늘에 이르고 있다.

2004년 10월 25일 이사회에서 김신영 이사장을 명예 이사장으로 추대하고 이지연 부이사장을 이사장으로 선임했다. 이지연 부이사장은 2005년 1월 17일 제36회 총회에서 인준과 함께 제3대 이사장에 취임했다.

이지연 이사장의 취임 소감은 다음과 같다.

"사람이 마음으로 자기의 길을 계획할지라도 그 걸음을 인도하시는 이는 여호와이시니라" 넘어질 때 붙들어 주시고 나태해질 때 경성(警醒)시켜 주시는 주님의 인자하심을 찬양합니다.

무슨 일을 그렇게도 힘들게 했다고 이제부터는 좀 편안하게 쉬면서 남은 날들을 준비하고자 계획했더니 사람의 경영은 허사이며 편안하게 살겠다는 생각은 게으름에 이르는 병임을 깨닫게 하신 하나님께 감사와 영광을 드립니다. 또한 믿음의 선구자이신 선배 이사장님들의 끊임없는 기도와 노고로 든든하게 세워주신 사단법인 복음봉사단의 이사장직을 맡겨 주신 여러 이사님들과 단원 여러분께도 감사를 드립니다.

제가 제 자신을 너무도 잘 알기에 이 막중한 사명을 어떻게 감당해야 할지 두려움과 염려가 앞서지만 "너의 길을 여호와께 맡기라 저를 의지하면 저가 이루고"라는 말씀 따라 하나님의 섭리에 맡기며 하나님께서 친히 이루어가시는 뜻에 조용히 순종하고자 합니다.

창단 35주년을 맞이한 저희들, 이제 우리 육신의 집은 날로 허물어져 갈지라도 우리 가슴속에 영원한 집을 향한 소망은 날로 새로워지는 단원 여러분들과 손에 손을 잡고 주님의 지상 명령을 이루는 데 뜻을 다하기로 다짐합니다.
복음의 빚진 자로서 일어서셨던 국내외 단원 여러분의 뜨거운 믿음의 열정과
변함없는 기도와 사랑의 줄이 우리의 선교지와 후손들에게 이어지기를 기원
합니다.
하나님의 사랑이 단원 여러분의 가정과 자녀들에게 함께 하시기를 기도하며
인사 말씀에 대하고자 합니다. 감사합니다."

18. 『한국여성복음봉사단 30년사』

2000년 2월 21일 오전 11시 연동교회 소예배실에서 아세아연합신학대
학교 한철하 명예총장과 임택권 총장 등 내빈과 단원들이 자리를 가득 메운
가운데『한국여성복음봉사단30년사』출판 감사예배를 거행했다. 백영희 부
단장의 인도로 진행된 순서는 다음과 같다.

찬송가 28장을 부른 후에 전송자 전단장이 기도하였다. 박문희 부단장이
로마서 10장 13절에서 15절을 읽고 유부웅 목사가 말씀을 전하였다.

유부웅 목사는 말씀에서 "복음만이 우리의 목표요 그 복음을 만천하에 전
하는 책무와 기쁨을 우리가 누려야 한다"라고 했다.

이어 이지연 편찬위원장이 경과를 보고하였고 이지연 단장이 책자를 봉
정하였다. 책자 봉정은 정성껏 백지에 포장한 '30년사' 한 권을 김신영 이사
장에게 드리는 순서였으며 서평에서 한철하 목사는 사전에 정독한 내용을
낱낱이 짚어가며 복음봉사단 역대 단원들의 충성 어린 복음전파와 이를 집
필하고 편찬한 공로에 대해 최고의 찬사를 아끼지 않았다. 표창은 김신영
이사장으로부터 편저자인 고춘섭 장로에게 금일봉과 화환을 수여하였다.

  1998년 12월부디 자료수집과 분석 그리고 집필에 들어가 1년만인 1999
년 12월 200자 원고지 807매가 탈고되고 1개월간의 감수를 거쳐 금영문화
사에 넘겨져 1,000부를 인쇄했다.

제5장

전환기

: 희년에 선 한국여성복음봉사단

1. 국내 선교: 아세아연합신학대학교와 군 선교

아세아연합신학대학교와 한국여성복음봉사단의 관계는 학교의 설립 초기부터 이어져 왔다. 아세아연합신학대학교가 설립되던 당시 부지 마련을 위해 기금을 모을 때 봉사단에서는 2,000만 원을 기부하였다. 당시 한철하 박사는 이에 감사의 뜻을 표하며 봉사단을 위하여 학내에 기도실을 제공하겠다는 의사를 나타내었다. 봉사단은 이 기도실을 대여받아 수련회와 기도실 임원수양회 등 다양한 용도로 사용하여 왔다.

아세아연합신학대학교는, 국내 유수의 신학교육 기관이 국내에서 활동하는 목회자 양성과 신학자 양성에 주안점을 둔 것과는 달리, 해외선교사와 외국인 유학생을 교육하여 본국으로 송환하는 시스템을 지향하고 있었다. 아세아연합신학대학교의 이러한 지향성은 선교와 복음 전파를 가장 중심 사역으로 활동하는 한국여성복음봉사단과 일치하고 있었다.

이런 이유로 한국여성복음봉사단은 설립 초기부터 아세아연합신학대학교와 긴밀한 사역의 협력을 이루어 오고 있었다. 한철하 박사의 한국여성복음봉사단과 협력 이후 현재까지 협력이 유지되고 있었다. 최근 수년간 세계에서 여러 국가에서 아세아연합신학대학교에 유학하는 외국인 유학생들을 지원하여 송환함으로써 한국인 선교사 파송에 버금가는 선교 효과를 거두고 있고, 이를 지켜본 한국여성복음봉사단은 보내는 선교와 함께 불러서 파

아세아연합신학대학
학생위로회(김순화 단원
의 팔당별장/1979년)

송하는 선교의 이중적 사역을 감당하고 있었다. 임원회에서는 2010년 12월
이전의 선교 활동을 되돌아보고 선교 방향에 대하여 심도 있게 토론을 전개
하였다. 오랫동안 후원자로 섬겼던 아세아연합신학대학교에는 매월 60만
원씩 후원하고 있었고 복음봉사단의 후원금은 아세아연합신학대학교에 재
학 중인 9개국 20여 명의 외국인 유학생들에게 지급되고 있었다. 이들을 후
원하여 이들이 귀국한 후에 그곳에서 기독교 지도자 역할을 다하도록 돕는
것이 복음봉사단의 국내 선교 전략이었다.

한국기독교군선교연합회 선교후원도 차질없이 진행되었다. 후원금은 월 2
0만 원으로 연간 240만 원씩 후원하고 있었다.

아세아연합신학대학교의 외국인 학생 수는 시간이 지나면서 점차로 증
가하는 추세를 보였다. 2013년에는 16개국에서 온 39명의 학생이 20개국
의 70명으로 늘어나고 있었다. 복음봉사단에서는 2012년에는 매월 80만 원
의 정기 후원금과 연간 700만 원을 후원하였다. 그 수혜자는 필리핀의 크리
스천 마리아노, 중국의 리 쿤, 파키스탄의 쌀림 싸릴단, 카메룬의 에통웨 봉
고 존, 인도의 파고망 총로이 학생이 80만 원의 후원금을 받았고 700만 원은

카메룬의 사키 조셉의 전액 장학금으로 수여되었다.

2012년부터 복음봉사단은 한국기독교군선교연합회 선교 후원금을 월 20만 원에서 월 30만 원으로 인상하여 연간 360만 원의 후원을 시행하였다.

복음봉사단의 2014년도 아세아연합신학대학교 후원사업은 월 80만 원의 후원금은 봉고 존, 이 쿤, 파고망, 루비노, 홍타이홍에게 지급하고, 전액 장학금 350만 원은 사키 조셉에게 지급되었다.

2015년에도 아세아연합신학대학교 장학금 지급은 지속이 되어 월 80만 원 후원은 봉고 존, 루비노, 홍타이홍, 조셉 사키가 수혜를 받았다. 조셉 사키는 복음봉사단의 전액 장학금을 받아 2017년도에 아세아연합신학대학교를 졸업하게 되었다.

2015년 군선교 후원도 연 360만 원의 정기 후원금과 올해에는 특히 전선에서 추위에 고생하는 병사들에게 따뜻한 차를 대접하는 사랑의 온차(溫茶) 실시 비용으로 20만 원을 추가로 후원하였다.

2016년 아세아연합신학대학교에서 유학하는 방글라데시 학생 리코 착마가 복음봉사단에 감사의 편지를 보내왔다. 그간 복음봉사단에서 후원하여 신학 수업을 마치게 된 것을 감사하는 글이었다. 리코 착마는 복음봉사단에서 전액 장학금을 수여하여 신학 수업을 2016년 마치고 본국으로 돌아가 사역에 임한다는 소식을 전해왔다. 더불어 캄보디아 출신의 훈 친과 인도 출신 크룹파 바람 목사 그리고 중국의 리 쿤도 감사의 인사를 보내왔다.

2016년에는 아세아연합신학대학교에서 M. Div. 7명, Th. M. 2명, Th. D. 1명이 학위를 받고 본국으로 돌아가 사역에 임하게 되었음을 알렸다. 그리고 2018년도에도 외국인 학생을 입학시켜 신학을 통한 선교에 만전을 기하고 있음을 알려왔다. 이들은 이슬람권인 이집트, 이라크, 인도네시아 외에도 아시아의 태국, 필리핀, 인도, 네팔, 파키스탄, 캐나다 국적의 학생들로 한국에서 신학 수업을 통해 선교사역을 하고 있음을 보여주었다.

2018년도에 복음봉사단은 아세아연합신학대학교에 장학금을 지원하였다. 학교 측에서 선발한 학생은 모두 네 명이었다. 한 명은 박사과정, 한 명은 석박사 통합과정 그리고 두 명은 목회학 석사과정을 밟고 있었다.

박사과정 아론 마틴 토마스는 인도 출신으로 구약학 박사과정을 공부하고 있었다. 아론에게는 연간 6,372,000원을 전액 장학금으로 지급하고 있었다. 인도 출신의 쿠르파바람 렐라는 조직신학 전공이었고 파키스탄 출신의 카슈프 야쿠르와 캄보디아 출신의 후온 친은 목회학 석사를 공부하고 있었다. 이들 세 명에게는 월 20만 원의 학비 보조금이 지급되고 있었고 20만 원은 복음봉사단 기도실 운영비로 충당하고 있었다.

해외 선교사 파송에 드는 어마어마한 비용을 고려하면 한국에 유학 온 신학생을 육성하여 본국으로 귀환시키는 것은 항구적인 선교사 하나를 파송하는 것과 같은 효과가 있기에, 복음봉사단의 이러한 신학교육 후원은 찾아온 선교사 육성이라는 측면에서 큰 의미가 있는 것이었다.

아세아연합신학대학교에서는 2019년 9월 정흥호 총장 명의로 후원 감사의 편지를 보내 왔다.

ACTS는 후원자님의 관심과 사랑 덕분에 2학기를 잘 맞이했습니다. 1박 2일간의 신앙수련회를 시작으로 조금 더 단단해지고 뜨거워진 믿음으로 학업을 시작하게 되었습니다. 저희 학생들이 온전히 하나님만 바라며, 배움의 길을 잘 갈 수 있도록 기도 부탁드립니다. 학생들이 신앙과 지성으로 세계를 섬기는 기독교 지도자로 성장할 수 있도록 늘 힘쓰겠습니다.

2019년 9월
아세아연합신학대학교 총장 정흥호

복음봉사단은 군 선교에 2018년에도 연간 360만 원을 후원하였다. 군 선교도 마음이 힘겨운 청년 군인들에게 복음을 전하고 세례를 받게 하여 제대 후에 교회를 찾게 만드는 매우 효과적인 선교라는 점에서 의미심장한 국내 선교의 모델이었다.

2. 베트남 선교 지원

2000년대에 들어서 복음봉사단이 선교후원을 집중하기 시작한 곳은 아시아 지역이었다. 특히 베트남 몽골 그리고 터키 선교에 역량을 집중하였다.

한국여성복음봉사단은 베트남의 플레이블룩블루이교회에는 한인 3세를 위한 보조금을 후원하고 있었다. 총 30명의 학생에게 2009년 5월 25일 1,800달러를 그리고 11월 20일에 1,800달러를 지원하였다. 학생 1인당 월 20달러로 베트남에서 활동하는 이윤우 목사가 지급하였고 한인 2세인 김상일 집사가 이들과 함께 사역하고 있었다.

2011년 8월 26일 호치민 장학금 전달식에서 한인 2세 김상일 집사는 그간 한국여성복음봉사단에서 지원하여 온 것에 진심 어린 감사의 인사를 전하였다. 그는 지난 2005년부터 한국여성복음봉사단의 후원으로 '한인후세 공공체'의 지원 사업이 가능했었다고 지나온 역사를 소개하였다. 그리고 이날 한국여성복음봉사단 대표들이 연로한 나이에도 불구하고 6시간 비행기 여행을 통해 베트남까지 방문해서 어린이들을 만나고 후원을 하여 준 것에 특별히 감사의 마음을 표현하였다. 한국여성복음봉사단의 후원은 한인 3세 청소년들이 정신적으로 물질적으로 보호받고 미래의 인재로 육성되는 데 큰 역할을 하고 있다고 보고하였다. 특히 이지연 이사장 이윤우 목사와 방문단에게 존경과 감사의 말씀을 전하였다.

복음봉사단에서는 2011년 4월 임원회에서 베트남의 부닥교회를 고 김신영 이사장 기념교회로 지정하였다. 6월에는 베트남의 이윤우 목사가 요청하였던 안정형 장로 후원과 한인 3세 160명을 후원하기 위하여 1,000달러를 지원하기로 결정하였다.

복음봉사단은 2011년 8월 18일 베트남의 플레이블룩블루이의 고 함유순 단장 기념교회 입당예배에 이사장 이지연 장로와 박연희 단장 및 총 7인의 임원이 참석하였다. 복음봉사단의 지원금은 미화 25,000달러였다. 복음봉사단은 한인 3세 어린이 50명에게 월 20달러씩 월 1,000달러를 지원하기로 했다.

또 현지에서 베선협은 2010년 말에 부닥교회가 완공이 되어서 헌당예배를 드릴 것이라는 보고를 받았다. 그리고 현지인 목회자와 사역자 후원비로 월 25만 원을 후원하기로 하였다.

부닥교회는 예정보다 조금 늦은 2011년 8월 29일에 헌당예배를 드리게 되었다. 베트남선교협의회는 이와 같은 예배당 건축 외에도 베트남신학교 교회 베선협 창립 20주년 기념 짜다비엔호교회 등을 건축하려고 계획하고 있었고 복음봉사단의 후원을 요청하고 있었다.

2012년 베트남 목회 후원은 복음봉사단이 건축한 네 교회의 교역자들에게 월 350달러씩 1,400달러를 후원하고 있었다. 의료선교도 서서히 결실을 맺기 시작하여 남딘성 남딘시에 100병상 규모의 아가페병원에 운영비와 한국의 의료진을 후원하였고 지체 장애 어린이 정형 수술도 1인당 250달러를 후원하였다.

베트남 북부 신학교 학생 61명에게 서울동노회와 협력하여 장학금을 지급하였고, 베트남 남부 신학교에도 200명의 학생에게 학비와 생활비로 복음봉사단에서는 한인 3세 50명에게 장학사업을 진행하고 있었다.

2014년도의 베트남 선교 후원금은 플레이브랭교회 푸이블릭 목사, 플레이오교회 르마 쳅 목사, 플레이블룩블루이교회 크소르 복 목사와 부닥교회의 르마노 왁 목사에게 월 300달러를 후원하고 있었다.

복음봉사단이 후원하는 베트남 교회 네 곳은 빠른 성장을 보여주고 있었다. 플레이브랭교회는 건축전에 교인이 1,000명이던 것이 교회 건축 후에는 2,000명으로 증가하였고, 2015년 현재 6,500명의 교회로 성장하였다. 플레이오교회도 건축전 2,600명이 모이던 것이 현재 4,000명을 넘고 있고 ,플레이블룩블루이교회는 교회건축 전에 1,000명의 교인이 3,500명으로 성장하였다. 부닥교회는 예배당 건축 전에 1,100명 규모가 현재 2,500명으로 성장하였다.

2017년 베트남의 플레이브랭교회는 181평짜리 교육관을 신축하였고 플레이오교회는 36평짜리 목사 사택을 자체 재정을 충당하여 건축하였다. 부닥교회는 지교회 중 하나였던 본드루교회가 자립하여 분립을 완료하였다고 알려왔다. 복음봉사단이 후원하는 베트남 5개 교회의 교인의 총 수는 2017년 현재 16,600명에 이르고 있다.

2018년 8월 8일 베트남의 플레이브랭교회에서는 목사 안수식이 있었다. 베트남 교회가 자립하고 자체적으로 교역자를 파송하여 내지 선교 활동에 나선다는 뜻깊은 소식이었다. 이날 베트남 목사 9명이 안수를 받았다. 플레이브랭교회의 신도 수는 7,000명이다.

플레이오교회는 3월 10일에 자라이성 부녀회의 연합부흥집회를 가졌다. 교인 수는 2018년 현재 2,000명이다. 플레이블룩블루이교회는 신도 수 1,700명이고 3월 18일 독립한 지 교회들의 어린이 성경 캠프를 진행하여 200명의 어린이가 참가하였다.

플레이통도르교회는 교인 수 현재 800명이고 7월 19일 어린이 성경 캠프를 열어 80명이 참가하였다.

부낙교회는 신자 수 2,000명으로 성탄 초청 예배에 온 어린이들이 450명이었다. 베트남 교회들은 예배당 건축 후에 신자 수가 증가하고 안정적 성장을 이루었고 이제는 지교회들의 자립 과정을 거쳐 자체적인 교역자 배출을 통해 완전한 선교와 자립을 향해 나아가고 있다.

3. 인도 선교

2009년 12월 23일 인도의 그레이터 노이다에서 사역하는 추에녹 선교사는 복음봉사단에 선교 서신을 보내왔다. 추에녹 선교사는 복음봉사단의 후원 속에 ALTC와 ALC 및 Abundant Life Church가 공동으로 운영하는 고아원 어린이 12명과 선교사 가정의 사역의 열매에 대해 보고하며 현지에서 선교 열매가 나타나고 있음을 알려왔다.

2010년도 인도 선교후원비는 월 70만 원씩 연간 840만 원을 복음봉사단에서 후원하고 있었다.

인도의 추에녹 선교사는 2011년 12월 5일 인도 목회자 세미나 12월 10일에는 연합금식중보기도회를 열어 인도 선교에 박차를 가하고 있었다. 그리고 성탄절이 인도에서는 금기시되었으나 인도의 경제가 성장함에 따라 산타데이로 숨겨져 왔던 것이 상업적이기는 하지만 크리스마스의 의미가 인도인에게 확산되고 있었다. 추에녹 선교사는 성탄절에 지역의 회관을 임대하여 지역 4개 교회와 연합하여 초청 전도집회를 갖기도 하였다.

2012년 인도 사역은 ALTC에서 3개월간의 성경학교를 시작하여 12명의 인도 사역자들을 모아 훈련을 시작하였다. 추에녹 선교사는 2013년은 새로운 사역 준비를 위한 안식년을 보내게 되었다.

4. 몽골 선교

국내에 거주하는 몽골인 선교를 후원하는 복음봉사단의 노력도 점차 결실을 거두고 있었다. 출입국 관계로 인원 변동은 있으나 평균 50~70명이 몽골어 예배에 출석하고 있었다. 몽골인 세례자와 지도자들이 육성되고 있었고 4월 19일에는 몽골학교 교장인 보르마 전도사가 부천 복된교회에 몽골 선교사로 파송을 받았다.

몽골 선교회에서는 주한 몽골인들 선교에 심혈을 기울였으나 국내 거주 몽골인들의 거주가 일정하지 않고 또 직장이 전국에 흩어져 있어 교회 출석이 일정하지 못하였다. 한때 70여 명에 육박하던 출석 인원은 2011년도에는 평균 30~50명을 유지하고 있었다. 복음봉사단의 몽골 선교후원은 2012년까지 전개되었다.

5. 인도네시아 선교

인도네시아의 두관석 선교사는 2012년부터 선교 보고를 보내와 복음봉사단은 총회록에 이를 게재하기 시작하였다. 인도네시아 선교는 어린이들의 운명처럼 만들어진 환경을 타파하기 위하여 교육사업에 집중하고 있었다. School of Shine은 필리핀 선교사와 현지인 교사로 구성되어 인도네시아 어린이들이 새로운 세계에 눈을 뜨도록 돕고 있었다.

다룽의 학교에 50명, 페카랑간학교에 32명, 집바란학교에 6명의 학생이 재학하고 있으며 이들은 기독교 학교를 통해서 새 문명을 접하고 눈을 뜨고 있었다.

2014년이 되면서 인도네시아에서는 60평 대지에 2층짜리 교회와 보육원이 완공되었다. 교회 교인 수는 120명이 등록하고 70명이 출석하고 있었고 이들에게는 영어와 복음을 주로 가르치며 힌두교와 이슬람교에서 개종이 이루어지기를 소망하고 있었다. 복음봉사단은 이곳에서 사역하는 필리핀 출신 선교사 마우린을 연간 126만 5,000원을 후원하고 있었다. 복음봉사단의 인도네시아 선교후원은 2013년까지 지속되었다.

6. 파키스탄 의료선교

2014년 아세아연합신학대학교의 정흥호 총장은 복음봉사단의 후원에 감사를 표하며 파키스탄 선교 지원을 변경할 것을 요청하였다. 샤자드 마리가 루미니아에서 의사가 되어 귀국하여 의료 사역을 시작하였다는 소식과 함께 이를 후원할 것을 요청하였다. 후원 요청 내역은 사무실 임대료 월 300달러, 간호사 2인 인건비 월 120달러, 월 420달러를 요청하였다. 복음봉사단에서는 이를 수락하고 2015년 한해에 600만 원을 책정하여 후원하였다.

2015년 파키스탄의 샤쟈드 의사는 복음봉사단에 후원에 감사하며 빈곤층 천식환자 무료 진료, 피부병 환자, 심장병 환자를 진료한 사진을 보내 왔다. 복음봉사단에서 후원하고 있는 간호사들이 매우 협조적으로 의료활동을 보조하고 있다고 알렸다.

7. 아프리카 케냐 선교의 재개

복음봉사단에서는 오랫동안 기도하고 공을 들여온 아프리카 케냐의 투르카나 부족마을 카공구와 로페로트교회에 다시 관심을 갖고 재기하도록 후원하기로 결정하였다.

2015년 이 지역교회의 현황은 카공구교회가 어린이 230명, 성년이 320명이었고, 로페로트교회는 어린이 150명에 성년이 180명이 출석하고 있었다. 복음봉사단에서는 매월 어린이 급식비와 학용품비로 1,500달러를 후원하고 있었다.

또 카공구교회 전도사 조셉과 로페로트교회 전도사 제임스를 위해서 매월 50달러를 후원하고 로페로트교회 교역자 모루를 위해서 월 100달러를 지급하고 있었다.

복음봉사단 협력 선교사 박흥순 선교사는 2015년 건강을 위해 귀국하였다가 케냐로 돌아가 로코리 영규 초등학교의 건축을 11월에 마치고 순차로 지역선교의 계획을 이루어가고 있었다. 그리고 무엇보다도 카공구 지역의 선교를 다시 활성화할 필요성을 절감하고 있었다.

박흥순 선교사는 한국여성복음봉사단이 원래 아프리카 선교사의 파트너로 삼았던 유부웅 목사와 동역하던 분이었다가 유부웅 목사가 선교사역에서 물러난 후에는 한국여성복음봉사단과 긴밀한 파트너십을 형성하게 되었다.

박흥순 선교사는 군장교 출신으로 하나님의 선교 소명을 받고 가족과 함께 아프리카에 와서 개인 선교사역을 시작하였다. 아프리카에서 신학을 공부하여 목사가 되었고 한국여성복음봉사단과 동역하게 되면서 케냐의 오지인 투르카나 사막 지역으로 들어가 학교 유치원 교회를 세우며 선교사역에 임하는 선교사이다.

박흥순 선교사는 복음봉사단의 후원으로 이 지역의 교회들이 다시 안정을 되찾고 성장할 기회를 얻게 되었다고 보고하였다. 카공구교회는 증축이 필요한 상황이 되었다. 그 이유는 지난 수년 동안 이 지역의 인구가 증가하었고 그에 따라 카공구교회의 신도 수도 320명으로 증가하여 두 배정도 공간을 늘릴 필요가 있었다.

새 예배당은 가로 15m, 세로 9m로 사무실 두 개를 포함하였다. 총예산은 21,560달러가 소요될 예정이었다. 공사는 2015년 12월 28일 공사에 필요한 자재를 구입한 후에 운송하고, 그 후에는 12월 29일부터 10일간에 걸쳐 벽돌 3,000장을 만들었다.

공사는 2016년 1월 4일에 시작하였다. 먼저 바닥 다지기 공사를 하고 1월 18일 벽체 시공, 2월 15일부터 5일간 지붕 공사를 마무리한 후에 3월 1일 창문과 출입문 그리고 나서 3월 15일부터 20일간 내장 공사를 진행하였다. 드디어 3월 30일에 공사를 끝낼 수 있었다. 이 공사는 아직 국가 제도가 정비되지 않은 케냐에서는 지역을 물자가 통과할 때마다 통과세를 징수하여 공사는 이만저만 어려움을 겪는 것이 아니었다.

케냐 선교 재개 후 각 교회는 교세 성장을 이어 갔다. 카공구교회는 성인 300명, 어린이 250명, 로페로트교회는 성인 200명, 어린이 180명, 카피스교회는 성인 300명, 어린이 150명으로 성장하였다.

카공구교회에서는 인근 초등학교 이전 후에 우물을 인계받아 요긴하게 사용하고 있었고 특히 우물과 함께 이 지역의 토지 20헥타아르를 인수 받아 카공구교회는 물과 토지를 사용하여 미래를 설계할 수 있는 기회를 얻게 되었다.

또 복음봉사단과 협력하는 박홍순 선교사는 카공구교회학교를 졸업한 유아들을 위하여 초등학교와 중학교 건립을 기도하고 있었다. 로페로트 지역은 유전이 발견되어 인구가 증가하고 있어 이 지역을 집중 복음화 지역으로 정하고 선교전략을 추진에 있었다. 카피스교회는 담임자 모루 목사가 전출하고 이 지역 출신인 프란시스 목사가 부임할 예정이었다.

　카공구교회는 지역사회가 안정됨에 따라 2017년에는 교인 수도 350명을 넘어서게 되었다. 그리고 인근 카피스교회도 프란시스 목사가 부임하여 목회에 전념하고 있고 전도 활동에 주력한 결과 교인 수가 350명을 넘어서게 되었다. 로페로트교회도 오지에 설립된 교회지만 복음봉사단이 제임스 에모이드 진도사 생활비를 보조하여 안정적인 사역을 가능하게 하였고 교회도 성장을 거듭하고 있었다. 교회 부설 유치원도 어린이들이 많이 방문하여 카공구교회에 180명 카피스교회에 200명, 로페로트교회에 100명이 등원하고 있었다.

　박홍순 선교사가 아프리카 케냐에 도착하였던 2002년 선교 초기에 고등학교를 설립하였다. 그리고 학교 건축은 그 이듬해인 2003년 4개 교실에 교회당을 건축하였다. 그 후 16년이 지난 2018년 학생 수는 425명으로 늘어났다.

　이 지역의 학생의 40%는 무신앙이거나 무슬림이지만 학교에서 기독교 예배를 드리고 수업을 하는 데 아무런 지장이 없었다. 박홍순 선교사는 한국식 예배를 도입하여 수요예배, 토요일 찬양준비와 기도 모임과 그리고 주일에는 2시간이 넘는 주일예배를 학교와 교회에서 드리고 있다.

　이렇게 뿌려진 씨앗은 수많은 졸업생이 투루카나 전 지역에 퍼져있고 나아가 케냐 국가 전역에 나아가서 사회를 이끌고 그리스도의 정신으로 케냐를 변화시켜 나가고 있다는 것이다. 또 새롭게 개척된 교회에는 노고리고등학교 졸업생들이 목사, 전도사, 장로, 집사로 사역하고 있었다. 학교 졸업생이라는 인적 자원을 토대로 선교사역의 새로운 단계로 도약 중이다

　이러한 선교 역사에 기반하여 박홍순 선교사는 2018년 4개 처에 새 교회를 설립하게 되었다. 이미 2개 교회는 건축이 끝났고 나코린야교회는 완공되었고 강아티티교회는 건축 중에 있다.

복음봉사단과 동역하는 박홍순 선교사의 사역은 여러 방면으로 확산되어 이 지역의 복음화와 기독교 문명화가 빠르게 진행되고 있다. 마치 100여년 전 한국에 도래한 구미 선교사들에게 자극을 받아 기독교인으로 거듭나고 선진 문물을 수용하여 새로운 대한민국을 건설하는 데 기독교가 하였던 역할을 지금 복음봉사단과 박홍순 선교사는 케냐의 오지를 복음으로 변화시키고 있다.

8. 케냐 교회 유치원 아동 급식비 조달

한국여성복음봉사단 봉사단이 아프리카 케냐의 선교사역을 재개하면서 주력 사역으로 선택한 것이 케냐 교회학교 아동 급식비 조달 사역이었다.

케냐가 절대 빈곤 국가는 아니었지만 지역에 따른 경제적 차이가 컸다. 박홍순 선교사는 나이로비 근교가 아닌 수일간 자동차로 들어가야 하는 사막 오지에서 사역을 시작하였는데, 지역의 경제적 상태는 열악하기 그지없는 지역이었다.

한국여성복음봉사단에서는 교회를 설립한 후에 이 지역에 조성된 유치원 원생들의 급식비를 보조하기 위해서 후원을 시작하였다.

한국여성복음봉사단 2011년부터 매월 750달러에서 1,500달러를 지원하고 있었다. 교회 부설 유치원에는 아이와 함께 등원한 부모들도 있어서 이들이 유치원에서 체류하는 동안 식비가 필요했다.

처음 200명의 원생과 부모를 위한 급식비 보조는 2019년에 1,500명의 원생과 부모의 급식비를 보조하고 있다. 급식비 비용은 원생 1인당 미화 1달러로 옥수수가루를 구입하여 죽을 만들어 제공하고 있다.

9. 복음봉사단 신앙수련회

복음봉사단은 단원들의 신앙 강화와 영적 성장을 위한 신앙수련회를 시행하여 오고 있었다. 하루 동안 경건과 안식과 말씀 묵상의 시간을 가졌다. 설교는 복음봉사단의 고문이며 단목인 강동수 목사가 미국으로 가기 전까지 전달하여 주었고 그 이후에는 정태봉 목사가 뒤를 이어 섬기고 있다. 아세아연합신학대학교에서 개최되는 동안에는 복음봉사단에서 후원하는 학생들이 찬양하고 인사하는 시간도 있어 복음 안에서 아름다운 교제가 있었다.

복음봉사단 신앙수련회

일시	장소	설교자
2009. 5. 18.	팔당 제석원	강동수 목사
2010. 5. 17.	팔당 제석원	강동수 목사
2011. 4. 18.	연동교회 베들레헴 예배실	강동수 목사
2012. 10. 22.	연동교회 강화수양관	강동수 목사
2014. 5. 19.	아세아연합신학대학교	강동수 목사
2015. 5. 18.	아세아연합신학대학교	강동수 목사
2016	아세아연합신학대학교 교육관	강동수 목사
2017	팔당 제석원	정태봉 목사
2018	연동교회 강화 수양관	정태봉 목사

정태봉 목사는 연동교회 부목사를 거쳐서 유럽의 오스트리아 선교사로 파송되어 선교 활동을 하였다. 귀국 후에는 묘동교회 담임 목사로 봉직하였고 2016년 강동수 목사가 은퇴하고 해외로 이주한 후에 한국여성복음봉사단의 단독으로 초빙되어 동역하고 있다.

한국여성복음봉사단 영성수련회(아세아연합신학대학교)

10. 창단 기념 예배

복음봉사단은 매년 11월에 여성복음봉사단의 창립 기념일로 지켜 왔다. 이날을 통해 하나님 나라를 위한 봉사 그리고 봉사단을 섬겼던 선진의 헌신과 봉사의 정신을 되새겨 왔다.

회차	날짜	장소	설교자	인원(명_
40	2009. 11. 16.	연동교회 베들레헴 예배실	강동수 목사	85
41	2010. 11. 11.	〃	이윤우 목사	92
42	2011. 11. 11.	연동교회 205호실	강동수 목사	95
43	2012. 11. 19.	연동교회 드보라방	강동수 목사	97
44	2013. 11. 11.	기독교연합회관 지하 1층	강동수 목사	92
45	2014. 11. 11.	연동교회 베들레헴 예배실	강동수 목사	88

회차	날짜	장소	설교자	인원(명_
46	2015. 11. 16.	〃	강동수 목사	77
47	2016. 11. 11.	〃	강동수 목사	66
48	2017. 11. 13.	〃	정태봉 목사	92
49	2018. 11. 19.	〃	정태봉 목사	67

11. 한국여성복음봉사단 총회와 이사회

한국여성복음봉사단의 집회는 매월 모이는 월례회 그중에서 연초에 총회를 통해 임원과 살림살이를 결정하고 가을에 창립기념회를 통하여 역사와 전통을 기억한다. 그리고 임원회의와 이사회는 의사 집행기관으로 작용하며 신앙수련회는 영성과 신앙 함양을 위한 충전의 시간을 갖는다.

그중 한국여성복음봉사단의 최고 의결 회의는 총회이다. 총회를 통해서 한 해의 모든 사업을 심의 의결하기 때문이다. 일자는 2009년도 총회의 예를 보면 먼저 1월 19일에 개최되었다. 이 총회는 봉사단 창립 40주년을 기념하는 의미 있는 총회였다. 개회 예배는 강동수 목사가 설교하였고 요한복음 9장 1-4절을 본문으로 "우리가 하나님의 일을 하여야 하리라"는 제목으로 설교하였다.

총회 회무에서는 김명자 단장이 사회를 보았다. 회의 순서는 회원 점명, 개회 선언, 단원 선서, 회의 절차를 채택한 후에는 각 부서 보고가 있었다. 임원회 보고, 월례회 보고, 감사 보고 그리고 일반회계 및 재정부 보고가 있었고 마지막으로 이사회 보고를 이사회 서기가 하였다.

2009년도 사업은 모두 8개 사업을 계획하고 있었다. ① 인도 선교 지원, ② 군복음화 선교비 지원, ③ 아세아연합신학대학교 장학금 지원, ④ 평생 회원 모집 계속 추진, ⑤ 신단원 모집, ⑥ 청년 단원을 위한 프로그램 개발,

⑦ 베트남 한인 3세 30명 교육비 보조 후원을 계획하였다. 그리고 이를 수행할 예산안을 가결하고 총회록을 채택하는 과정을 밟았다.

2019년 1월 21일에 개최된 창단 제50회 총회의 진행 과정도 다음과 같았다. 개회 예배 인도는 김홍순 단장이었고 기도는 박문희 이사장이 하였다. 성경 말씀은 로마서 15장 1-6절이었고 설교는 정태봉 목사가 "서로 기쁨이 되는 삶"이라는 제목으로 설교하였다.

회무 진행도 김홍순 단장이 진행하였다. 단원 보고, 개회 선언, 절차 채택이 되고 각부 보고를 진행하였다. 실행위원회 보고, 월례회 보고, 감사 보고를 하고 회계 보고가 진행되었다. 일반회계, 재정부 결산을 보고하고 이사회 보고는 박문희 이사장이 진행하였다.

2019년 사업계획은 8개 사업을 추진할 계획이었다. ① 케냐의 나코린야교회 연내 완공하고, 창단 50주년 기념 케냐 록페두르교회를 위한 기도 그리고 케냐의 로페로트, 카공구, 목회자 사역비 후원 및 교회 부설 유치원 급식비 지원과 자립한 카세페교회를 위한 기도를 채택하였다. ② 베트남의 네 교회 플레이블랭, 플레이블룩블루이, 플레이오, 부닥교회 및 베트남 선교회 후원과 통도루교회를 위한 기도에 주력한다. ③ 창단 50주년인 2019년 11월 11일을 위해서 준비하고 기도한다. ④ 아세아연합신학대학교 외국인 학생 아론 마틴 토마스(박사 과정)에게 전액 장학금, 파키스탄의 카슈프 야쿠브(석사)와 인도의 쿠르파바람 렐라(석사), 캄보디아 휴온 친(석사)에게 월 생활비를 보조한다.

⑤ 봉사단 50년사를 위한 특별기도, ⑥ 군복음화 사역 보조, ⑦ 평생회원 모집과 신입단원 및 청년 단원 영입 추진을 중요 사업으로 채택하였다. 이 사업을 추진하기 위한 예산안을 심의하고 제50회 총회록을 채택하고 주기도문하고 폐회하였다.

12. 한국여성복음봉사단의 중요 사업

2019년 창단 50주년을 맞이하는 한국여성복음봉사단의 중요 사업은 새 천년을 맞이한 후에도 활기차게 진행되어왔다. 그 중요 사역들은 다음과 같다.

베트남 지역에 설립한 5개 교회들 선교 협력과 지원

1	플레이블랭교회
2	플레이블룩블루이교회
3	플레이오교회
4	플레이부닥교회
5	플레이통도루교회

케냐 투르카나 지역교회 건축 및 선교 지원 사업

1	로페로트교회
2	카공구교회
3	카피스교회
4	록페두르교회
5	나코린야교회

이중 카공구교회에는 한국여성복음봉사단에서 담임 교역자와 담임 전도사 매월 사역비를 지급하고 있다. 그리고 카피스교회 부설 유치원 어린이 750명과 동반 부모에게 매월 급식비를 1인당 미화 1달러를 지원하고 있다.

아세아연합신학대학원이 외국인 장학생 후원 사업

국적	과정	성명	지원 방법
인도	박사	아론 마틴 토마스	전액장학금
인도	석사	케포 쉐프스	월생활비 보조
인도	석사	크루파 바람	전액 장학금
네팔	석사	비갈 쉐라스트	월생활비 보조
필리핀	(여) 석사	마지 모랄레스	월생활비 보조

군복음화를 위한 선교비 보조로 매월 30만 원을 후원하고 있다. 그리고 기독교방송국에는 매년 3·1절 기념 예배 헌금을 모아서 30~50만 원을 기탁하고 있고 연동교회 세계선교회에도 매년 200만 원을 선교후원금으로 기탁하고 있다.

이 모든 사업을 수행하고 있는 2019년도 임원단은 다음과 같다.

2019년도 임원단

이사회	명예이사장	이지연		
	이사장	박문희		
	부이사장	김명자		
	이사	이현정 박연희 최승희 김희경 박행자 채양숙		
	서기	박행자		
	감사	윤윤자		
임원	고문	고춘섭 장로, 전송자 전 단장, 정홍호 총장		
	단장	김홍순	부단장	김현숙 최양숙
	서기	박행자	부서기	김경희
			실행위서기	김명자
	회계	최은주	부회계	이금숙 윤희
	기획부장	최승희	차장	최정애 황보정숙
	재정부장	박미자	차장	박연희 나운경
	선교부장	양행화	차장	김신지 오수희
	교육부장	김정진	차장	이재숙 최명숙
	사회부장	김녹자	차장	김숙자
	장학부장	나순영	차장	윤현숙 김금열
	섭외부장	이광숙	차장	김정혜 김예자
	사업부장	장숙자	차장	이순종
	봉사부장	박선복	차장	이영주
	음악부장	백향자	차장	김인자 김명희
분단장	한나(동신)	최막례	수산나(영등포)	유정자
	브리스가	김창숙	루디아(연동)	홍대숙
	마리아	김명혜	청년	김경희

13. 한국여성복음봉사단 50주년 역사 편찬

한국여성복음봉사단 50년사는 2017년 10월 30일 탑크라우드에서 개최한 이사회에서 결의하였다. 이날 이지연, 박문희, 이현정, 김명자, 박연희, 최승희, 채양숙, 박행자, 김홍순 이사와 윤윤자 감사가 참석하였다. 박문희 이사장의 진행으로 성경 로마서 12장 10-11절을 읽고 이현정 부이사장이 기도하였다. 이 날 2019년 창단 50주년을 맞이하여 지난 50년간 봉사단이 실천하여 온 사역을 후속 세대에게 남겨주기 위하여 30년사에 이어 50년사를 간행하기로 결의하였다.

집필자는 연세대학교 연합신학대학원 50년사를 집필한 박종현 교수로 결정하였다. 이 50주년 역사를 간행하는 비용은 기증자의 헌금으로 충당하기로 하였다. 50주년 역사 발간을 위해서 부수 작업이 방대하게 늘어나고 사료의 수집과 전달 및 집필자와 연락체계 구축하고 사업 진행을 원할하게 하기 위해서 특례법을 정하여 임원단 전원의 임기를 유임하기로 하였다.

원래대로라면 2018년 1월 임원 교체가 되어야 하였으나 2018년과 2019년 2년간 임원단의 임기를 연장하도록 가결하였다. 그리고 50주년사 편찬 위원회를 결성하여 위원장에 이지연 명예이사장, 박문희 이사장, 이현정, 김명자, 박연희, 최승희, 김홍순 위원을 선정하였다.

이사회가 끝나고 편찬위원회는 한국여성복음봉사단 50주년 역사서 발간을 위해 관동대학교 박종현 교수를 접견하였다. 그리고 박종현 교수에게 50년사 집필을 의뢰하였고 임원단에서는 그간 수집된 사료를 모아 전달하였다. 이때부터 자료들을 모아 편집을 위한 기준과 편찬 방향을 결정하여 집필자에게 전달하였고 이를 토대로 집필이 진행되었다.

2019년 9월 24일 이사회를 개최하고 50주년 행사 준비에 대하여 토의하고 주요 사항을 가결하였다. 이사회를 마치고 임원단과 집필자가 한국여성복음봉사단 사무실에 모여서 원고, 편집, 등 전반적인 내용에 대하여 다시 토의하였다. 최종적으로 한국여성복음봉사단 50주년 역사서는 양장본으로 총 500부를 출간하기로 결정하였다. 출판사는 기독교 전문 출판사를 선정하되 집필자인 박종현 교수에게 위임하였다.

원고는 2019년 9월 30일 탈고되어 임원진에게 전달되었고 수정 보완 의견 수렴을 통해서 2019년 10월 16일 교정 요청 사항이 집필자에게 전달되었다. 최종 원고는 기독교 학술서적 전문 동연출판사에 의뢰하였다. 최종 원고는 A4 324쪽이었다. 이 책은 2020년 정기총회 때에 한국여성복음봉사단 50주년사를 인도하기로 하였다.

이 역사서 발간에도 한국여성복음봉사단 여러 단원의 헌신이 있었다. 이지연, 박문희, 박연희, 윤윤자, 김명자, 최승희, 박행자, 김홍순 단원 등이 한국여성복음봉사단 50년 역사 발간에 후원하였다.

14. 한국여성복음봉사단 창단 50주년 기념행사

2019년 11월 11일 11시 한국여성복음봉사단 창단 50주년을 기념하는 예배와 기념행사가 연동교회 베들레헴 홀에서 개최되었다. 단원들 전체가 모여 반세기 전 선교와 봉사의 정신을 드높였던 그 정신을 이어 온 것을 기념하고 아울러 미래 50년을 전망하며 이전과 같은 뜨거운 선교와 봉사의 마음으로 예수 그리스도의 선한 일꾼으로 우뚝 설 것을 다짐하였다.

한국여성복음봉사단 창단 기념행사 1부는 창단 50주년 기념 예배로, 2부는 그 동안 봉사단을 위해 헌신했던 분들을 위한 격려와 치하의 시간으로 가졌다.

1부 예배의 사회는 김홍순 단장이 맡았고 대표기도는 채양숙 부단장이 맡았다. 성경봉독은 아가서 8장 5-7절로 연동교회 당회장 김주용 목사가 설교하였다. 김주용 목사는 '사과나무'라는 제목으로 설교하면서 한국여성복음봉사단의 지난 50년이 사랑의 봉사였다고 회고하였다. 그리고 다가오는 50년 한국여성복음봉사단을 지탱할 힘도 사랑이라고 강조하며 운명적인 사랑, 열정적인 사랑 그리고 용서하는 사랑이 있을 때 수많은 난관을 극복하고 소명을 완수하게 된다고 선포하였다.

그 후에는 한국여성복음봉사단에서 후원하는 아세아연합신학대학교 외국인 유학생들 6명이 나와서 6개 국어로 된 찬양으로 영광을 돌렸다. 다음 순서는 지난 50년간 아프리카 케냐와 베트남에 설립한 10개 교회의 근황과 사역을 소개하는 동영상을 상영하였다.

아세아연합신학대학교 정흥호 총장은 50주년을 기념하는 축사를 하였다. 정흥호 목사는 50주년은 성경에 기록된 희년(Jublee)으로 기쁨과 환희의 해라는 깊은 의미가 있다고 하였다. 그리고 지난 50년도 한국여성복음봉사단의 사역에 의미가 있었으나 다가오는 50년은 더 큰 의미를 갖는다고 하며 하나님과 동행하는 한국여성복음봉사단에 큰 기대를 갖게 된다고 하였다.

특히 아세아연합신학대학교는 설립 초기부터 40년 이상 한국여성복음봉사단과 동행하여 온 두 단체는 떼려해도 뗄 수 없는 한 몸과 같은 관계라고 밝혔다. 특히 한국여성복음봉사단에 3대에 걸쳐 봉사하고 섬긴 귀한 전통을 계속 이어갈 것을 격려하고 축하하였다.

두 번째 축사를 한 베트남선교협의회 이정린 장로는 한국여성복음봉사단은 한국 기독교 여성단체로서 남성들에게 의존하지 않고 독자적으로 사역을 이룩한 단체임을 상기시켰다. 그리고 기독교 역사에서 선교의 역사에서 여성의 역할이 가지는 그 비중을 강조하였고 한국여성복음봉사단은 초대 신의경 이사장부터 아사장과 단장의 리더십이 큰 역할을 하였다고 평가하였다. 또 이정린 장로는 한국이 도움받는 나라에서 도움 주는 나라로 바뀌는데 기독교의 역할이 지대하였다고 평가하였다. 그리고 한국여성복음봉사단이 미래의 50년을 한국교회의 세계적 공헌하는 데에 그리고 한국이 세계적으로 공헌하는 역할에 일익을 담당하는 더 큰 사역을 하게 될 것이라고 전망하였다.

예배 중 모든 순서를 마치고 한국여성복음봉사단 단목 정태봉 목사의 축도로 기념 예배를 마쳤다.

2부 상찬의 시간은 박문희 이사장의 사회로 진행하였다. 첫 번째 시상은 한국여성복음봉사단과 동역하는 해외 선교사들에게 감사패를 수여하였다. 수상자는 베트남선교협의회 이윤우 선교사, 케냐의 박홍순 선교사, 인도의 추에녹 선교사 그리고 인도네시아의 두관석 선교사였다.

두 번째는 한국여성복음봉사단을 3대, 2대에 걸쳐 섬긴 단원들과 40년 30년 20년 장기간 한국여성복음봉사단을 위해 봉사한 이들을 위한 감사장 수여와 90세 이상 단원들에게 감사장을 수여하였다. 특히 90세 이상의 단원 중에 최고령은 97세로서 모두의 감탄을 자아냈다.

2대, 3대 봉사 가정

3대 가정	신의경 · 박문희 · 이명진
	양성담 · 김명자 · 선미정 민혜경 박리
	이복려 · 박선복 · 심양희
2대 가정	이지연 · 최은주, 이경욱 · 최승희, 김영의 · 이신애
	배약분 · 이애찬 최동순, 함유순 · 김희경
	김예자 · 이희구, 우복순 · 김현숙, 양성담 · 김명혜
	박태경 · 나순영, 이귀남 · 정경희, 김홍순 · 오수희
	김신지 · 박혜영, 박은순 · 김인숙, 김녹자 · 이혜원

장기 봉사단원 명단

40년 이상	이지연 이현정 박문희 김명자 최화명 박선복 박은순 김명혜 이윤숙 마양순
30년 이상	김갑준 선순희 이신애 최동순 최인숙 김경옥 김화자 최막례 이명진 나운경 윤현숙 김현숙
20년 이상	최승희 이재숙 김정진 김예자 김명희 최명숙 최연옥 채양숙 김창숙 나순영
90세 이상 단원	빅봉희 유화분 최인숙 박은순 김경옥 조연순

　　그리고 김홍순 단장이 공로패를 이지연 명예이사장과 박문희 이사장에게 수여하였다. 이지연 명예이사장과 박문희 이사장은 이 공로패는 본인뿐 아니라 모든 단원이 함께 수상한 것이라며 모든 공로를 단원들에게 돌렸다. 특별상은 한국여성복음봉사단의 월례회 찬양을 담당한 영등포교회 수산나 중찬단에게 수여하였다. 그리고 크리스천이 아님에도 불구하고 베트남에 신의경 이사장 기념교회를 설립한 김영숙 전 이화여자대학교 교수와 연동교회의 김제실 권사와 박영순님에게 특별상이 수여되었다.

　　마지막으로 한국여성복음봉사단이 후원하는 6인의 아세아연합신학대학교 학생들 소개가 있었고 박문희 이사장의 기도로 모든 순서를 마쳤다.

　　한국여성복음봉사단 창단 50주년 행사는 반세기를 한결같이 봉사와 선교의 정신으로 섬겨 온 역사를 토대로 새로운 세대를 양성하고 그간의 전통을 새롭게 이어받아 도약하려는 한국여성복음봉사단의 비전을 되새기는 소중한 자리였다. 또 참석자 모두가 기도로 동역할 것을 다짐하는 자리였다.

부록

1. 연도별 주제 및 표어

년도	주제	표어
1978		사랑이 제일이라 (고전 13:13)
1979	와서 들으라 (시 66:16)	
1980	너를 떠나지 아니하리라 (창 28:14-15)	
1981	모든 착한 일을 넘치게 하려 (고후 9:8)	
1982	부르심과 택하심을 굳게 하라 (벧후 1:10)	
1983		나라이 임하옵시며 뜻이 하늘에서 이룬 것같이 땅에서도 이루어지이다 (마 6:10)
1984		내 속에서 능력으로 역사하시는 이의 역사 (골 1:29)
1985	예수님을 배우라 (마 11:29)	그로 말미암아 자기와 화목케 되기를 기뻐 하심이라 (골 1:20)
1986	보내신 이의 뜻을 행하라 (요 4:34)	
1987	무시로 성령 안에서 기도하라 (엡 6:18)	네가 나를 사랑하느냐 내 양을 치라 (요 21:16)
1988	그리스도의 마음을 품고 살자 (빌 2:5)	구하라 주실 것이요 찾으라 찾을 것이라 (마 7:7)
1989	여호와 그 행사를 만민 중에 선포하리라 (시 9:11)	우리가 하나님을 의지하고 용감히 행하리니 (시 108:3)
1990	여호와 그 행사를 만민 중에 선포하리라 (시 9:11)	우리가 하나님을 의지하고 용감히 행하리라 (시 108:3)
1991	무시로 성령 안에서 기도하라 (엡 6:18)	네가 나를 사랑하느냐 내 양을 치라 (요 21:16)
1992	네가 나를 사랑하느냐 내 양을 치라 (요 21:16)	나는 행함으로 내 믿음을 네게 보이리라 (약 2:18)
1993	나는 행함으로 내 믿음을 네게 보이리라 (약 2:18)	너로 말미암아 내 능력을 보이고 내 이름이 온 땅에 전파되게 함이라 (롬 9:17)

년도	주제	표어
1994	나는 행함으로 내 믿음을 네게 보이리라 (약 2:18)	너로 말미암아 내 능력을 보이고 내 이름이 온 땅에 전파되게 함이라 (롬 9:17)
1995	나는 행함으로 내 믿음을 네게 보이리라 (약 2:18)	너로 말미암아 내 능력을 보이고 내 이름이 온 땅에 전파되게 함이라 (롬 9:17)
1996	여호와 그 행사를 만민 중에 선포하리라 (시 9:11)	네가 나를 사랑하느냐 내 양을 치라 (요 21:16)
1997	여호와 그 행사를 만민 중에 선포하리라 (시 9:11)	네가 나를 사랑하느냐 내 양을 치라 (요 21:16)
1998	여호와 그 행사를 만민 중에 선포하리라 (시 9:11)	네가 나를 사랑하느냐 내 양을 치라 (요 21:16)
1999	너희는 힘을 새롭게 하라 (사 40:28)	너의 부르심과 택하심을 굳게 하라 (벧후 1:10)
2000	복음 증거하는 일을 마치려 함에는 나의 생명을 조금도 귀한 것으로 여기지 아니하노라 (행 20:24)	복음을 전하고 고쳐 주리라(마 4:23)
2001	복음 증거하는 일을 마치려 함에는 나의 생명을 조금도 귀한 것으로 여기지 아니하노라 (행 20:24)	복음을 전하고 고쳐 주리라(마 4:23)
2002	복음 증거하는 일을 마치려 함에는 나의 생명을 조금도 귀한 것으로 여기지 아니하노라 (행 20:24)	복음을 전하고 고쳐 주리라(마 4:23)
2003	복음 증거하는 일을 마치려 함에는 나의 생명을 조금도 귀한 것으로 여기지 아니하노라 (행 20:24)	복음을 전하고 고쳐 주리라(마 4:23)
2004	복음 증거하는 일을 마치려 함에는 나의 생명을 조금도 귀한 것으로 여기지 아니하노라 (행 20:24)	복음을 전하고 고쳐 주리라(마 4:23)
2005	내가 항상 주의 기뻐하시는 일을 행하리로다 (요 8:29)	복음을 전하고 고쳐 주리라(마 4:23)
2006	내가 항상 주의 기뻐하시는 일을 행하리로다 (요 8:29)	복음을 전하고 고쳐 주리라(마 4:23)
2007	내가 항상 주의 기뻐하시는 일을 행하리로다 (요 8:29)	복음을 전하고 고쳐 주리라(마 4:23)

년도	주제	표어
2008	내가 항상 주의 기뻐하시는 일을 행하리로다 (요 8:29)	복음을 전하고 고쳐 주리라(마 4:23)
2009	내가 항상 주의 기뻐하시는 일을 행하리로다 (요 8:29)	복음을 전하고 고쳐 주리라(마 4:23)
2010	내가 항상 주의 기뻐하시는 일을 행하리로다 (요 8:29)	복음을 전하고 고쳐 주리라(마 4:23)
2011	내가 항상 주의 기뻐하시는 일을 행하리로다 (요 8:29)	복음을 전하고 고쳐 주리라(마 4:23)
2012	너희를 부르시는 이는 미쁘시니 그가 또한 이루시리라 (살전 5:24)	아름답도다 좋은 소식을 전하는 자들의 발이여 (롬 10:15)
2013	너희를 부르시는 이는 미쁘시니 그가 또한 이루시리라 (살전 5:24)	아름답도다 좋은 소식을 전하는 자들의 발이여 (롬 10:15)
2014	너희를 부르시는 이는 미쁘시니 그가 또한 이루시리라 (살전 5:24)	아름답도다 좋은 소식을 전하는 자들의 발이여 (롬 10:15)
2015	너희를 부르시는 이는 미쁘시니 그가 또한 이루시리라 (살전 5:24)	아름답도다 좋은 소식을 전하는 자들의 발이여 (롬 10:15)
2016	너희를 부르시는 이는 미쁘시니 그가 또한 이루시리라 (살전 5:24)	아름답도다 좋은 소식을 전하는 자들의 발이여 (롬 10:15)
2017	너희를 부르시는 이는 미쁘시니 그가 또한 이루시리라 (살전 5:24)	아름답도다 좋은 소식을 전하는 자들의 발이여 (롬 10:15)
2018	너희를 부르시는 이는 미쁘시니 그가 또한 이루시리라 (살전 5:24)	아름답도다 좋은 소식을 전하는 자들의 발이여 (롬 10:15)

2. 역대 이사장 및 단장·고문 명단

	이사장		단장		고문	
	이름	기간	이름	기간	이름	기간
제1대	신의경	1974~1988	신의경	1969~1979	김양선(金良善)	1969~1970
제2대	김신영	1988~2004	양성담	1979~1985	홍동근(供東根)	1971~1973
제3대	이지연	2005~2014	김민옥	1985~1988	안광국(安光國)	1971~1973
제4대	박문희	2014~현재	전송자	1988~1994	방지일(方之日)	1972~2014
제5대			김수길	1994~1997	오윤태(吳允台)	1974~1988
제6대			함유순	1997~1998	양형춘(揚炯春)	1974~1991
제7대			이지연	1998~2001	한철하(韓哲河)	1977~2018
제8대			박문희	2002~2003	고황경(高風京)	1977~2000
제9대			이현정	2004~2005	김성억(金聖億)	1986~현재
제10대			백영	2006~2007	강동수(美東株)	1991~현재
제11대			김명자	2008~2009	정구영(鄭求英)	1992~1993
제12대			박연희	2010~2011	방지일(方之日)	2000~2014
제13대			최화명	2012~2014	고춘섭(高春燮)	2003~현재
제14대			최승희	2014~2016	김민옥(金民玉)	2003~2004
제15대			김홍순	2016~2017	전송자(全松子)	2003~현재
제16대			김홍순	2018~현재		

3. 역대 임원 명단

1) 1969년

창립총회		1969. 11. 11.
임원	단장	신의경
	서기	김수길
	회계	함유순
	자문	김양선

2) 1970년

제1회 총회		1970. 3. 22.
임원	단장	신의경
	서기	전송자
	회계	함유순
	총무	김수길
	자문	김양선

3) 1971년

제2회 총회		1971. 11. 11.		
	단장	신의경	부단장	김선덕
	서기	전송자	부서기	유병은
	회계	함유순	부회계	이기련
	총무	양성담 김수길		
	교육부장	김지호	봉사부장	한옥자
	선교부장	장항록	재정부장	정유영
	자문	홍동근 안동국		

4) 1972년

제3회 총회		1972. 4. 17.		
	단장	신의경	부단장	김선덕 양성담
	서기	전송자	부서기	유병은
	회계	함유순	부회계	이기련
	총무	김수길(외무) 김민옥(서무) 양정신(교육)		
	교육부장	김신영	봉사부장	박묘희
	선교부장	한옥자	재정부장	정유영
	사업부장	이애경	기획위원	장학록 김지호
	고문	홍동근 안동국 방지일		

5) 1973년

제4회 총회		1973. 4. 23.		
	단장	신의경	부단장	김선덕 양성담
	서기	전송자	부서기	유병은
	회계	함유순	부회계	이기련
			특별회계	이기련
	총무	김수길(내무) 김민옥(외무) 양정신(교육)		
	교육부장	김신영	봉사부장	박묘희
	사업부장	이애경	선교부장	한옥자
	재정부장	정유영		
	기획위원	장학록 김지호 백운선		
	고문	홍동근 안광국 방지일		

6) 1974년

제5회 총회		1974. 4. 22.		
이사회	이사장	신의경	감사	김금련 민병윤
	이사	김민옥 김선덕 김수길 김신영 양성담 정유영 한옥자 함유순		
임원회	단장	신의경	부단장	김선덕 양성담
	서기	전송자	부서기	유병은
	회계	함유순	부회계	백영희
			특별회계	이기련

	총무	김수길(외무) 김민옥(내무) 양정신(교육)		
	교육부장	김신영	봉사부장	이정옥
	사업부장	이애경	선교부장	한옥자
	재정부장	정유영		
	기획위원	장학록 김지호 백운선		
	고문	방지일 오윤태 양형춘		

7) 1975년

제6회 총회		1975. 4. 21.		
	단장	신의경	부단장	김선덕 양성담
	서기	전송자	부서기	김병숙
	회계	함유순	부회계	박선복
	총무	김수길 김민옥	재정총무	백운선
	교육부장	김신영	봉사부장	이애선
	사업부장	윤숙녀	선교부장	한옥진
	재정부장	정유영		
	고문	방지일 오윤태 양형춘		

8) 1976년

제7회 총회		1976. 1. 19.		
이사회	이사장	신의경		
	이사	김선덕 김수길 김신영 정덕순 한옥자 함유순		
	사무국장	양성담	서기	김민옥
임원회	단장	신의경	부단장	김선덕 양성담
	서기	권승자	부서기	김병숙
	총무	김수길 김민옥	교육부장	김신영
	기획부장	백운선	봉사부장	이애선
	사업부장	윤숙녀	선교부장	한옥진
	재정부장	정유영		
	고문	방지일 오윤태 양형춘		

9) 1977년

제8회 총회		1977. 1. 17.		
이사회	이사장	신의경		
	이사	김민옥 김선덕 김수길 김신영 양성담 정덕순 한옥자 함유순		
	감사	김금련		
임원회	단장	신의경	부단장	김선덕 양성담
	서기	김병숙	부서기	전송자
	회계	함유순	부회계	박선복
	총무	김수길		
	교육부장	김민옥	기획부장	백운선
	봉사부장	이애선	사업부장	변혜신
	선교부장	한옥자	섭외부장	김신영
	재정부장	정덕순		
	고문	방지일 오윤태 양형춘 한철하 고황경		

10) 1978년

제9회 총회		1978. 1. 16.		
이사회	이사장	신의경		
	이사	김민옥 김선덕 김수길 김신영 양성담 정덕순 한옥자 함유순		
	감사	김금련		
임원회	단장	신의경	부단장	김선덕 양성담
	서기	김병숙	부서기	전송자
	회계	함유순	부회계	박선복
	총무	김수길		
	교육부장	김민옥	기획부장	백운선
	봉사부장	이애선	사업부장	변혜신
	선교부장	한옥자	섭외부장	김신영
	재정부장	정유영		
	고문	방지일 오윤태 양형춘 한철하 고황경		

11) 1979년

제10회 총회		1979. 1. 22.		
이사회	이사장	신의경		
	이사	김민옥 김수길 김신영 백영희 양성담 정유영 한옥자 함유순		
	감사	임충실		
임원회	단장	신의경	부단장	양성담
	서기	김병숙	부서기	전송자
	회계	함유순	부회계	박선복
	총무	김수길		
	교육부장	김민옥	기획부장	백운선
	사업부장	변혜신	선교부장	한옥자
	섭외부장	김신영	재정부장	정유영
	회우부장	전송자		
	고문	방지일 오윤태 양형춘 한철하 고황경		

12) 1980년

제11회 총회		1980. 1. 21.		
이사회	이사장	신의경		
	이사	김민옥 김수길 김신영 백영희 양성담 정유영 한옥자 함유순		
	감사	임충실		
임원회	단장	양성담	부단장	한옥자
	서기	전송자	부서기	김기환
	회계	이지연	부회계	이현정
	교육부장	김민옥(박병숙)	기획부장	박문희
	봉사부장	정유영(이애선)	사업부장	백영희(박문희)
	선교부장	백운선(방명화)	섭외부장	김신영(최영숙)
	음악부장	김병숙(조숙렬)	재정부장	함유순(육영애)
	회우부장	변혜신		
	고문	방지일 오윤태 양형춘 한철하 고황경		

*( ) 안은 차장

13) 1981년

제12회 총회		1981. 1. 19.		
이사회	이사장	신의경		
	이사	김민옥 김수길 김신영 백영희 양성담 정유영 한옥자 함유순		
	감사	임충실		
임원회	단장	양성담	부단장	한옥자 김수길
	서기	전송자	부서기	김기환
	회계	이지연	부회계	이현정
	교육부장	김민옥(박병숙)	기획부장	박문희
	봉사부장	정유영(이애선)	사업부장	백영희(박문희)
	선교부장	백운선(방명화)	섭외부장	김신영(최영숙)
	음악부장	김병숙(조숙렬)	재정부장	함유순(육영애)
	회우부장	변혜신(최화명)		
	고문	방지일 오윤태 양형춘 한철하 고황경		

*( ) 안은 차장

14) 1982년

제13회 총회		1982. 1. 18.		
이사회	이사장	신의경		
	이사	김민옥 김수길 김신영 백영희 양성담 정유영 한옥자 함유순		
	감사	임충실		
임원회	단장	양성담	부단장	한옥자 김수길
	서기	전송자	부서기	김기환
	회계	김옥인	부회계	이현정
	교육부장	김민옥(박병숙)	기획부장	박문희
	봉사부장	차정신(이애선)	사업부장	백영희(박문희)
	선교부장	백운선(안정옥)	섭외부장	김신영(최영복)
	음악부장	김병숙(조숙렬)	재정부장	함유순(육영애)
	회우부장	변혜신		
	고문	방지일 오윤태 양형춘 한철하 고황경		

*( ) 안은 차장

15) 1983년

제14회 총회		1983. 1. 17.		
이사회	이사장	신의경		
	이사	김민옥 김수길 김신영 양성담 이지연 정유영 한옥자 함유순		
	감사	노의용 임충실		
임원회	단장	양성담	부단장	김수길 전송자
	서기	박문희	부서기	안정옥
	회계	이현정	부회계	노성이
	교육부장	김민옥(이삼득)	기획부장	백영희(변혜신)
	봉사부장	차정신(최화명)	사업부장	정유영(조태인)
	선교부장	백운선(이지연)	섭외부장	김신영(최영복)
	음악부장	이선수(백인숙)	재정부장	함유순(박기원)
	회우부장	김옥인(김순영)		
	고문	방지일 오윤태 양형춘 한철하 고황경		

*( ) 안은 차장

16) 1984년

제15회 총회		1984. 1. 16.		
이사회	이사장	신의경		
	이사	김민옥 김수길 김신영 양성담 이지연 한옥자 함유순		
	감사	노의용 임충실		
임원회	단장	양성담	부단장	김수길 전송자
	서기	박문희	부서기	안정옥
	회계	이현정	부회계	노성이
	교육부장	김민옥(박기원)	기획부장	백영희(변혜신)
	봉사부장	최용의	사업부장	강혜옥(이애선)
	선교부장	백운선(이지연)	섭외부장	김신영(최영복)
	음악부장	이선수(백인숙)	재정부장	함유순(박기원)
	회우부장	송혜전		
	고문	방지일 오윤태 양형춘 한철하 고황경		

*( ) 안은 차장

17) 1985년

제16회 총회		1985. 1. 21.		
이사회	이사장	신의경		
	이사	김수길 김신영 양성담 이지연 전송자 한옥자 함유순		
	서기	김민옥	감사	노의용 박문희
임원회	단장	양성담	부단장	김수길 전송자
	서기	박문희	부서기	안정옥
	회계	이현정	부회계	노성이
	교육부장	김민옥(이삼득)	기획부장	백영희(변혜신)
	봉사부장	최용의	사업부장	강혜옥(조태인)
	선교부장	백운선(이지연)	재정부장	함유순(박기원)
	음악부장	이선수(백인숙)	회우부장	송혜전
	고문	방지일 오윤태 양형춘 한철하 고황경		

*( )안은 차장

18) 1986년

제17회 총회		1986.1.20.		
이사회	이사장	신의경		
	이사	김수길 김신영 백영희 이지연 이현정 전송자 함유순		
	서기	김민옥	감사	노의용 박문희
임원회	단장	김민옥	부단장	전송자 김수길
	서기	박문희	부서기	김삼지자
	회계	이현정	부회계	노성이
	교육부장	이지연(송리복)	기획부장	백영희(정현옥)
	봉사부장	강혜진(최용의)	사업부장	강혜옥(연계순)
	선교부장	송혜전(이삼득)	섭외부장	김신영(최윤희)
	음악부장	이선수(백인숙)	재정부장	한유순(박기원)
	회우부장	백운선(변혜신		
	고문	방지일 오윤태 양형춘 한철하 고황경		

*( )안은 차장

19) 1987년

제18회 총회		1987. 1. 19.		
이사회	이사장	신의경		
	이사	김수길 김신영 백영희 이지연 이현정 전송자 함유순		
	서기	김민옥	감사	노의용 박문희
임원회	단장	김민옥	부단장	전송자 김수길
	서기	박문희	부서기	김삼지자
	회계	이현정	부회계	노성이
	총무	김수길	협동총무	백운선
	관리부장	백영희(정현옥)	교육부장	이삼득(송리복)
	기획부장	민병윤(김옥윤)	봉사부장	최용의(강혜진)
	사업부장	강혜옥(연계순)	선교부장	송혜전(이기남)
	섭외부장	김신영(최윤희)	음악부장	이선수(백인숙)
	재정부장	함유순(박기원)	회우부장	백운선(변혜신)
	고문	방지일 오윤태 양형춘 한철하 고황경		

*( ) 안은 차장

20) 1988년

제19회 총회		1988. 1. 18.		
이사회	이사장	신의경		
	이사	김수길 김신영 백영희 이지연 이현정 전송자 함유순		
	서기	김민옥	감사	노의용 박문희
임원회	단장	김민옥	부단장	전송자 김수길
	서기	박문희	부서기	김삼지자
	회계	이현정	부회계	노성이
	총무	김수길	협동총무	백운선
	관리부장	백영희(정현옥)	교육부장	이지연(송리복)
	기획부장	민병운(김옥윤)	봉사부장	김혜자(최용희)
	사업부장	이기남(심근순)	선교부장	송혜전(이삼득)
	섭외부장	김신영(최윤희)	음악부장	이선수(백인숙)
	재정부장	함유순(박기원)	회우부장	백운선(변혜신)
	고문	방지일 오윤태 양형춘 한철하 고황경		

*( ) 안은 차장

21) 1989년

제20회 총회		1989. 1. 16.		
이사회	이사장	김신영		
	이사	김민옥 박문희 백영희 이지연 이현정 전송자 함유순		
	서기	김수길	감사	노의용 김명자
임원회	단장	전송자	부단장	김수길 함유순
	서기	박문희	부서기	김명자
	회계	이현정	부회계	노성이
	총무	김수길	협동총무	백운선
	관리부장	백영희(김옥윤)	교육부장	이지연(이삼득)
	기획부장	민병윤(송리복)	봉사부장	김혜자(정은자)
	사업부장	백영희(심근순)	선교부장	송혜전(함순실)
	섭외부장	김신영(최윤희)	음악부장	이선수(이을분)
	재정부장	함유순(박기원)		
	고문	방지일 양형춘 한철하 고황경		

*( ) 안은 차장

22) 1990년

제21회 총회		1990. 1. 22.		
이사회	이사장	김신영		
	이사	김민옥 박문희 백영희 이지연 이현정 전송자 함유순		
	서기	김수길	감사	노의용 김명자
임원회	단장	전송자	부단장	김수길 함유순
	서기	박문희	부서기	김명자
	회계	이현정	부회계	노성이
	총무	김수길	협동총무	백운선
	관리부장	백영희(김옥윤)	교육부장	이지연(이삼득)
	기획부장	민병윤(송리복)	봉사부장	김혜자(정은자)
	사업부장	백영희(심근순)	선교부장	송혜전(함순실)
	섭외부장	김신영(최윤희)	음악부장	이선수(이을분)
	재정부장	함유순(박기원)		
	고문	방지일 양형춘 한철하 고황경		

*( ) 안은 차장

23) 1991년

제22회 총회		1991. 1. 21.		
이사회	이사장	김신영		
	이사	김민옥 박문희 백영희 이지연 이현정 전송자 함유순		
	서기	김수길	감사	노의용 김명자
임원회	단장	전송자	부단장	김수길 함유순
	서기	박문희	부서기	김명자
	회계	이현정	부회계	노성이
	총무	김수길	협동총무	백운선
	교육부장	이지연(이삼득)	기획부장	강교자(송리복)
	봉사부장	김혜자(정은자)	사업관리	백영희(심근순)
	선교부장	송혜전(함순실)	섭외부장	김신영(최윤희)
	음악부장	이선수(이을분)	재정부장	함유순(박기원)
	고문	방지일 양형춘 한철하 고황경		

*( ) 안은 차장

24) 1992년

제23회 총회		1992. 1. 20.		
이사회	이사장	김신영		
	이사	김민옥 박문희 백영희 이지연 이현정 전송자 함유순		
	서기	김수길	감사	한응수 김명자
임원회	단장	전송자	부단장	김수길 함유순
	서기	박문희	부서기	김명자
	회계	이현정	부회계	노성이
	사무국장	김수길		
	협동총무	백운선 이삼득 최윤희		
	관리부장	백영희	교육부장	이지연(박주령)
	기획부장	강교자(송리복)	봉사부장	함순실
	사업부장	심근순(심근순)	선교부장	송혜전(이경욱)
	섭외부장	김승주(김명애)	음악부장	이선수(한경자)
	재정부장	함유순		
	고문	방지일 한철하 고황경 김성억 강동수 정구영		

*( ) 안은 차장

25) 1993년

제24회 총회		1993. 1. 18.		
이사회	이사장	김신영		
	이사	김민옥 박문희 백영희 이지연 이현정 전송자 함유순		
	서기	김수길	감사	한응수 김명자
임원회	단장	전송자	부단장	김수길 함유순
	서기	박문희	부서기	김명자
	회계	이현정	부회계	노성이
	사무국장	김수길		
	협동총무	백운선 최윤희 변혜신 이삼득		
	교육부장	이지연(박주령)	기획부장	강교자(송리복)
	봉사부장	함순실	사업부장	심근순(송리복)
	선교부장	이경욱(박광분)	음악부장	이선수(한경자)
	재정부장	함유순		
	고문	방지일 한철하 고황경 김성억 강동수 정구영		

*( ) 안은 차장

26) 1994년

제25회 총회		1994. 1. 17.		
이사회	이사장	김신영		
	이사	김민옥 박문희 백영희 이지연 이현정 전송자 정구영 함유순		
	서기	김수길	감사	한응수 김명자
임원회	단장	전송자	부단장	김수길 함유순
	서기	박문희	부서기	김명자
	회계	이현정	부회계	노성이
	총무	김수길		
	협동총무	백운선 최윤희 변혜신		
	교육부장	이지연(박주령)	기획부장	강교자(송리복)
	봉사부장	함순실	사업부장	심근순(심근순)
	선교부장	이경욱(박광분)	음악부장	이선수(한경자)
	재정부장	함유순(박병숙)		
	고문	방지일 한철하 고황경 김성억 강동수		

*( ) 안은 차장

27) 1995년

제26회 총회		1995. 1. 16.		
이사회	이사장	김신영		
	이사	김민옥 김수길 박문희 이지연 이현정 전송자 정구영 함유순		
	감사	한웅수 김명자		
임원회	단장	김수길	부단장	함유순 이지연
	서기	박문희	부서기	김명자
	회계	이현정	부회계	조명심
	협동총무	백운선 최윤희 변혜신		
	관리부장	백영희(이기남)	교육부장	강교자(신채현)
	기획부장	전송자(함순실)	사업부장	심근순(우복순)
	사회봉사	장상감(김영순)	선교부장	이경욱(임화순)
	섭외부장	김승주(전이경)	음악부장	한경자(김연경)
	재정부장	함유순(박병숙)		
	고문	방지일 한철하 고황경 김성억 강동수		

*( ) 안은 차장

28) 1996년

제27회 총회		1996. 1. 22.		
이사회	이사장	김신영		
	이사	김민옥 김수길 박문희 이지연 이현정 전송자 정구영 함유순		
	감사	한웅수 김명자		
임원회	단장	김수길	부단장	함유순 이지연
	서기	박문희	부서기	김명자
	회계	이현정	부회계	조명심
	협동총무	백운선 최윤희 변혜신		
	간사	조명심		
	교육부장	김연경(신채현)	기획부장	전송자(함순실)
	사업부장	심근순(이기남)	사회봉사	김예자(고회수)
	선교부장	이경욱(김영순)	섭외부장	김승주(전이경)
	음악부장	조인숙(이옥숙)	재정부장	함유순(백영희)
	협동선교사	유부웅		
	고문	방지일 한철하 고황경 김성억 강동수		

*( ) 안은 차장

29) 1997년

제28회 총회		1997. 1. 20.		
이사회	이사장	김신영		
	이사	김민옥 김수길 박문희 백영희 이지연 이현정 전송자 정구영 함유순		
	감사	한응수 김명자		
임원회	단장	김수길	부단장	함유순 이지연
	서기	박문희	부서기	김명자
	회계	이현정	부회계	조명심
	협동총무	백운선 최윤희 이기남		
	간사	조명심		
	교육부장	김연경(신채현)	기획부장	전송자(함순실)
	사업부장	심근순(이기남)	사회봉사	김예자(고회수)
	선교부장	이경욱(김영순)	섭외부장	김승주(전이경)
	음악부장	조인숙(이옥숙)	재정부장	함유순(백영희)
	협동선교사	유부웅		
	고문	방지일 한철하 고황경 김성억 강동수		
*( ) 안은 차장				

30) 1998년

제29회 총회		1998. 1. 19.		
이사회	이사장	김신영		
	이사	김민옥 김수길 박문희 백영희 이지연 이현정 전송자 정구영		
	감사	한응수 김명자		
임원회	단장서리	이지연	부단장	백영희
	서기	박문희	부서기	김명자
	회계	이현정	부회계	조명심
	협동총무	백운선 최윤희 이기남		
	간사	조명심		
	교육부장	김연경(배계환)	기획부장	김수길(전송자)
	사업부장	심근순(함순실)	사회봉사	김예자(고희수)
	선교부장	이경욱(노인성)	섭외부장	김승주(김경옥)
	음악부장	조인숙(이옥숙)	재정부장	이지연(전의경)

	장학위원장	노인성		협동선교사	유부웅
	고문	방지일 한철하 고황경 김성억 강동수			

*( ) 안은 차장

31) 1999년

제30회 총회		1999. 1. 18.		
이사회	이사장	김신영		
	이사	김명자 김민옥 김수길 박문희 백영회 이지연 이현정 전송자		
	감사	한웅수 남궁육		
임원회	단장	이지연	부단장	백영희 박문희
	서기	김명자	부서기	김신지
	회계	이현정	부회계	김현숙
	협동총무	최윤희	간사	조명심
	교육부장	김연경(함순실)	기획부장	김수길(전송자)
	사업부장	배계환(심근순)	사회봉사	김예자(고희수)
	선교부장	이경욱(노인성)	섭외부장	김승주(김경옥)
	음악부장	조인숙(이옥숙)	재정부장	김민옥(전의경)
	장학위원장	노인성	협동선교사	유부웅
	고문	방지일 한철하 고황경 김성억 강동수		

*( ) 안은 차장

32) 2000년

제31회 총회		2000. 1. 17.		
이사회	이사장	김신영		
	이사	김수길 전송자 김민옥 이지연 박문희 이현정 백영희 김명자		
	감사	한웅수 남궁육		
임원회	단장	이지연	부단장	백영희 박문희
	서기	김명자	부서기	김신지
	회계	이현정	부회계	김현숙
	기획부장	김수길(전송자)	장학부장	노인성(이명진)
	선교부장	이경욱(강혜옥 이기남)		
	교육부장	김연경(함순실)		
	재정부장	김민옥(전의경 최윤희)		

	섭외부장	김승주(김경옥)		
	음악부장	김갑준(최명숙)	사업봉사	배계환(이명숙)
	협동선교사	유부웅	사무간사	조명심

*( ) 안은 차장

33) 2001년

제32회 총회		2001. 1. 15.		
이사회	이사장	김신영		
	이사	김수길 전송자 김민옥 이지연 박문희 이현정 백영희 김명자 이경욱		
	감사	남궁육		
임원회	고문	방지일 김성억 한철하 강동수		
	단장	이지연	부단장	백영희 박문희
	서기	김명자	부서기	김희경
	회계	이현정	부회계	김현숙
	기획부장	김수길(전송자)	장학부장	노인성(이명진)
	선교부장	이경욱(이기남)	교육부장	김연경(함순실)
	재정부장	김민옥(전의경 최윤희)		
	섭외부장	박연희(김승주 최은주)		
	음악부장	김갑준(최명숙)	사업부장	배계환(이명숙)
	봉사부장	박선복(강혜옥)	협동선교사	유부웅
	사무간사	조명심		

*( ) 안은 차장

34) 2002년

제33회 총회		2002. 1. 21.		
이사회	이사장	김신영	부이사장	이지연
	이사	전송자 김민옥 이지연 박문희 이영옥 백영희 김명자 이경욱		
	감사	남궁육 박범식		
임원회	고문	강동수 고춘섭 김민옥 전송자		
	단장	박문희	부단장	백영희 이현정
	서기	김명자	부서기	김희경
	회계	박연희	부회계	김현숙

	기획부장	이지연(이정숙 윤윤자)		
	장학부장	노인성(장희순 이명진)		
	선교부장	이경욱(김갑숙)		
	교육부장	김갑준(최은주 최승희)		
	재정부장	이현정(최화명)	섭외부장	배계환(임화순)
	음악부장	최명숙(김정진)	봉사부장	박선복
	사업부장	김경옥(이충자)	협동선교사	유부웅
	사무국장	조명심		

*( ) 안은 차장

35) 2003년

제34회 총회		2003. 1. 20.		
이사회	이사장	김신영	부이사장	이지연
	이사	전송자 김민옥 이지연 박문희 이영옥 백영희 김명자 이경욱		
	감사	남궁육 박범식		
임원회	고문	강동수 고춘섭 전송자		
	단장	박문희	부단장	백영희 이현정
	서기	김명자	부서기	김희경
	회계	박연희	부회계	김현숙
	기획부장	이지연(이정숙 윤윤자)		
	장학부장	노인성(장희순 이명진)		
	선교부장	이경욱(김갑숙)		
	교육부장	김갑준(최은주 최승희)		
	재정부장	이현정(최화명)	섭외부장	배계환(임화순)
	음악부장	최명숙(김정진)	봉사부장	박선복
	사업부장	김경옥(이충자)	협동선교사	유부웅
	사무국장	조명심		

*( ) 안은 차장

36) 2004년

제35회 총회		2004. 1. 19.		
이사회	이사장	김신영	부이사장	이지연
	이사	이지연 박문희 백영희 김명자 이경욱 전송자 이현정		

임원회	감사	남궁육			
	고문	강동수 고춘섭 전송자			
	단장	이현정	부단장	백영희 김명자	
	서기	윤윤자	부서기	김희경	
	임원회 서기	최명숙			
	회계	박연희	부회계	김현숙	
	기획부장	이지연(이정숙 최화명)			
	선교부장	최승희(이경욱)	교육부장	김갑준(최은주)	
	재정부장	박문희(나순영)	장학부장	노인성(박행자)	
	음악부장	김정진(최연욱)	사업부장	김경옥(임화순)	
	섭외부장	배계환(김갑숙)	봉사부장	박선복(이충자)	
	총무	조명심			

*( ) 안은 차장

37) 2005년

이사회	제37회 총회	2005. 1. 17.		
	명예이사장	김신영		
	이사장	이지연		
	이사	박문희 백영희 이현정 김명자 배계환 최화명 박연희 전의경		
	감사	남궁육		
임원회	고문	강동수 고춘섭 전송자		
	단장	이현정	부단장	백영희 김명자
	서기	윤윤자	부서기	김희경
	임원회 서기	최명숙		
	회계	박연희	부회계	김현숙
	기획부장	이지연(최화명)	선교부장	최승희(이경욱)
	교육부장	김갑준(최은주)	재정부장	박문희(나순영)
	장학부장	노인성(박행자)	음악부장	김정진(최연욱)
	사업부장	김경옥(임화순)	섭외부장	배계환(김갑숙)
	봉사부장	박선복(이충자)	총무	조명심

*( ) 안은 차장

38) 2006년

제37회 총회		2006. 1. 16.		
이사회	명예이사장	김신영		
	이사장	이지연	부이사장	박문희
	이사	박문희 백영희 이현정 김명자 배계한 최화명 박연희 전의경		
	감사	남궁육		
임원회	고문	강동수 고춘섭 전송자		
	단장	백영희	부단장	김명자 박연희
	서기	윤윤자	부서기	최승희
	임원회 서기	최명숙		
	회계	최화명	부회계	김현숙
	기획부장	이현정(이금숙)	선교부장	김희경(신광선)
	교육부장	최은주(김갑준)	재정부장	박문희(나순영)
	장학부장	박행자(노인성)	음악부장	이애찬(김정진)
	사업부장	김경옥(임화순)	섭외부장	배계환(김갑숙)
	봉사부장	박선복(김홍순)	총무	조명심
분단	한나	최막례	루디아	나운경
	브리스가	김창숙	수산나	이윤숙
	마리아	김명자	로이스	이충자
	뵈뵈	전송자	청년	윤희

*( ) 안은 차장

39) 2007년

제38회 총회		2007. 1. 22.		
이사회	명예이사장	김신영		
	이사장	이지연	부이사장	박문희
	이사	박문희 백영희 이영옥 김명자 배계한 최화명 박연희 진의경		
	감사	이현정 김학영		
임원회	고문	강동수 고춘섭 전송자		
	단장	백영희	부단장	김명자 박연희
	서기	윤윤자	부서기	최승희
	임원회 서기	최명숙		
	회계	최화명	부회계	김현숙

기획부상	이현정(김현숙)	선교부장	김희경(신광신)
교육부장	최은주(김갑준)	재정부장	박문희(나순영)
장학부장	박행자(노인성)	음악부장	이애찬(김정진)
사업부장	김경옥(임화순)	섭외부장	배계환(김갑숙)
봉사부장	박선복(김홍순)		
분단	한나	최막례	루디아	나운경
	브리스가	김창숙	수산나	이윤숙
	마리아	기명자	로이스	이중자
	뵈뵈	전송자	청년	윤희

*( ) 안은 차장

40) 2008년

제39회 총회	2008. 1. 21.			
이사회	명예이사장	김신영		
	이사장	이지연	부이사장	박문희
	이사	박문희 백영회 이영옥 김명자 배계한 최화명 박연희 최승희 김희경		
	감사	김학영 윤윤자		
임원회	고문	강동수 고춘섭 전송자		
	단장	김명자	부단장	박연희 최승희
	서기	최명숙	임원회서기	박문희
	회계	최화명	부회계	김희경
	기획부장	백영희(김경옥)	선교부장	최화명(최동순)
	교육부장	나순영(김갑준)	재정부장	이현정(나운경)
	장학부장	박행자(노인성)	음악부장	이영주(김정진)
	사업부장	함문자(임화순)	섭외부장	김홍순(신광선)
	봉사부장	박선복(윤현숙)		
분단	한나	최막례	루디아	나운경
	브리스가	김창숙	수산나	이윤숙
	마리아	김명혜	로이스	이충자
	뵈뵈	전송자	청년	윤희

*( ) 안은 차장

41) 2009년

제40회 총회		2009. 1. 19.		
이사회	명예이사장	김신영		
	이사장	이지연	부이사장	박문희
	이사	박문희 백영희 이영옥 김명자 최화명 박연희 최승희 김희경		
	감사	김학영 윤윤자		
임원회	고문	강동수 고춘섭 전송자		
	단장	김명자	부단장	박연희 최승희
	서기	최명숙	부서기	김희경
	임원회 서기	박문희		
	회계	김현숙	부회계	최은주
	기획부장	백영희(김경옥)	선교부장	최화명(최동순)
	교육부장	나순영(김갑준)	재정부장	이현정(나운경)
	장학부장	박행자(노인성)	음악부장	이영주(김정진)
	사업부장	함문자(임화순)	섭외부장	김홍순(신광선)
	봉사부장	박선복(윤현숙)		
분단	한나	최막례	루디아	나운경
	브리스가	김창숙	수산나	이윤숙
	마리아	김명혜	로이스	이충자
	뵈뵈	전송자	청년	윤회

*( ) 안은 차장

42) 2010년

제41회 총회		2010. 1. 18.		
이사회	이사장	이지연	부이사장	박문희
	이사	박문희 백영희 이영옥 김명자 최화명 박연희 최승희 김희경		
	감사	윤윤자		
임원회	고문	강동수 고춘섭 전송자		
	단장	박연희	부단장	최승희 최화명
	서기	최명숙	부서기	김현숙
	임원회 서기	박문희		
	회계	김현숙	부회계	최은주
	기획부장	김명자(김경옥)	선교부장	김희경(최동순)

	교육부장	박행사(김갑준)	새정부장	이헌정(나운경)
분단	장학부장	나순영(노인성)	음악부장	이영주(김정진)
	사업부장	함문자(임화순)	섭외부장	김홍순(이재숙)
	봉사부장	박선복(윤현숙)		
	한나	최막례	루디아	나운경
	브리스가	김창숙	수산나	이윤숙
	마리아	김명혜	로이스	이충자
	뵈뵈	전송자		

*( ) 안은 차장

43) 2011년

제42회 총회		2011. 1. 18.		
이사회	이사장	이지연		
	이사	박문희 백영희 이영옥 김명자 최화명 박연희 최승희 김희경		
	감사	윤윤자		
임원회	고문	강동수 고춘섭 전송자		
	단장	박연희	부단장	최승희 최화명
	서기	최명숙	부서기	김현숙
	임원회 서기	박문희		
	회계	김현숙	부회계	최은주
	기획부장	김명자(김명옥)	선교부장	김희경(최동순)
	교육부장	박행자(김갑준)	재정부장	이헌정(나운경)
	장학부장	나순영(노인성)	음악부장	이영주(김정진)
	사업부장	함문자(임화순)	섭외부장	김홍순(이재숙)
	봉사부장	박선복(윤현숙)		
분단	한나	최막례	루디아	나운경
	브리스가	김창숙	수산나	이윤숙
	마리아	김명혜	로이스	이충자
	뵈뵈	전송자		

*( ) 안은 차장

44) 2012년

제43회 총회		2012. 1. 17.		
이사회	이사장	이지연		
	이사	박문희 백영희 이영옥 김명자 최화명 박연희 최승희 김희경		
	감사	윤윤자		
임원회	고문	강동수 고춘섭 전송자		
	단장	박연희	부단장	최승희 최화명
	서기	최명숙	부서기	김현숙
	임원회 서기	박문희		
	회계	김현숙	부회계	이금숙
	기획부장	김명자(김명옥)	선교부장	김희경(최동순)
	교육부장	박행자(김갑준)	재정부장	이현정(나운경)
	장학부장	나순영(노인성)	음악부장	이영주(김정진)
	사업부장	함문자(임화순)	섭외부장	김홍순(이재숙)
	봉사부장	박선복(윤현숙)		
분단	한나	최막례	루디아	나운경
	브리스가	김창숙	수산나	이윤숙
	마리아	김명혜	로이스	이충자
	뵈뵈	전송자		

*( ) 안은 차장

45) 2013년

제44회 총회		2013. 1. 16.		
이사회	이사장	이지연		
	이사	박문희 백영희 이영옥 김명자 최화명 박연희 최승희 김희경		
	감사	윤윤자		
임원회	고문	강동수 고춘섭 전송자		
	단장	박연희	부단장	최승희 최화명
	서기	최명숙	부서기	김현숙
	임원회 서기	박문희		
	회계	김현숙	부회계	이금숙
	기획부장	김명자(김명옥)	선교부장	김희경(최동순)

	교육부장	박행자(김갑준)	재정부장	이현정(나운경)
	장학부장	나순영(노인성)	음악부장	이영주(김정진)
	사업부장	함문자(임화순)	섭외부장	김홍순(이재숙)
	봉사부장	박선복(윤현숙)		
분단	한나	최막례	루디아(연동)	나운경
	브리스가	김창숙	수산나	이윤숙
	마리아	김명혜	로이스	이충자
	뵈뵈	전송자		

*( ) 안은 차장

46) 2014년

제45회 총회		2014. 1. 21.		
이사회	이사장	이지연		
	이사	박문희 백영희 이현정 김명자 최화명 박연희 최승희 김희경		
	감사	윤윤자		
임원회	고문	강동수 고춘섭 전송자		
	단장	최화명	부단장	김현숙
	서기	최명숙	부서기	이재숙
	임원회 서기	박문희		
	회계	최은주	부회계	이금숙
	기획부장	박연희(나운경)		
	선교부장	김희경(황보정숙 윤희)		
	교육부장	김갑준(최동순 김녹자)		
	재정부장	이현정(김정혜	장학부장	박행자(노인성)
	음악부장	김정진(이윤숙)	사업부장	함문자(박선복)
	섭외부장	나순영(김경희 김화자)		
	봉사부장	이영주(채양숙)		
분단	한나	최막례	루디아(연동)	황은희
	수산나	정숙자	마리아	김명혜
	브리스가	김창숙	샌프란시스코	이윤주

*( ) 안은 차장

47) 2015년

제46회 총회		2015. 1. 19.		
이사회	명예이사장	이지연	이사장	박문희
	이사	이현정 김명자 최화명 박연희 최승희 김희경		
	서기	이현정		
	감사	윤윤자		
임원회	고문	강동수 고춘섭 전송자		
	단장	최승희	부단장	김홍순 김현숙
	서기	이재숙	부서기	신용희
	임원회 서기	김명자		
	회계	최은주	부회계	이금숙 김정혜
	기획부장	최화명(나운경)	재정부장	박연희(김신지)
	선교부장	김희경(윤희 이영주)		
	교육부장	김정진(지명자)	사회부장	박행자(조순이)
	장학부장	나순영(문길녀 추정자)		
	섭외부장	김녹자(이묘자)	사업부장	함문자(황보정숙)
	봉사부장	박선복(김경희)	음악부장	백향자(채양숙)
분단	한나	최막례	루디아(연동)	남예희
	수산나	유정자	마리아	김명혜
	브리스가	김창숙		

*( ) 안은 차장

48) 2016년

제47회 총회		2016. 1. 19.		
이사회	명예이사장	이지연	이사장	박문희
	이사	김명자 최화명 박연희 최승희 김희경 박행자		
	서기	박행자		
	감사	윤윤자		
임원회	고문	강동수 고춘섭 전송자		
	단장	김홍순	부단장	김현숙 최양숙
	서기	박행자	부서기	김경희
	실행위 서기	김명자		
	회계	최은주	부회계	이금숙 김정혜

임원회	기획부장	최승희(정명일)	재정부장	박연희(나운경)
	선교부장	김희경(김신지 오수희)		
	교육부장	김정진(이재숙)		
	사회부장	박행자(이영주 유정자)		
	장학부장	나순영(윤현숙 박문숙)		
	섭외부장	최화명(윤희)	사업부장	함문자(양행화)
	봉사부장	박선복(이순종)	음악부장	백향자(김인자)
분단	한나	최막례	루디아	이광숙 정숙자
	수산나	정숙자	마리아	김명혜
	브리스가	김창숙	뵈뵈	전송자

*( ) 안은 차장

49) 2017년

제48회 총회		2017. 1. 16.		
이사회	명예이사장	이지연		
	이사장	박문희	부이사장	이현정
	이사	김명자 박연희 최승희 김희경 박행자 채양숙		
	서기	박행자		
	감사	윤윤자		
임원회	고문	강동수 고춘섭 전송자		
	단장	김홍순	부단장	김현숙 최양숙
	서기	박행자	부서기	김경희 이광숙
	실행위 서기	김명자		
	회계	최은주	부회계	이금숙 김정혜
	기획부장	최승희(정명일)	교육부장	김정진(이재숙)
	재정부장	박연희(나운경 박미자)		
	선교부장	김희경(김신지 오수희)		
	사회부장	김녹자(윤현숙 박문숙)		
	섭외부장	최화명(윤희)	사업부장	양행화(장숙자)
	봉사부장	박선복(이순종)	음악부장	백향자(김인자)
분단	한나	최막례	루디아	이광숙 정숙자
	수산나	정숙자	마리아	김명혜
	브리스가	김창숙	뵈뵈	전송자

*( ) 안은 차장

50) 2018년

제49회 총회		2018. 1. 22.		
이사회	명예이사장	이지연		
	이사장	박문희	부이사장	이현정
	이사	김명자 박연희 최승희 김희경 박행자 채양숙		
	서기	박행자		
	감사	윤윤자		
임원회	고문	강동수 고춘섭 전송자		
	단장	김홍순	부단장	김현숙 최양숙
	서기	박행자	부서기	김경희
	실행위 서기	김명자		
	회계	최은주	부회계	이금숙 윤희
	기획부장	최승희(최정애 황보정숙)		
	재정부장	박미자(박연희 나운경)		
	선교부장	양행화(김신지 오수희)		
	교육부장	김정진(이재숙 최명숙)		
	사회부장	김녹자(김숙자)		
	장학부장	나순영(윤현숙 김금열)		
	섭외부장	이광숙(김정혜 김예자)		
	사업부장	장숙자(이순종)	봉사부장	박선복(이영주)
	음악부장	백향자(김인자 김명희)		
분단	한나(동신)	최막례	수산나(영등포)	유정자
	브리스가	김창숙	루디아(연도)	홍대숙
	마리아	김명혜	청년	김경희

*( ) 안은 차장

51) 2019년

제50회 총회		2019. 1. 21.		
이사회	명예이사장	이지연		
	이사장	박문희	부이사장	김명자
	이사	이현정 박연희 최승희 김희경 박행자 채양숙		
	서기	박행자		
	감사	윤윤자		

	고문	고춘섭 전송자 성홍호		
임원회	단장	김홍순	부단장	김현숙 최양숙
	서기	박행자	부서기	김경희
	실행위 서기	김명자		
	회계	최은주	부회계	이금숙 윤희
	기획부장	최승희(최정애 황보정숙)		
	재정부장	박미자(박연희 나운경)		
	선교부장	양행화(김신지 오수희)		
	교육부장	김정진(이재숙 최명숙)		
	사회부장	김녹자(김숙자)		
	장학부장	나순영(윤현숙 김금열)		
	섭외부장	이광숙(김정혜 김예자)		
	사업부장	장숙자(이순종)		
	봉사부장	박선복(이영주)		
	음악부장	백향자(김인자 김명희)		
분단	한나(동신)	최막례	수산나(영등포)	유정자
	브리스가	김창숙	루디아(연동)	홍대숙
	마리아	김명혜	청년	김경희

*( )안은 차장

4. 30주년 평생 단원 명부

1) 평생 단원

분류	단원
평생 단원	강교자 권도실 권진희 고려실 고황경 김경옥 김금련 김기환 김명애 김명자 김미령 김미선 김민옥 김복선 김봉자 김봉주 김선덕 김선숙 김성은 김수길 김순식 김순정 김순화 김승주 김신영 김양건 김여집 김연석 김영숙 김영주 김옥순 김옥자 김용애 김종순 김화영 노성이 도연희 라병춘 문경숙 문숙자 박문희 박병숙 박봉선 박선복 박순옥 박순이 박신화 박은순 박춘숙 방덕수 방명화 방순실 방화선 변혜신 배약분 배혜숙 백영자 백영희 백옥숙 백운선 백인숙 서효애 송리복 신경순 신원혜 신의경 신의숙 신채현 신혜원 안수복 안정옥 양성담 엄정자 오화신 옥명숙 왕기랑 우복순 윤숙녀 윤정희 윤희자

분류	단원
	이경옥 이기남 이기련 이동숙 이명진 이삼득 이수옥 이순희 이신애 이애선 이애자 이옥인 이정희 이종옥 이지연 이춘란 이충자 이현정 이화선 임경희 임정옥 임충실 장상감 장형락 전성혜 전송자 전순덕 전이경 정구영 정복수 정수면 정순옥 정시옥 정유영 정혜숙 조상경 조옥성 조유자 조준선 차정신 최경애 최막내 최선애 최수영 최신옥 최영복 최영숙 최윤희 최인환 최정순 한경자 한성자 한옥자 함유순 현수자 홍영숙 황국한 황남복 황수기
교토	김항운 김성순 경혜중 김삼순 김예자 남순영 서명인 예술분 조임순 조필순
도쿄	김한희 김현경 노진악 송경신 장성임 전성례
오사카	강술생 고수선 김 선 김재술 김주일 노영근 문영순 문을생 박수규 박정자 박필홍 신정옥 심효남 이와이 이창화 정옥희 岩井君江
나고야	권인숙 권진희 김소전 이용출
미국	김경애 김신재 김영애 김 한숙 남순영 박영자 손영자 안양순 윤영자 이선득 이수옥 이애경 이애자 이창화 이희자 하명순 한경빈 한명순

5. 역대 단장 임기

	단장	임기년도	소속	비고
제1대	신의경	1969~1979	연동교회	1974~1988 이사장직 겸임
제2대	양성담	1979~1985	영등포교회	
제3대	김민옥	1985~1988	상동교회(감리회)	
제4대	전송자	1988~1994	영등포교회	1969년 창단 단원
제5대	김수길	1994~1997	새문안교회	
제6대	함유순	1997~1997	연동교회	
제7대	이지연	1998~2002	연동교회	제3대 이사장
제8대	박문희	2002~2003	연동교회	제4대 이사장
제9대	이현정	2004~2005	연동교회	
제10대	백영희	2006~2008	서울교회	
제11대	김명자	2008~2009	영등포교회	
제12대	박연희	2010~2011	연동교회	
제13대	최화명	2012~2014	영등포교회	
제14대	최승희	2014~2016	문화교회	
제15대	김홍순	2016~현재	연동교회	

6. 일반 단원 및 평생 단원

1) 일반 단원

	2000년	2001년	2002년	2003년	2004년
한나 (동신교회)	김수남 박봉희	유인형 박은순 이보례		이영희 장정심 조점순	두경래 김애옥 조규자 정분이 정봉옥 전순자
루디아 (연동교회)	박연희	김명순 이상애	윤윤자 전상애 김옥희	박행자 나순영 이원희 나운경 김계월 김연수	임정순 안시보 김애시 이보숙 황은희 안연화
수산나 (영등포교회)	김광자 김종욱 선순회 이영주	최명숙 신준영 신가영 정숙자	이정진 김정숙	김정진 이혜제 김영례 김은숙 김화자 박연숙	최종순 차영회 김복수 이애찬
브리스가 (문화교회)	황은례 이순자 박순숙 조순행	박경순 임정순 김옥란 전옥순	김복실	송순애 조인제	이용숙 이현호 이현숙 김창숙 이정완
일반 분단 (한국여성복 음복상단)					정회창
청년 (한국여성복 음봉사단)			신경자	이정이	이선옥 신광선 황보정숙 이금숙 윤희

2) 평생 단원

분단	년도	단원
루디아(연동교회)	2004	조성은 심양회
마리아 분단(김명자 단원 가족)	2004	선미정 민혜경
수산나 분단(영등포교회)	2004	김갑준 한병미
브리스가 분단(문화교회)	2004	노연실
청년 분단(한국여성복음봉사단)	2003	이명아

7. 연도별 수입 지출 결산 통계

1) 수입

(단위: 원, ( ) 안은 달러)

연도	회 비	특별·감사	사업·수입	기타	계
1999	36,081,000 (2,225)	5,714,000	12,062,528 (300)	4,437,649	58,295,177 (2,525)
2000	19,372,960 (1,100)	46,146,000 (1,000)	7,743,923	525,287	73,788,170 (2,100)
2001	17,107,120 (1,150)	4,724,910	31,631,636	113,773 (138)	65,523,569 (1,288)
2002	17,053,250 (1,000)	14,724,910	31,631,636	113,773 (138)	65,523,569 (1,138)
2003	17,294,000	4,825,000	28,402,107	1,748,949 (182)	52,269,966 (182)
2004	18,095,000 (1,100)	34,941,000 (400)	27,250,769	211,386 (184)	81,101,155 (1,684)
2005	18,095,000 (1,400)	11,045,000	20,349,574	30,223,845 (1,684)	79,713,419 (3,084)
2006	21,075,000 (1,000)	41,160,000 (100)	31,092,776 (2,724)	3,868,589 (1,614)	97,169,365 (2,741)
2007	23,728,000 (1,000)	16,017,000 (2,100)	37,607,733 (15,028)	36,987,285 (1,641)	89,456,174 (18,420)
2008	20,686,000 (980)	11,809,700 (480)	18,457,351 (90)	32,397,960 (2,520)	89,456,174 (4,070)
2009	23,686,000 (1,240)	39,685,300 (490)	21,257,335 (1,76)	32,339,960 (2,520)	117,026,595 (4,252)
2010	17,915,000 (1,000)	39,398,000	23,487,686	13,345,825 (2,432)	94,146,511 (3,432)
2011	17,915,000 (1,000)	32,423,000 1,850,000	16,332,253		66,670,253 (1,000)
2012	19,757,000 (1,000)	7,458,420 980,000	17,890,299		76,763,731 (1,982)
2013					

2014	18,635,000	6,063,000 1,450,000 (1,080)	15,395,302		41,543,302 (1,080)
2015	19,406,000 (2,000)	32,429,574 2,430,000	14,034,000		88,672,938 (3,324)
2016	18,705,000 (993)	21,576,000 2,460,000	13,238,873		98,019,734 (1,898)
2017	20,040,000	6,027,300 3,120,000	14,554,456		58,595,800 (638)
2018	20,910,000 (550)	5,783,000 (36,000)	15,670,623		67,094,154 (37,138)

2) 지출

(단위: 원, ( ) 안은 달러)

연도	국외 선교	국내 선교	사회- 교육	기타	계
1999	43,310,500 (2,500)	1,800,000	267,500	13,391,890	57,769,890 (2,500)
2000	44,423,300 (2,100)	1,800,000	171,000	24,687,120	71,081,420 (2,100)
2001	43,555,000	1,800,000	4,954,000	13,440,431 (138)	63,749,431 (5,738)
2002	49,508,910 (4,300)	1,800,000	420,500	10,045,210	61,774,620 (4,300)
2003	38,988,200	1,200,000		11,870,380	52,058,580
2004	64,619,000	1,200,000	260,000	14,727,310	79,508,419 (1,500)
2005	64,619,000	1,200,000	260,000	14,727,310	79,508,419 (1,500)
2006	27,123,890 (15,000)	15,645,000	5,925,000	75,502,475 (1,641)	124,196,365 (16,641)
2007	50,519,365 (2,900)	15,919,000	7,723,000	44,978,653 (16,870)	119,140,018 (19,770)
2008	24,558,300	19,061,000	8,990,000	34,202,874	86,812,174

	(15,900)			(2,520)	(18,420)
2009	55,140,300 (6,800)	18,874,000	8,650,000	32,342,295 (2,452)	115,006,595 (9,252)
2010	49,567,500 (2,800)	13,200,000	16,397,200	14,800,011 (632)	93,964,711 (3,432)
2011	18,651,000 (1,000)	28,007,320 1,600,000	13,180,536		94,146,511 (3,432)
2012	37,700,000	13,200,000	21,000,000		84,420,000
2013					
2014	28,020,522	13,400,000	17,200,000		64,977,558 (1,084)
2015	35,400,000	13,400,000	12,000,000		88,672,938 (3,324)
2016	40,035,120	13,200,000	12,000,000		98,019,734 (1,898)
2017	26,873,554	13,200,000	10,000,000		58,595,800 (638)
2018	27,436,792 (36,020)	13,200,000	9,000,000		67,094,154 (37,138)

《범례》

수입	① 회비(월, 평생)
	② 특별, 감사(헌금, 찬조)
	③ 사업, 수입(사업, 재정 전입, 장학기금 전입, 잡수입, 회관 대여)
	④ 기타(이월금, 일시 차용금)
지출	① 국외선교(선교, 건축, 학자, 교재)
	② 국내선교(군선교, 신학교, 선교기관)
	③ 사회, 장학(사회사업, 장학, 기독교 TV)
	④ 기타(이월금, 회의, 경조, 출판, 사무, 관리, 기금예치, 예비)

8. 한국여성복음봉사단 정관

사단법인 한국복음봉사단 정관(定款)

제1장 총칙

제1조 (명칭)

이 법인은 사단법인 한국여성복음봉사단이라 칭한다.

제2조(소재지)

본 봉사단의 본부는 서울특별시에 두고 필요한 곳에 지부를 둘 수 있다.

제3조(목적)

본 봉사단은 그리스도의 복음을 전파해 천국을 지상에 건설하며 하나님의 말씀과 그리스도의 교훈을 만민에게 알게 해 그들로 하여금 참된 평화와 안전한 생을 누리도록 봉사함을 목적으로 한다.

제4조(사업)

전조의 목적을 달성하기 위해 다음 각호의 사업을 한다.

1. 내지 외지 선교
2. 사회봉사
3. 기독교 교육
4. 기타 본 사업의 목적을 달성하기 위해 필요한 사업

제2장 단원

제5조(단원의 자격)

본 봉사단의 단원은 신앙이 돈독하고 봉사의 정신이 열렬한 기독교 신자로 한다.

제6조(단원의 권리)

단원은 총회를 통해 본 봉사단의 운영에 참여할 권리를 가진다.

제7조(단원의 의무)

단원은 다음 각호의 의무를 진다.

1. 정관 및 제규정 준수
2. 총회 및 이사회 결의사항의 이행
3. 회비 및 기타 제부담금의 납부

제8조(단원의 탈퇴)

단원이 본 봉사단에서 탈퇴하고자 할 때에는 본 단장에게 탈퇴서를 제출한다.

제9조(징계)

　1. 단원에 다음 각호의 1에 해당하는 사유가 발생한 때에는 본단장은 이사회의 결의를 거쳐 단원을 징계할 수 있다.

　　1) 제7조의 의무를 이행하지 아니한 때

　　2) 본 봉사단의 사업을 방해한 때

　　3) 본 봉사단의 명예를 훼손하거나 해를 끼친 때

　2. 전항의 징계의 종류는 다음과 같다.

　　1) 제명

　　2) 견책

제3장 임원

제10조(임원)

　본 봉사단의 임원은 다음과 같다.

1. 이사장(대표자의 직명) 1인

2. 이사 9인

3. 감사 2인

제11조(선출)

　임원은 총회에서 선출한다.

　단, 임원은 문화공보부 장관의 승인을 받아 취임한다.

제12조(임기)

　임원의 임기는 4년으로 한다. 다만 보선된 임원의 임기는 전임자의 잔여기간으로 한다.

　단, 최초의 임원의 반수임기는 분향의 임기의 반으로 한다.

제13조(이사장)

　이사장은 본 봉사단을 대표하며 본 봉사단의 업무를 통괄한다.

제14조(직무대행)

　이사장이 사고가 있을 때에는 이사장이 지명하는 이사가 이사장의 직무를 대행한다.

제15조(이사)

　이사는 이사회를 통해 본 봉사단의 업무에 관한 사항을 심의해 이사회의 결의, 또는 이사장으로부터 위임된 사항을 처리한다.

제4장 총회

제16조(구성)

　　총회는 본 봉사단의 최고 결의기관이며, 등록된 단원으로서 구성한다.

제17조(소집)

　　1. 총회는 정기총회와 임시총회로 한다.

　　2. 정기총회는 연 1회 4월 중에 이사장이 소집하고 그 의장이 된다.

　　3. 임시총회는 이사회, 또는 재적단원 3분의 1 이상의 요구가 있을 때에 이사장이 소집하고 그 의장이 된다.

제18조(부의사항)

　　총회에 부의하는 사항은 다음과 같다.

　　1. 사업계획에 관한 사항

　　2. 예산 및 결산에 관한 사항

　　3. 정관변경에 관한 사항

　　4. 임원선임 및 해임에 관한 사항

　　5. 재산처분에 관한 사항

　　6. 기타 중요사항

제19조(정족수)

　　1. 총회는 재적 구성원 과반수의 출석으로 개회하고 출석단원 과반수의 찬성으로 결의한다.

　　2. 전항의 의결권은 총회에 출석하는 다른 자에게 위임할 수 있다. 이 경우에는 위임장을 서면으로 작성, 회의전에 제출해야 한다.

제5장 이사회

제20조(구성)

　　이사회는 이사장과 이사로 구성한다.

제21조(소집)

　　이사회는 이사장이 필요하다고 인정할 때나 재적이사 3인 이상의 요구가 있을 때 이사장이 소집하고 그 의장이 된다.

제22조(부의사항)

　　이사회에 부의할 사항은 다음과 같다.

1. 총회에서 의결된 사항의 집행에 관한 사항

2. 총회에 부의할 안건의 예비심의에 관한 사항

제23조(정족수)

이사회는 재적 구성원의 과반수 출석으로 개회하고 출석한 자의 과반수 찬성으로 의결한다.

제6장 재정

제24조(재산)

1. 본 봉사단의 재산은 이를 기본재산과 보통재산으로 한다.
2. 기본재산은 연1회 그 목록을 작성해 문화체육부 장관에게 보고한다.
3. 기본재산은 임대처분 기타 사권을 설정하거나 감축하는 사항에 대해서는 미리 문화체육부 장관의 승인을 받아야 한다.

제25조(세입)

본 봉사단은 다음의 세입으로 그 세출에 충당한다.

1. 회비
2. 보조금
3. 찬조금
4. 기타 잡수익

제26조(회계감사)

감사는 본 봉사단의 회계에 관한 사항을 연2회 이상 감사를 해야 한다.

제27조(회계년도)

본 봉사단의 회계년도는 정부의 회계년도에 준한다.

제7장 사무국

제28조(설치)

이사장의 지시를 받아 본 봉사단의 업무를 처리하기 위해 사무국을 둔다.

제29조(직원)

사무국에 국장 1인과 직원 약간명을 둘 수 있다.

제30조(사무국장 및 직원)

1. 사무국장은 이사회 동의와 문화체육부 장관의 승인을 받아 이사장이 임명한다.
2. 사무국장은 이사장의 지시를 받아 본 봉사단의 업무를 처리한다.
3. 사무국 직원은 이사장이 임명한다.
4. 사무국 직원은 사무국장의 지시를 받아 사무국의 업무를 처리한다.

제8장 보칙

제31조(해산)

　　본 봉사단을 해산하고자 할 때에는 총회에서 재적의원 3분의 2 이상의 찬성으로 의결하고 문화체육부 장관의 허가를 받아야 한다.

제32조(잔액 재산귀속)

　　본 봉사단이 해산할 때에 그 잔여재산은 문화체육부 장관의 승인을 받아 국가, 또는 본 봉사단과 유사한 법인이나 단체에 기증한다.

제33조(정관변경)

　　1. 본 봉사단의 정관을 변경하고자 할 때에는 총회 및 이사회의 의결을 거쳐야 하되 각각 재적 구성원의 3분의 2이상의 찬성을 받아야 한다.

　　2. 전항의 정관변경은 문화체육부의 허가를 받아야 한다.

제34조(규칙)

　　다음 각호의 사항에 대하여는 이사회의 결의를 거쳐 본 봉사단의 규칙으로 정한다.

　　1. 지부의 조직과 운영에 관한 사항

　　2. 사무국의 조직과 운영에 관한 사항

　　3. 회의의 소집 운영에 관한 사항

　　4. 기타 본 봉사단의 운영에 필요한 사항

부칙

　　1. (시행일) 이 정관은 본 봉사단의 설립 등기일로부터 시행한다.

　　2. (경과조치) 본 봉사단의 초대임원 기타 설립에 필요한 사항은 본 봉사단의 창립총회 및 선출로 정한다.

사단법인 한국여성복음봉사단 규칙

제1조: 본단 규칙은 정관에 준해 만든다.

제2조: 선교에 열심있는 유지 10명 이상 모이면 한 분단을 조직한다.

제3조: 고문 선정은 총회의 의결을 거쳐 추대한다.

제4조: 본 법인의 선교사역을 원활히 수행하기 위해 아래와 같이 조직한다.

　　　임원회: 단장 1, 부단장 2, 서기 2, 회계 2

　　　부서: 기획부, 선교부, 사회봉사부, 교육부, 행정부, 사업부, 음악부, 친교부

제5조: 임원과 부서조직은 총회에서 선임하고 그 임기는 2년으로 하되 단장은 3년으로 한다(단임제).

제6조: 직전 단장제도를 둔다.

제7조: 협동 총무제도를 둔다.

제8조: 본 법인의 발전을 위해 평생 단원을 둔다. 평생 단원은 일정한 회비를 납부한다.

제9조: 본단은 매월(7일) 임원기도회와 정기 실행임원회를 갖는다.

제10조: 본단은 매월 정기 월례회를 갖는다.

제11조: 본단 규칙을 개정할 때는 총회원 2/3의 동의를 요한다.

제12조: 본 규칙은 공표일로부터 시행한다.

　　　1차 작성: 1974. 10. 2.

　　　2차 개정: 1988. 1. 18.

　　　3차 개정: 1994. 1. 17.

9. 장학 규정(1996)

1. 목적: 본 장학금의 사용은 본 법인의 사업목적인
    1) 그리스도의 복음을 땅끝까지 전하고 천국을 지상에 건설하며
    2) 하나님의 말씀과 그리스도의 교훈을 만민에게 전하고
    3) 그리스도의 참된 평화와 안전한 생을 누리도록 하는 것에 부합되도록 한다.

2. 명칭: 한국여성복음봉사단 장학금

3. 지급기간 및 금액: 학기별 등록금 전액

4. 추천 대상
    1) 본 재단의 사업목적에 따라 투철한 신앙관을 가지고 다른 사람의 모범이 되는 학생
    2) 그리스도의 참된 평안을 추구하는 기독여성으로 세계선교에 관심이 있는 학생
    3) 경제적으로 반드시 도움이 필요한 학생
    4) 학교성적이 우수한 학생

5. 제출 서류
    1) 총장 추천서 1부
    2) 전학기 성적증명서 1부
    3) 주민등록등본 1부
    4) 비과세 증명서(세대주) 1부
    5) 납입고지서(서울여대 발행) 1부
    6) 사진(명함판) 1매

10. 한국여성복음봉사단 연혁

1969. 11. 11.	11시에 한양교회에서 신의경 권사 등 13인의 발기로 한국여성복음봉사단을 창단하다.
1969. 11. 11.	신의경 권사가 단장으로 부임하다(제1대).
1970. 1. 1.	창단목적과 단원선서를 제정하다.
1970. 2. 20.	샌프란시스코 분단(미국 상항) 조직하다(분단장: 안양순).
1970. 8.	선교조합을 조직해 운영하기 시작하다.
1970. 9.	서울여자대학에 장학금을 지급하기 시작하다.
1971. 3. 25.	기관지 「봉사」를 창간하다.
1971. 5. 29.	재일교포학생 선교회를 조직하다.
1971. 8. 23.	송경신 선교사를 일본에 파송하다.
1971. 10. 17.	살로메 분단(미국 LA)을 조직하다(분단장: 박신옥).
1971. 12. 8.	타이완 산지족에 선교비를 지급하기 시작하다.
1972. 1. 1.	60만 재일교포 선교를 위해 일본인 전영복 목사를 선교사로 위촉하다.
1972. 7.	요안나 분단(한양교회)을 조직하다(분단장: 차정신).
1972. 9. 30.	드보라 분단(서울여자대학)을 조직하다(분단장: 심영현).
1973. 3.	한나 분단(동신교회, 새문안교회)을 조직하다(분단장: 윤정희).
1973. 5. 24.	박정자 봉사부장을 일본 오사카교회 전도사로 파송하다.
1973. 7.	영등포구 신길동 95-9번지에 복음봉사단 사무실을 설치하다.
1973. 9.	평생 단원 제도를 확립해 제1차로 25명을 모집하다.
1974. 7. 17.	에스더 분단(춘천)을 조직하다(분단장: 백옥순).
1974. 10. 2.	정관(定欵)을 제정하다.
1974. 10. 2.	재일대학기독교총회 초청으로 복음봉사단 임원들이 일본을 시찰하다(그밖에 공식 시찰: 1972, 1976, 1978, 1981, 1988).
1974. 10.	샌프란시스코 분단에서 에덴학교를 설립하다.
1974. 11. 8.	사단법인 허가를 받고(등록번호: 111221-0000256) 신의경 단장이 이사장을 겸직하다(제1대).

1975. 1.	한국여성복음봉사단 표지물(로고)을 제정하다.
1976. 7. 5.	재일교포학생을 수용하기 위한 학사관 건립부지를 확보하다.
1976. 11. 1.	아세아연합신학원에 선교비(장학금)를 보내기 시작하다.
1978. 1.	1월부터 1년간 일본 히라오카교회 박정자 전도사에게 월 5만 원의 선교비를 보내다.
1978. 1. 4.	루디아 분단(연동교회)을 조직하다(분단장: 함유순).
1978.	마리아 분단(양성담 단원 가족)을 조직하다(분단장: 양성담).
1978.	마르다 분단(백운선 단원 가족)을 조직하다(분단장: 백운선).
1979. 1. 1.	신의경 단장 사임하고 양성담 권사가 단장으로 부임하다(제2대).
1979. 2. 7.	기관지 「회보」를 창간하다.
1979. 2. 9.	수산나 분단(영등포교회)을 조직하다(분단장: 권도실).
1979. 5. 7.	아세아연합신학원 산하 아세아복음화위원회에 인도네시아 두 교회 개척비를 보내기 시작하다.
1979.	사라 분단(서소문교회)을 조직하다(분단장: 권도실).
1979.	금화제일 분단(철원 금화제일교회)을 조직하다(분단장: 강순월).
1979. 9.	뵈뵈 분단(여전도회경기연합회)을 조직하다(분단장: 김순옥).
1979.	다락방 분단(두레마을 부부교사)을 조직하다(분단장: 송혜전).
1980. 1. 1.	아세아복음화위원회에 인도네시아 다섯 교회 개척비를 보내다.
1980. 11. 25.	복음봉사단에서 제3사단 백골부대 내에 백골전선교회를 헌당하다.
1980. 12. 27.	재일교포학생을 수용하기 위한 베다니집을 지어 준공 예배를 드리고 사무실을 이전하다.
1981.	미시아나 분단(일본 미시아나교회)을 조직하다(분단장: 이영순).
1981. 11. 11.	인도네시아 주재 한숭인 선교사와 선교관계를 맺고 그를 지원하기 시작하다.
1981. 11. 18.	규칙(規則)을 제정하다.
1982.	아세아연합신학대학 양평 캠퍼스 신축하는 건물에 복음봉사단 기도처소(다락방)를 할당받아 그 건축기금을 헌금하다.
1982. 10. 9.	주진국 선교사에게 선교비를 지급하다.
1982. 11. 8.	국립 서울보훈병원을 돕기 시작하다.

1984.	도르가 분단(백영회 단원 가족)을 조직하다(분단장: 백영회).
1984. 2. 15.	아프리카 케냐에 유부웅 선교사를 파송하다.
1984. 8. 4.	나오미 분단(미국 워싱턴)을 조직하다(분단장: 이성란).
1985. 1. 21.	양성담 단장 사임하고 김민옥 장로가 단장으로 부임하다(제3대).
1988. 1. 8.	신의경 이사장의 별세로 김신영 권사가 이사장에 취임하다(제2대).
1988. 1. 18.	김민옥 단장 사임하고 전송자 권사가 단장으로 부임하다(제4대).
1988. 2. 21.	피어선 분단(피어선 고등성경학원)을 조직하다(분단장: 안정옥).
1989. 11. 13.	신축하는 한국기독교연합회관 지분 100평을 소유하기로 체결하다.
1992. 10. 7.	복음봉사단 소유인 한국기독교연합회관 1113호로 사무실을 이전하다.
1994. 1. 17.	전송자 단장 사임하고 김수길 권사가 단장으로 부임하다(제5대).
1994. 5. 8.	인도네시아 한숭인 선교사에게 인도네시아선교센터를 건축하는 데 2만 달러를 송금하다.
1995. 12. 8-21.	13박14일 김성억 목사를 단장으로 18명이 아프리카 케냐의 선교지를 방문하다.
1996. 12.	케냐에 로페로트교회당(첫 번째)을 완공하고 우물과 최초의 화장실을 설치하다.
1996. 12.	케냐에 한국여성복음봉사단 방문 기념교회인 키수무교회당(두 번째)을 완공하다.
1997. 1. 20.	김수길 단장 사임하고 함유순 권사가 단장으로 부임하다(제6대).
1997.	청년 분단(한국여성복음봉사단)을 조직하다(분단장: 송윤회).
1997. 12. 9.	함유순 단장의 별세로 이지연 부단장이 단장서리로 부임하다.
1998. 1. 19.	이지연 단장서리가 단장으로 부임하다(제7대).
1998. 1.	케냐에 카피스교회당(세 번째) 기공예배를 드리다.
1998.	브리스가 분단(문화교회)을 조직하다(분단장: 허복순).
1998. 12.	로페로트교회 부속 유치원과 카라파트초등학교 교사 완공하다.
1999. 11. 11.	창단 30주년 기념 예배를 드리다.
2000. 1. 30.	군선교를 위해 한국기독교군선교연합회에 2002년까지 월 15만 원, 2003년부터 월 10만 원을 지원하다.

2000. 2. 21.	『한국여성복음봉사단30년사』 500부를 출간하고 기념 예배를 드리다.
2000. 3. 7.	1978년부터 2004년까지 아세아연합신학대학교에 유학온 인도의 찬드란 및 우간다의 밀톤 앙구유 목사 등 19개국 유학생 총 33명에게 장학금을 지급하다.
2000. 3. 20.	3.1절 기념헌금 전액을 기독교방송국에 보내기 시작하다.
2000. 4. 7.	2000년부터 2004년까지 복음봉사단에서 케냐에 세운 네 교회의 비시 사이먼 전도사와 폴 오티에노 목사 등 총 11명에게 학비와 목회비를 보내다.
2004. 4. 17.	선교사를 파송하는 종전의 선교방법을 지양하고 현지인 목회자를 양성해 복음을 전하기로 결의하다.
2001. 2. 7.	서울여자대학교에 지급하던 장학금을 1년간 보류하기로 하다.
2001. 7.	카피스교회당 헌당 예배와 카공구교회당 기공예배에 김신영 이사장과 이지연 단장 등 4명이 참석하다.
2001. 7. 15.	카피스교회당 헌당식을 거행하다.
2001. 11. 2.	초대 단장 신의경 권사 전기 출판 기념 예배를 드리다.
2001. 12. 17.	카피스교회 부설 카피스초등학교를 건축하기로 하다.
2002. 1. 7.	정관 제3장 제10조(임원의 개정)에서 부이사장 제도를 신설하고 제5조(단장의 임기)를 3년에서 2년으로 단축하는 개정안을 결의하다(1월 21일 제33차 정기 총회에서 통과).
2002. 1.21.	이지연 단장 사임하고 박문희 부단장이 단장으로 부임하다(제8대).
2002. 12. 10-21.	카공구교회당 헌당과 카피스초등학교 건축 상황을 돌아보기 위해 이지연 부이사장 등 6명이 케냐를 방문하다.
2002. 12. 14.	카공구교회당 헌당식을 거행하다.
2003. 1. 7.	아시아권 베트남과 몽골에도 선교 사업을 실시하기로 결의하다.
2003. 1. 30.	투르카나어 성경 200권을 구입해 케냐의 카공구교회, 로페로트교회, 카피스교회 교인들에게 배부하다.
2003. 8. 25.	이현정 부단장이 대한예수교장로회 전국여장로회대회장으로 피선되다.

2003. 9. 30. 베트남 응아이쟈교회(담임: 디에우 터이 목사) 선교를 위해 베트남 선교협회에 월 12만 원을 보내기 시작하다.

2003. 10. 1. 군선교연합회는 복음봉사단에 '군선교 회원증서'(패)를 수여하다.

2004. 1. 카공구교회 부설 카공구초등학교 교사를 준공하다.

2004. 1. 19. 박문희 단장 사임하고 이현정 부단장이 단장으로 부임하다(제9대).

2004. 3. 2. 복음봉사단은 케냐의 안디옥교회(주진국 선교사)에 성북구 석관동의 안디옥 선교회로부터 매월 25만 원의 선교비를 받아 보냈다(2010년 5월 마감).

2004. 4. 29. 몽골선교를 위해 서울외국인 근로자선교회에 월 15만 원을 보내기 시작하다(2005년부터 월 20만 원).

2004. 5. 18. 2대 이사장 김신영 권사 회고록 출판 기념 예배를 드리다.

2004. 9. 20. 우간다 김정윤 선교사에게 차량구입비 3,000달러를 보내다.

2004.10.25. 김신영 이사장을 명예이사장으로 추대하다.

2005. 1. 1. 2005년부터 2006년까지 전후반기 24개월분 케냐 투르카나 선교비 4만 3,500달러를 지급하다.

2005. 1. 1. 12월까지 1년 동안 배선협을 통해 베트남에 총 264만 원(월 22만 원)을 지원하고 목회자 3인에게 목회비 1,000달러와 아가페병원 운영비 1,300달러를 보내다.

2005. 1. 17. 이지연 부이사장이 이사장으로 취임하다(제3대).

2005. 3. 27. 『한국여성복음봉사단35년사』 5년(2000~2004) 추가분 77쪽을 탈고하다(편저자: 고춘섭 장로).

2005. 9. 12. 서울외국인근로자선교회의 몽골 신학생에게 장학금을 지급하기로 하다(대상: 보르마, 촐롱 바타르, 김이화).

2006. 1. 1. 연동교회에서 복음봉사단이 정기총회 및 월례회 등 집회장소를 사용하는 감사의 표시로 2006년 25만 원, 2007년 100만 원을 헌금하다가 2008년부터 연 동세계선교위원회에 매년 200만 원을 헌금하다.

2006. 1. 7. 장로회신학대학교 재학 중인 몽골 학생 보르마(여)에게 1년 장학금을 지급하다(3년간 총 15,825,000원).

2006. 1. 16.	제37회 정기총회에서 부이사장에 제8대 박연희 단장을 추대하고 제10대 단장에 백영희(서울교회), 부단장에 김명자(영등포교회), 박연희(연동교회)를 선출하다.
2006. 2. 7.	아세아연합신학대학교 장학금을 월 60만 원(연 720만 원)을 계속 지급하다.
2006. 8. 7.	12월까지 이지연 이사장 외 11명의 단원이 베트남 선 교지를 시찰하고 첫 번째로 건축하는 플레이블렝교회를 방문하다.
2006. 9. 7.	베트남 첫 번째 플레이브렘교회 교회당을 신축하기로 결의하다.
2006. 10. 11.	20년간 계속해 온 아프리카 케냐 투르카나 3교회와 초등학교의 재정지원을 중단하고 10월 23일부로 유부웅 선교사에게 케냐 선교를 중단한다고 통보하다.
2006. 12. 18.	복음봉사단 집회 장소인 연동교회에 감사 표시로 100만 원을 연동세계선교위원회에 헌금하다(2007년 이후 매년 200만 원).
2007. 1. 7.	세계 선교지역을 확장하기로 하고 인도에서 사역 중인 추에노크 선교사에게 월 40만 원을 지원하기로 하다(2008년부터 70만 원으로 인상).
2007. 1. 21.	제39회 정기총회에서 제11대 단장에 김명자(영등포교회), 부단장에 박연희(연동교회), 최승희(문화교회) 선출하다.
2007. 2. 7.	베트남 선교지의 첫 번째 플레에브렝교회에 장의자 180개를 기증하기 위해 특별헌금을 하다.
2007. 4. 9.-14.	이지연 이사장 외 5명의 단원이 베트남을 방문하고 4월 11일 첫 번째 플레이브렝교회 교회당 입당예배에 참석하다.
2007. 5. 18.	한국기독교군선교 연합회는 복음봉사단에 '군선교 20년 근속 정기회원 감사패'를 증정하다.
2007. 7. 16.	베트남 첫 번째 플레이브렝교회당 건축비 중 현지 교인들의 부담금 부족으로 헌당이 지연되고 있음을 보고 받고 미화 1만 6,000달러를 추가로 지원하기로 하다.
2007. 9. 7.	베트남에 두 번째 플레이오교회교회당을 신축하기로 결의하다.
2007. 10. 11.	베트남 첫 번째 플레이브렝교회당 헌당예배를 드리다.

2007. 11. 7.	베트남 한인 3세 15명에게 월 20달러씩의 학비를 지원하기 시작하다(2010년 9월부터 50명으로 확대).
2008. 6. 7.	베트남 한인 3세 초등학교 학생의 학비를 15명 추가로 지원하기로 하다(도합 30명).
2008. 12. 9.	베트남 두 번째 플레이오교회당 헌당예배를 거행하다.
2009. 1. 1.	2009년부터 2010년까지 아세아연합신학대학교 신학대학원에서 공부하는 인도네시아의 마데 아스티가(박사 과정), 네팔의 쉐레스타 레크미(석사 과정), 중국의 장 루(석사 과정) 3명에게 장학금을 지급하다.
2009. 2. 7.	인도에 주재하는 추에녹 선교사 사역비를 월 30만 원 증액하고(매월 70만 원) 장로회신학대학교 신대원의 몽골학생 바타르에게 장학금을 지급하다.
2009. 6. 19.	김신영 명예이사장 별세하다.
2009. 7. 20.	터키 주재 이재한 선교사에게 교회당 건축비 5,000달러(한화 6,415,100원)를 보조하다.
2009. 8. 7.	베트남에 세 번째 플레이블룩블루이교회당을 신축하기로 결의하다(함유순 단장, 송선영 장로 기념교회).
2010. 1. 7.	베트남에 네 번째 부닥교회 교회당을 신축하기로 결의하다(김신영 이사장, 이봉수 장로 기념관).
2010. 1. 18.	제41회 총회에서 제12대 단장에 박연희(연동교회), 부단장에 최승희(문화교회), 최화영(영등포교회) 선출되다.
2010. 2. 7.	장로교신학대학교에 재학 중인 우즈베키스탄 고려인 3세 백알료나에게 장학금을 지급하다.
2010. 5.	효남복지재단의 설립으로 2004년부터 2010년까지 7년 동안 케냐의 안디옥교회에 대행해서 보낸 선교비 송금을 마감하다.
2010. 8. 16-21.	이지연 이사장 외 6명의 단원이 베트남을 방문하고 8월 18일 세 번째 플레이블룩블루이교회당(함유순 권사, 송선영 장로 기념교회) 입당예배에 참석하다.
2010. 9. 7.	베트남 한인 3세의 20명 학비를 50명으로 증원하다(20달러×50

	명×12개월=1,200달러).
2011. 2. 22.	베트남 네 번째 부닥교회당(김신영 이사장 기념교회) 헌당예배를 거행하다.
2011. 5. 16.	인도네시아에서 선교하고 있는 두관석 선교사에게 월 300달러(한화 35만 원)를 지원하기로 결의하다.
2011. 6. 7.	복음봉사단 임원(10인)이 아세아연합신학대학교를 방문해 김영욱 총장과 환담하고 학교 건물 안에 복음봉사단 기도실을 설치하기로 하다.
2011. 8. 26.-9. 2.	이지연 이사장 외 5명의 임원이 베트남 4개 교회를 순방하고 8월 28일 세 번째 플레이블룩블루이교회당 헌당예배에 참석하다.
2011. 10. 9.	『한국여성복음봉사단 41년사』 6년(2005~2011) 추가분 97쪽을 탈고해 박문희 임원회 서기에게 인계하다.
2011. 11. 21.	제42주년 창단 기념 예배를 드리다.
2011. 12.	연동교회 세계선교위원회 지원비로 200만 원을 헌금하다.
2012. 1.17.	제42회 총회에서 박연희 단장이 선출되다.
2012. 2.	케냐의 로페로트교회와 카공구교회에 전도사 사역비를 보조하다.
2012. 3.	로페로트교회 건축 수리비로 1만 달러를 보내다.
2012. 4.	아세아여합신학대학교 유학생 카메룬 출신 Joseph Sakwe에게 장학금을 수여하다.
2012. 10.	신앙수련회를 연동교회 강화수양관에서 강동수 목사를 강사로 개최하다.
2014. 1. 21.	제45회 총회에서 단장에 최승희 부단장에 김홍순 김현숙 회원이 선출되다.
2014. 4.	미얀마 선교를 시작하다. 어린이 전도를 목표로 건물 임대료 3,000달러와 교사 인건비 1인당 60달러를 지급하기로 하다.
2014. 9.	ACTS 신대원 카메룬 유학생 조셉 샤키에게 전액 장학금을 지급하기로 하다.
2015. 1. 19.	제46회 총회에서 명예이사장 이지연 단원, 이사장에 박문희, 단장에 최승희 단원이 선출되다.

2015. 3.   미얀마 현지인의 비협조로 보조금을 중단하기로 하다.

2015. 4.   파키스탄의 오지 마을 구자와라 지역 의료선교를 시작하다. 현지 의사 샤자드 마라지 박사와 간호사 2인의 재정을 조보하기로 하다.

2015. 9.   베트남 플레이쿠에 설립자 신의경 권사 기념교회 건립을 위해 2만 달러를 송금하다(김영숙, 박문희 헌금). 아프리카 카공구교회 건물 확장을 위해서 총액 2만 2,000달러 중 선금으로 1만 4,000달러를 송금하다.

2015. 11.   창단 46주년 기념 예배를 드리다.

2016. 1. 19.   제47회 총회에서 김홍순 단장 부단장 김현숙 채양숙이 선출되다.

2016. 3.   ACTS 유학생 방글라데시 리코 착마 외에 캄보디아, 인도, 중국, 학생에게 전액장학금과 학비 보조금을 매월 80만 원을 후원하다.

2016. 8.   베트남 플레이쿠시에 위치한 퉁도르교회를 완공하고 헌당 예배를 드리다. 건축비 4,200만 원. 이윤우 선교사 파송.

2016.   케냐 카공구교회 확장 공사를 마치고 감사예배를 드리다.

2016. 11.   창단 47주년 기념 예배를 드리다. 강동수 목사 미국으로 이주하고 정태봉 목사를 봉사단 인도 목사로 초빙하다.

2017. 2.   ACTS 유학생 전액 장학금(인도)과 보조금(4명)을 승인하다.

2017. 4.   ACTS를 방문하고 장학생 및 교수진을 초청하여 접대하다.

2017. 5.   제석원에서 야외예배를 드리다. (강사 정태봉 목사)

2017. 11.   창단 48주년 기념 예배를 드리다. 베선협 이윤우 목사 군선교연합회 김대덕 목사가 축사를 하고 ACTS 정홍호 교수가 화환을 보내오다.

2017. 12.   복음봉사단 50년사 발간을 위한 편찬위원회를 조직하다. 위원장 이지연, 위원 이현정, 박문희, 박연희, 김명자, 최승희 선임하다. 규칙을 개정하다.

2018. 1. 22.   제49회 정기총회를 개최하다.
1. 한국여성복음봉사단 규칙을 개정하고 총회에서 승인하다.
2. 한국여성복음봉사단 50년사를 위해 박종현 교수를 집필자로 초빙하다.
3. 케냐 투루카나에 창단 50주년 기념 록페두르교회를 건립하다.

한국여성복음봉사단 창립자 고 신의경 이 사장을 추모하며 2인
이 헌금하다.

4. 한국여성복음봉사단 신임 고문으로 ACTS 총장 정홍호 총장을
초빙하다.

5. 이현정 부이사장이 사임하고 김명자 부이사장을 이사장으로 선
임하다.

6. 한국여성복음봉사단 제10번째 선교지 교회인 케냐 나코린야교
회를 건립하기로 하다. 건축기금 5,000만 원을 사용하기로 하다.

7. ACTS 유학생 인도의 아론 마틴 토마스(박사)에게 전액 장학금,
파키스탄의 카슈프 야쿠르와 인도의 쿠르 파바람 렐라, 캄보디아
의 휴온 친 학생에게 매월 생활비를 보조하다.

2018. 5.	야외예배를 연동교회 강화수양관에서 드리다(강사: 정태봉 목사).
2018. 11.	제49주년 창단 기념 예배를 드리다.

한국여성복음봉사단
50년사

2020년 1월 8일 초판 1쇄 인쇄
2020년 1월 17일 초판 1쇄 발행

엮은이 | 한국여성복음봉사단
지은이 | 박종현
펴낸곳 | 도서출판 동연
펴낸이 | 김영호
주 소 | 서울시 마포구 월드컵로 163-3
전 화 | (02)335-2630
전 송 | (02)335-2640
이메일 | yh4321@gmail.com
블로그 | https://blog.naver.com/dong-yeon-press

ISBN 978-89-6447-546-1 03060